国学要义精讲读 ②

钱婉约 主编

上海三联书店

前言

　　"斯文讲坛"，继今年初出版第一本讲演集《国学要义精讲读 1》以来，正好一年过去了。今天，第二集编辑成书，即将出版。本集收入十篇名家讲演，精彩纷呈。阅读全书后，印象较深引起思考的有两个方面，在此先期提要出来，与读者分享。

　　为文章者，有所法而后能，有所变而后大。

　　这是书中第二篇钱志熙教授《李白新解：法度之中，豪放之外》中所引的一句话。说的是，写文章的人，需要有所取法才能写好；又需要有所变化，才能自成一体，蔚为大观。钱教授用这句话，说明"法古"与"变化"对李白诗歌获得巨大成就的重要意义。李白研究者往往只注意其"笔惊风雨、诗泣鬼神、想落天外、语绝凡近"这样天才性的非凡创造力，却忽略了李白对前人诗歌艺术丰富的、创造性的继承，以及其神思奇变中所体现的法理。全篇论证了"李白诗歌有很深的传统继承和法理……李白是学习古文最认真的一位”，说明从“摹拟前人”到“拟古而变化”的复古式的创作方法，加之“非凡的才性、不羁的自由精神与奔放激情”，才是李白所以成为李白之所在。

不用说，岂止是李白，岂止诗歌，文章、小说、书法、绘画，乃至整个中华文化的发展，古往今来，都是而且必须是在“法古与变化”“守正与开新”的张力中，实现历史之河的奔涌前进。年轻时读梁启超《清代学术概论》，“以复古求解放”是印象最深的一个论断。“穿着古人的服装，演出当代的历史剧”，欧洲的“文艺复兴”也正是借着古希腊、古罗马的艺术形式，来表达和完成新时代的文化追求和思想主张。

耐人寻味的是，不同时代、不同个人，对于这“旧与新”的两端，更应侧重于哪一端来努力才是？纵览本书，不少篇的讲演者，正是以各自专业领域内的独到研究，令人信服、发人深思地解答着这个问题。

如马自力教授《说说中华古诗文吟诵》，认为“吟诵”这种古典的方式，是中国文化的译码器，它可以激发学习兴趣，帮助读者理解经典作品的思想感情，可以培养品格、涵养气质，继而达成增强民族凝聚力与文化自信心的当代追求。

如李小龙教授《如何解读中国古代小说》，寻根溯源，告诉我们被西方“小说”概念所遮蔽的、中国古代小说的本来面貌——承担着“向普通民众去传达文化规范的职责”，即小说须有教化意义。这是读懂和进入中国古代小说世界的重要前提。

所以说，溯本清源，守正法古，是成功创新的必要基础与前提。在随时随处听到“创新”口号的今天，这一点值得重视。以上是第一个方面。

第二个方面，是探讨文化形态的“本土原型与域外变异”。在跨文化的视阈下，重新审视一些我们原本熟悉的概念、命题、名物、故事等，通过"中外互看"，使我们更好把握它们的本质及发展变化。如曹峰教授论述世界上第一部《中国哲学史》，解析学术史上从"经学"到"哲学"的研究转换与书写变迁，同时提出明治时期"古典深厚""护教式"的学术研究，有时或更胜于"照搬西方理念"的所谓科学的新式研究，这是对第一个方面主题的回应。陈泳超教授梳理舜孝故事的中日传播，展现了民间故事的"记录史"与"生命力"。刘晓峰教授讲解"天皇践祚大尝祭"的文化蕴含，从这个最日本化的仪式中钩沉中国的要素。万明研究员讲述大航海时代的青花瓷，探究其在明代崛起的原因。

本书最后一篇，是张隆溪教授的《中西文化中的"镜子"意象》，旁通中外，出入古今，梳理了中西文献中的"镜"与"鉴"，让我们看到不同文化传统中，人类心灵的沟通与契合。文章最后说：

> 比较和跨文化的视野可以让我们看到的，正是超越语言、文化和文学表现手法之差异，人的想象所呈现出的那种令人惊讶的契合。……每一部文学创作都是独特的，但在无穷无尽的文学创作之上，能够探查而且欣赏人类心智和人之想象力那种内在的联系，又岂非享受一场想象的盛宴，得到智性的满足？

借用这段文字，是否也可说明源远流长，经历着正、反、合之前进步履的中国文化，给研究者所带来的思想的愉悦与文化的信心？

钱婉约

2020 年 12 月

目录

傅刚

男，江苏睢宁人。北京大学中文系教授，中国《文选》学研究会会长，先秦文学研究会副会长。主要研究方向为先秦两汉文学、《文选》学，发表论文 60 余篇。有《魏晋南北朝诗歌史论》《〈昭明文选〉研究》《〈文选〉版本研究》《汉魏六朝文学与文献论稿》等著作，其中《〈昭明文选〉研究》曾获首届全国优秀博士论文奖。

魏晋南北朝文学的性质与特征

关于魏晋南北朝文学，很多版本的文学史和专题研究都有过论述。那么，这段文学史我们到底如何定性？也就是说魏晋南北朝文学和汉代文学有什么不一样，和唐代文学有什么不一样？本文围绕这一命题跟大家交流一下看法。

魏晋南北朝文学最根本的性质是什么？我的考虑是把魏晋南北朝文学定义为门阀士族文学，或者说是门阀士族垄断文化权下的文学写作。整个魏晋南北朝时期写作主体和写作面貌的性质是与这个时期的历史特征和性质相结合的，这就是门阀士族的写作。我想只有在这一性质的规定之下，才能认识这一时期的文学创作与其他时期的不同。汉代不是门阀士族的写作，唐代更不是，其他朝代也不是，只有魏晋南北朝的创作是由门阀士族的时代所规定的。

魏晋南北朝时期，尤其是魏晋南朝，是一个门阀士族的社会。

南朝·《竹林七贤与荣启期》砖画

魏晋南北朝包含南朝和北朝，但其实我们撰写文学史，主要是南朝文学，北朝文学一般写一章就够了。北朝文学不能不写，不能不顾及到。北朝文学能介绍些什么呢，比如王褒、庾信，但他们也是由南入北的作家。北朝有成就的作家不是很多，但是北朝有民歌，这还是很有特色的。除此之外，整个北朝能够写进文学史的内容很少，跟南朝不成比例，所以我们说的魏晋南北朝文学史基本上是魏晋南朝文学史。

从 20 世纪 80 年代以后，北朝文学的研究趋势不断向好。这一研究局面的展开是从曹道衡先生开始的。北朝文学有哪些作家、哪些作品，如何分期、成就表现如何评价，以及北朝文学的特质等问题，曹先生都有过非常深入的研究。北朝文学的研究应该就是在曹先生的指引下，沿着他开辟的道路，甚至包括他的一些定性来开展的。现在北朝文学越来越受到研究界的重视，也出版了一些专著。比如曹先生的《南朝文学与北朝文学》，还有曹先生的学生也是我的师兄吴先宁专门写过一本《北朝文化特质与文学进程》，这是一本非常好的书，沿着曹先生的思路研究了北朝文学的特质和成因。在此之后，我的学生蔡丹君出了一本书，也是她的博士论文，对北朝在什么样的生活方式、生产方式下如何进行文学的写作和传播，并形成北魏之后的文学局面做了一番研究。现在研究北朝文学的人越来越多了，成果也更丰富了，而且对文学的研究逐渐和历史研究结合起来。这都是一些新的研究动态。

但是，如果写魏晋南北朝文学史，这些相关研究还是不能编写进文学史，因为它很大程度上还是属于一种专题研究，它涉及很多关于历史状态的研究，不适合写进文学史。所以如果要对魏晋南北朝文学进行性质的概括论定的话，我考虑的更多的是魏晋南朝文学。但是在将来，我们要把北朝文学形成的不同于南朝的特质也考虑进去，因为南北朝统一之后，到了隋唐时期，那时候文学活动的开展、主体精神、写作态度、题材的选择、人员的参加，更多受到北朝的影响。按曹老师的看法，北朝文学到了后期也就是北周的时候，它的成就逐渐地超过南朝，因为南朝到了梁后期流行的是艳体文学。艳体文学的风格是绮靡的，形式是精致的，比如讲究语言的修饰、写景状物技巧的工炼等；而内容是颓废的，它不足以振起唐代的文学文风。因此，唐代文学的开展吸收了很多北朝文学的传统。

唐代初年的历史学家对南北朝文学的概括是"辞义贞刚"。至于该如何评价南朝文学的绮靡之风，大家会想到这样一种文风是不是受到政治的影响。我们这一代是在 20 世纪 70 年代末 80 年代初读的大学，我们参加过很多文艺讨论和争鸣。在深受"极左思潮"之苦后，我们高唱文艺的特殊性。文学的特殊性就是要求文学脱离政治，文学与政治没有关系。"文革"时我们的文学就是政治，文学变成政治的一种口号。到 80 年代之后，我们主张能够脱离政治的就是好文学，要讲究文学本身的特征。但是这么多年以后，我们再回顾整个文学史的写作，就会发现文学离不开政治，文学跟政治有着紧密的联系。我们从古到今的文学，的确是与社会现实和政治分不开的。中国古代社会强调文学就是为维系社会稳定，为促进社会向前发展服务的。整个中国古代文学的主体作家是士大夫，这些士大夫是为国为民的。从先秦到当代的诗歌，都主张要维持社会向前发展，这是中国文学的一个传统。当整个社会充斥着艳情文学的绮靡之风时，社会风气就无法振作。文学是影响人的，一代人两代人受到这种绮靡之风影响，社会就无法取得进步。文学史上虽然也有艳体诗这样的反传统的写作潮流，但不是主流，这就是为何艳情文学会受到批评。从这个角度讲，文学的确脱离不了政治，文学有其社会担当，会对社会的发展起到推动作用。我们考虑文学的特质问题，必须要结合这一点。南朝文学到了齐梁后期，受到中国古代批评家的批评，他们的批评是有道理的。但是我们也不能否定百花齐放，在整个文学的发展过程中有这么一种风格的存在是可以的、应该的，但不能作为主流。

所以，当我们谈起魏晋南北朝表现的文学特征以及文学发展的推动力时，我主张从门阀士族来入手。当然这样会回避了北朝文学，但北朝仍然推重高门士族。在中国古代社会的任何一个朝代，高门阀阅都是起主导作用的。当然，每个历史时期高门士族起的历史作用是不一样的。没有一个朝代像魏晋南北朝那样，形成了所谓高门士族和皇权共荣共存的状态，也就是"王与马，共天下"的局面。这样的局面只有在东晋、南朝时才存在。门阀士族在南朝享受的经济、政治、文化的特权，在其他朝代基本上是没有的。当然如果具体分析，南朝的门阀士族也在变化。刘宋以后，高门士族的地位跟东晋不太一样了。刘宋的开国皇帝叫刘裕，他出身就不是士族了。刘裕号称是刘邦的后代，即使他真是汉高祖的后代，他的出身在南朝时也是非常低微的——他是贩卖草鞋子的。此外，齐梁萧氏是士族，萧衍也是靠军功起家的，但他们的士族是低等的。在南朝时期，高等士族与低等士族的差别是非常大的。到陈的时候，陈霸先也是出身底层。整个南朝的皇权与东晋不一样，这些底层出身的掌权者当然要有意识地抑制高门士族的特权。宋、齐、梁、陈时门阀士族的地位与东晋时不太一样，这时形成的文化特征、写作特征也跟魏晋前期不太一样，要具体分析。但整体来说，门阀士族没有受到破坏，九品中正制没有受到破坏，所以门阀士族社会是整个魏晋南北朝时期的社会性质。

九品中正制是在黄初元年曹丕手下的大臣陈群提出来的，《三国志》《资治通鉴》都专门记载了陈群的建议。为什么要实行九品中正制呢？陈群认为，"天朝选用不尽人才"，国家不能充分地选拔优秀人才为国效力，所以他建议重新建立一套用人制度，就是九品中正制。为何说它是新的制度呢，因为它跟汉代的选拔制度不一样。汉代推行的是察举制，察举制首先要明确谁是优秀人才，这是需要靠人们的长期观察来判断的。察举制的前提是互相了解。比如说，某户人家在某地生活了三代或五代，这一家的根底，这家的人从小是什么样，大家都清楚。有了这个前提，才能做到察举。但是这样的选拔基础在汉末被破坏了。汉末战乱，人们或逃或死，都不在一个地方住了。到了曹魏时，很多村落是新聚的，大家是从各个地方聚在一起的，互相并不了解。这时候就需要设置一个官职，专门负责选拔人才，这个官就叫中正。他在地方考察甄别人才，把人分成上中下三品，各品再分三品就是九品。这种选拔方式还是要靠推荐，还是这个地方的人保举，最后经过中正考察，判断你是属于哪一品。问题就在于，中正凭什么标准把人才定品。应该说这个制度的出发点是好的，但是缺点就在于中正一个人把持了评价的权利，他说什么是什么。如果他心术不正，贪图贿赂，他的保举就会有偏差。地方上哪些人有权力向中正举荐，也是有讲究的，通常是势力大的人，渐渐地考察制度就偏颇了，变成了地方上有权力的人一手遮天。所以这个制度形成后不久，到了太康年间，就开始受到很多人批评了。大家很熟悉的一句话是："上品无寒门，下品无势族。"这个"势"一般写成门阀士族那个"士"，但是在《晋书·刘毅传》记刘毅上疏原文作"势"字。太康年间很多人就建议取消这个制度，因为它不能公正地选拔人才，但由于牵扯到高门大族的利益，就一直延续着。

魏晋南北朝始终是一个门阀士族的社会，这个社会制度没有被破坏，一直维护高门士族的利益。他们的子弟"平流进取，坐至公卿"，掌握朝廷里的重要职位，士族的利益就越来越强盛。像王、谢等家族，在掌握了特权之后，他们在政治上的要求、经济上的福利、对社会的看法以及在文化上的审美趣味与下层是不一样的。魏晋南北朝流行的审美趣味满足的是这一阶层人物的要求，所以当时对文学的精致化和写作手段的追求都是符合这一阶层的文化趣味的。文学的写作当然会受到他们的影响，文学写作选取的题材、采用的形式、追求的境界，都是符合门阀士族要求的，不符合他们要求的作品他们是不接受的。所以陶渊明在南朝时就不受推崇，因为他写的题材和他追求的境界不是那个阶层人所能接受的。农家的写作题材，他们没有看出有什么美。因此，我认为魏晋南北朝的文学是由门阀士族的性质所规定的。这个时期在文学上的表现，比如诗歌创作上的玄言诗、山水诗、永明格律体这样一些基本的写作内容和形式，全部是士族文人提倡的。

东晋时形成的代表士族品味的审美要求在刘宋以后有了变化，靠军功起家的阶层上位后也会把他们的审美趣味变成主流。这就是我们看到的南朝后期形成的艳体诗。艳体说到底是不符合士大夫的要求的，士大夫在生活上享受奢侈，但他们的文化生活还是比较精致典雅的，不像艳体那般粗俗。这样一种风尚是由军功起家的这批人掀起的，同时也在很大程度上受南朝商业活动的影响。世家大族的田园经济本身可保证他们的利益，商业活动会促成一批非士族的人物富裕起来，这批人有他们的审美要求。在南朝民歌和文人所写的一些作品中，都可以看出这种追求。我曾在《魏晋南北朝诗歌史论》南朝部分论述过商业文化特征。另外，从刘宋开始，军功起家的人取得权力后，意识到单靠军功只能维持一代，若要天长地久必须由武转文。关于这个问题，我曾经写过一篇文章，起初发表在日本立命馆大学六朝史学会的刊物上，后来收录在《〈玉台新咏〉与南朝文学》一书中。著名作家柳恽、刘孝绰，他们的前辈都是靠军功起家的人，到他们这辈都变成文人了。这些由武转文的人摆脱不了他出身的那个家族的文化趣味，这导致南朝文学向世俗化、享乐化发展，跟两晋士族注重家族学术文化的发展有所不同。我们读《世说新语》中谢道韫的故事，就能看出士族培养他们子弟的时候有一些特殊的内容和要求，跟宋、齐、梁、陈时是不同的。

接下来我要谈的是魏晋南北朝时期经济重心的转移。魏晋南北朝时期经济重心由北方转移到南方了，南方的真正发展是到魏晋尤其是东晋以后。孙氏政权开辟江东之后，水利、灌溉技术发展，南方尤其是南京、绍兴这一带的发展速度是很快的。温州一带还比较落后，我们读谢灵运的诗歌会发现很多地方都是没有人去过的，那些地方的山水之美都是谢灵运发现的，以前从没有人写过。说到这里，我想起前段时间看到的中央电视台一个介绍良渚文化的节目。良渚就在浙江嘉兴一带，考古队发掘了规模很大的良渚时期的灌溉渠道，技术非常成熟。我感到非常震撼。良渚属于新石器时期，比夏朝还早，那个时候就有如此发达的灌溉技术。我很疑惑，为什么文献记载南方到了东汉时候才有灌溉技术的发展，早期的技术为何没有传下来？这样一个存在于五六千年前的成熟的农业经济，说明我们古史文献所记载的夏商周的年代、文化确实是可信的。良渚文化还在夏文化之前，这一时期的考古遗迹证明了早期农耕文化的存在。农耕文化靠农业技术，农业技术的传承是不能仅靠口传的，该怎么做，都要靠文献记录，否则保存不下来。得不到传承，技术就传不下来，技术传不下来就没有文明，也就不能形成文明基础上的都城。现在有些人一讲到中国历史就从甲骨文开始，他们只愿意承认到武丁的时代，再往前就不承认了，这种看法是片面的。我们对考古要多关注，考古发现能帮我们看到一些现象，提供各个角度的证据。言归正传，经济发展以后，尤其是东晋南渡以后，北方人口大量南迁，带来了成熟的技术，南方得到大开发。东晋以后，南方形成了建康、京口、寿春、江陵、成都等一批商业城市。商业城市的形成意味着文明的高度成熟。城市形成了，有了被城市吸引而来的人，这样一批人的文化追求与满足于农耕生活的人的文化要求是不一样的。所以，南朝的经济活动直接促进了文化的发展，这是一个值得我们考虑的因素。

经济活动的开展使原来荒郊野岭无人去的地方逐渐被开辟为人类的生活领域，这个过程直接带动了南朝人对大自然的亲密接触和认识，士大夫阶层从中认识了外界客观山水的审美。我在《魏晋南北朝诗歌史论》里提到中国的山水文学只能在东晋产生，山水文学是诗人愿意把山水作为一种题材去写作的文学。为何呢？因为诗人发现并承认了山水的审美价值。他在写一山一水时都用精美的语言刻画它的形状，不愿有损半分美感。这种美在东晋以前是没有被发现的。当然，我们在邺下文人的公宴诗中会看到池水、花鸟、绿树，那时已经有这方面的意识，但他们并没有自觉地把山水纳入写作题材，所以中国文学史上有人把曹操的《观沧海》作为第一首山水诗，我认为是不对的，因为整个山水审美还没有出现，怎能把它确定为山水诗？山水诗的出现只能在东晋以后，是东晋人发现了山水的美。

东晋人为什么能发现山水之美？一是因为商业活动，另外一个关键的原因是玄学活动。玄学活动直接对中国人的精神进行了一次洗涤。东晋之前的人只关注到周围生活里的一些事物。因为儒家的思想理论，教育我们要实实在在、切切实实地生活，所以我们关注不到生活外的事情，比如精神层面的想象。道家虽然讲宇宙观，影响也很大，但是没有取代整个中国人的思维。到了东晋就不一样了，玄学讲"三玄"，与道家相通，这样一来南朝人观察世界的眼光就不一样了。《世说新语》里记载简文帝到华林园去，说了一句很有名的

东晋·王羲之《远宦帖卷》

话：“会心处不必在远，翳然林水，便自有濠、濮间想也。不觉鸟兽禽鱼，自来亲人。”什么是“会心”？会心就是玄学一直追求的玄心。魏晋时讲究玄学的人大多是在《老子》《庄子》这些书里寻找自己的体悟，而从晋简文帝的这句话中我们看到，东晋的人不在书本里找了，而是转向了山水间。山水间的一草一木都有玄心，所以东晋的玄言诗里会有“寓目理自陈”“适我无非新”这样的诗句。《世说新语》里有很多相关记载，比如顾恺之的山阴道中行。当我们仔细读这些诗时，可以感受到士大夫的精神境界一下子焕然一新，他们对自然的审美态度跟以前不一样了。谢灵运的诗歌为什么写得这么好，就在于他满载着悟道的情怀和发现自然美的热情去投入自然，把它表现出来了。从这个意义上讲，一味地批评玄言诗是不对的。

最后我要讲的是多样化文化学术的分化与融合。这个时期的玄学、佛学、儒学都有了很大的发展，玄、佛思想交流，共同形成了中国人特有的世界观。从历史实际来看，这一时期政权林立。东晋南迁以后，北方能够数出名目的有十六国，分散在北方各个地区，然后统一到北魏，又分化为北齐、北周，最终统一于隋。这些政权里面，尤其是北朝，很多是非汉族的政权，他们的文化是不一样的。整个北朝的人口远远超过南朝。南朝的版图从东晋开始越来越小，到了梁武帝统治的五十多年间最繁荣，那时人口达到七百多万。北朝土地辽阔，在北魏时人口达到三千多万，当然在这三千多万人里，汉族仍然是最多的。南渡时大部分汉人，包括一些大族还是选择留在北方。多民族的文化交流融合，形成了这一时期的历史特点和文化特点。

关于文学史中的魏晋南北朝，我曾经写过一篇文章《略说魏晋南北朝时期文学走向独立的几个标志》。魏晋南北朝时期是文学走向独立的时期，这是从鲁迅之后的共识。这种独立有几种表现，第一表现为各种文体的独立。在这之前，两汉文学没有像魏晋南北朝时期那样把文学写作作为一个职业的活动，文学的地位没有那么重要，文学的价值也没有那么得到重视。从魏开始有了变化，其实从两汉时，已经有变化的趋势了，当时社会对文章写作已经开始重视了。到了东汉时期，文体也已经很成熟了。现在有很多人都在研究文体，文体确实是中国古代文学批评最主要的问题，而且汉魏六朝时期最主要的文学批评就是围绕文体开展的，史书里称陆机的《文赋》、刘勰的《文心雕龙》都是"妙识文体"。文学研究首先要知文体、识文体、辨析文体，才能近一步讨论文章写作的风格。当前我们对《文心雕龙》的研究成果不太乐观，因为我们的研究过程大部分是从理论到理论，从概念到概念，只关注《文心雕龙》中谈风骨、情采、声律等后半部分，对前面的文体二十篇却知之甚少，而且对《文心雕龙》所涉及的文学史也不熟悉。这就是为什么上海复旦大学的王运熙先生对《文心雕龙》的研究显得别出心裁。他对《文心雕龙》讨论的文体和文学作品非常熟悉，他知道《文心雕龙》在讨论什么，知道《文心雕龙》里的观念是在什么样的基础上提出来的。现在大部分古代文论的研究者只是从概念推理，分析概念的内涵、外延，绕来绕去，最终连"风骨"都解释不清。

对文体的认识，是从两汉时开始的。刘勰评价东汉"文体大备"，基本的应用文文体都具备了，而且每一种文体的界限也都区分得比较清楚。中国古代文学包含大量应用型文体，不仅仅是我们今天所理解的纯文艺性的文体。《文心雕龙》和《文选》都讨论了大量应用型文体，这个问题不容忽视。中国文学史逐渐走向独立，逐渐成熟，文学特征逐渐明显，离不开对应用型文体的重视。先秦时期没有诗歌，没有辞赋。《诗经》不是诗歌。当我们说中国第一部诗集的时候，在古代的学术里，不是指《诗经》。《诗经》属经部，在中国古代文化中属于礼乐教化的内容，是经学的内容。中国先秦时期的写作，首先是各种职能部门的应用文体的写作。只要有政权存在，就会有文献，只要有文献，各个职能部门必定有该部门的文献，这就是《周礼》所记的各个职能部门史官的职责。各个部门的史官掌握的文体是不一样的，有管外交的，有管司法的，有管结盟的。有些应用型文体比如法律文书，为了突出它的实用性，要说清楚，要简洁、明了、准确。但有些文体，比如外交辞令，要耐人寻味，不能写得太清楚。总之，不同的文体有不同的规定。有些外交辞令要讲究文辞的夸张和渲染，这当然符合后世文学的规定，但当时这些史官们并不是在写文学作品，而是为了写好自己所司的某种文体。这样人们就会对写好某种文体加以琢磨，产生对某种作品具体的评价标准。孔子说过，"言之无文，行而不远"，说明当时对文章写作技巧是有要求的。比如某一史官在为天子起草诏书的时候，他写得好还是不好，天子喜欢不喜欢，在当时可能是有一些比较和要求的，这就会促进文章追求艺术美。当然首先要保证实用性和准确性，符合体例的规定，其次才是讲究文辞的技巧、语言的表达。因此每个朝代起草天子文书的，都是这个朝代里面最有文才的人。这些人对文辞的琢磨和讲究，慢慢就会在此基础上发展出对文章写作技巧的要求。到了两汉时期，这样的要求在应用文的写作上形成共识，促成了专门的文章体裁的产生。这时期还存在其他非应用型的文体，如辞赋、乐府。魏晋以后关于文学成熟的审美要求和特点不是突然产生的，它是在对应用型文体写作要求的揣摩中发展起来的。

第二是五七言诗的快速发展。这里的五七言诗，主要是指五言诗，七言诗在魏晋南北朝时的评价并不是很高，魏晋时写得很少，南朝以后才逐渐多了。五言诗是魏晋南北朝时期作家写作的主要诗体。当然在魏晋时期，大家受传统的影响，认为四言诗是正体，五言诗是别体，但到了魏晋以后，五言诗基本上就被接受了。五言诗所具有的审美特征，是符合门阀士族文人要求的。在《魏晋南北朝诗歌史论》中，我曾经引用过心理学家对五言诗的测评，他们认为五言诗的结构从心理上讲是符合黄金分割率的。不管怎么说，五言诗发展到今天，生命力仍然很强，现今仍然有很多人写五言诗。五言诗跟七言诗不一样，五言诗具有典雅的格调、温柔敦厚的风格特征，而七言诗因为比较流利上口，难于免俗。五言诗是符合这一时期上层文人审美的，所以围绕五言诗写作出现了很多批评文章。

第三是辞赋和美文的骈文化。这时期的辞赋已不是汉代的大赋了，是短赋，这种短赋适合写作家的情志与感受。骈文文辞的精致化在南朝达到了唐人也无法超越的高峰。清人选的六朝文集，像庾信、鲍照、萧绎、萧纲等，均有大量精致化的美文创作，这符合士族文人的审美要求。

第四是文学风格的多样性和作家个性的成熟。到了魏晋南北朝，诗歌辞赋尤其是诗歌的创作形成了各种各样的风格，《诗品》里提到 122 家诗人，尽管对他们的源流的描述有些争议，但是对他们风格的描述基本上是准确的。风格是作家个性的表现，我们从《诗品》概括的风格特色中可以窥见不同诗人的不同个性。

第五是文学集团的成立。文学集团是文学成熟的重要标志，魏晋南北朝时期确实形成了比较成熟的文学集团，这一点大家可参考广西师范大学胡大雷先生写的《中古文学集团》，他在书中专门讨论了各种文学集团。我们所知的魏晋南北朝文学集团，如永明文学集团，是很成熟的，他们有理论纲领，有基本的成员，有显著的写作成果，这是显而易见的。

第六是文学批评的成熟。这个时期文体辨析的观念很强，文学批评理论的著作很多，产生了《文心雕龙》这样一部体大思精的文学批评专著。文学批评著作的出现是文学写作成熟的表现，只有文学写作成熟了，才能产生高水平的批评著作。

第七是文集的编纂。魏晋南北朝时期"家家有制，人人有集"，作品多了才能够编集，说明这一时期作品很多。文人对作品编集非常重视，比如南朝有个作家叫王筠，他"以一官为一集"，每做一任官就编一个文集，可见作品之多。颜之推在《颜氏家训》里面对父亲的作品在江陵之乱中丢失一事痛心疾首，这说明当时人对"集"的重视、对自己作品价值的认识。像谢灵运就编纂了很多文集，不过这些文集流失很多。汉魏六朝别集流传至今，宋刻本据说也只有五六部，宋本也并不一定是原貌，像《陶渊明集》大概保留了原貌，但其他很多作家别集都失传了。总集传下来只有两部：《昭明文选》和《玉台新咏》。但是我们看《隋书·经籍志》，可以发现这个时期的总、别集非常多，反映了这个时期写作的兴盛。

所有的这些文学特征在文学史里都能看到，但是我们要把这些特征跟它的性质结合起来。魏晋南北朝时期的文学跟来自门阀士族阶层的文人活动是密切相关的。当然那时也有像鲍照、左思等寒门诗人的文学活动，不占主流，但难能可贵的是，他们反映了底层人民的呼声，表达了他们的愤怒、不满和怨愤。如果没有这些作品，我们就体会不到底层人民的思想情感，还好这些作品保存下来了。但这一时期的创作主体还是士族文人，玄言诗也好，山水诗也好，永明体也好，是他们推动着诗歌向成熟的方向发展。从这个意义上讲，唐诗乃至整个中国古代诗歌所取得的成绩，在魏晋南北朝时期就奠定了基础，并形成了基本的特征。我们如何看待门阀士族文人的写作活动在中国诗歌史上的作用，如何看待魏晋南北朝时期文学的价值和作用，我想从这一点来讲，可能跟传统的看法有所不同。

钱志熙

男，浙江乐清人。北京大学中文系教授、博士生导师，长江学者特聘教授，中国李白研究会会长，中华诗词学会副会长。主要从事中国诗歌史研究，发表论文百余篇。有《魏晋诗歌艺术原论》《唐前生命观和文学生命主题》《汉魏乐府艺术研究》《中国诗歌通史：魏晋南北朝卷》《陶渊明传》《陶渊明经纬》《唐诗近体源流》《黄庭坚诗学体系研究》等著作。

李白新解：法度之中，豪放之外

李白的诗歌，向来论者都重视其豪放和创新的特点。创造力极强，是李白诗歌的一个特点，比如说殷璠的《河岳英灵集》评"其为文章，率皆纵逸。至如《蜀道难》等篇可谓奇之又奇，然自骚人以还，鲜有此体调"，强调他的奇和创造力。后来持这种看法的学者越来越多。现代的学者以浪漫主义的概念来评价他，这自然能揭示李白笔惊风雨、诗泣鬼神、想落天外、语绝凡近的特点，但也因此忽略了一些李白对前人诗歌艺术的丰富性、创造性的继承，以及其神思奇变中所体现的法理。我们可能认为李白是随便写诗，乱写诗，其实不是，李白诗歌有很深的继承性和法理性。近人面对李白的诗歌艺术，甚至有将其神秘化、非理性化的倾向。当然任何有创造性的创作里面都有非理性化的一方面，尤其是灵感这个词，完全不是用理性阐述的，但是从创作本身来说还是一种理性的行为。不能将李白的天才归之于不可解释的感性的、非理性的能量释放——现在评价中有这个倾向。因为不了解李白的艺术，所以就会一方面惊讶他的神奇、他的创造力；另一方面，觉得他的艺术没有什么法则可以总结，也没有前人的经典作品可以比较，而忽略李白深刻的思想与丰富的艺术经验，尤其是深入学习前人而造就的非凡。李白是学习古文最认真的一位。清代姚鼐在《刘海峰先生八十寿序》中引历城周编修语云：“为文章者，有所法而后能，有所变而后大。”讲的正是法古与变化的关系，也比较简赅地揭示了像李白这样的文学巨匠由学到创、由“能”到“大”，即由能品向神品、由成熟的艺术向杰出的艺术发展的基本规律。

为什么要思考这样的问题？一方面是从李白研究出发，看到现代一些评论家对李白评价的偏颇；另一方面，我们今天的诗歌无论是新诗创作还是旧体诗词的创作也遇到这样的问题。尤其是旧体诗词的创作，有人已经复兴，但是实际上在关于继承与创新的问题上，在认识上存在问题。比如说现在有一种写诗法，完全用白话来写旧体诗词，把大量现代语汇写进诗词里。还有一些现代年轻人写诗专重于摹拟，缺乏一种自己的真实的、切身的感受。实际上，任何创造性的艺术，都是在学习继承前人艺术的基础上造就的。

我们要解释李白在诗歌艺术上的突出的创造力，首先要了解，种创造力的最重要的成因，是李白对诗歌艺术传统的深入学习。

一

李白学习诗骚及汉魏六朝以来的诗歌应该经历了两个阶段，第一个阶段就是摹拟前人。摹拟在我们今天看来一直是评价不高的一种创作方法，但是它曾经是一个很重要的创作方法。段成式《酉阳

明·仇英 《春夜宴桃李园图》（局部）

杂俎》记载："（李）白前后三拟《词选》，不如意，悉焚之，唯留
《恨》《别》赋。"《恨赋》《别赋》为江淹的名作，分别写死别、生离
之苦，《楚辞少司命》有"悲莫悲兮生别离，乐莫乐兮新相知"。江
淹这两个作品正是继承《楚辞》骚怨的传统。李白的《拟恨赋》步
趋江作而自铸伟辞：

江淹《恨赋》

试望平原，蔓草萦骨，拱木敛魂。人生到此，天道宁论？
于是仆本恨人，心惊不已。直念古者，伏恨而死。

李白《拟恨赋》

晨登泰山，一望蒿里。松楸骨寒，宿草坟毁。浮生可嗟，
大运同此。于是仆本壮夫，慷慨不歇，仰思前贤，饮恨而殁。

用自己的语言来重新赋写，可修辞造句上亦步趋，这就是最典型的
摹拟作法。又如江淹的《恨赋》：

已矣哉！春草木兮秋风惊，秋风罢兮春草生。绮罗毕兮
池馆尽，琴瑟灭兮丘垄平。自古皆有死，莫不饮恨而吞声。

李白《拟恨赋》则是这样写的：

已矣哉！桂花满兮明月辉，扶桑晓兮白日飞。玉颜减兮
蝼蚁取，碧台空兮歌舞稀。与天道兮共尽，莫不委骨而同归。

如果不考虑摹拟，仅艺术效果来说，很难说是江淹高还是李白

高，哪个作品更好。当然其中也体现了李白的语言风格。尤其像
"桂花满兮明月辉，扶桑晓兮白日飞"，写得更加飘逸。《恨赋》内各
段分别写帝、王、妃、臣之殁，也都是相对的。有学者指出，李白
模仿江淹的段落和句法，但是两人对生命之悲的态度完全不同。这
种摹拟是李白创作的多见现象，不是个别。这种摹拟方法的要点在
于规摹其章句，在摹拟古人篇章形式与主题的同时，自铸伟辞，更
出新意。

李白的古风、古乐府以变化于古人为主，但是也能看出摹拟旧
篇的现象，如其《古风》其四十九，就是以曹植《杂诗·南国有佳
人》为蓝本，颇有步趋之处：

曹植《杂诗·南国有佳人》

南国有佳人，容华若桃李。朝游江北岸，夕宿潇湘沚。时
俗薄朱颜，谁为发皓齿？俯仰岁将暮，荣曜难久恃。

李白《古风》其四十九

美人出南国，灼灼芙蓉姿。皓齿终不发，芳心空自持。由
来紫宫女，共妒青峨眉。归去潇湘沚，沉吟何足悲。

曹植其实也是摹拟，曹植本是学习《楚辞》的，用《楚辞》的意境，
写一位高蹈的佳人，以寄寓志士才人不遇之感。其中时俗薄朱颜是
一个重要的原因。李白的拟作，基本保持原来的主题，但语言的
风格与曹植不同。可以说曹诗古质沉至，自是汉魏之体；李诗清新
浏亮，已是唐诗之调。其中如以"皓齿终不发，芳心空自持"来拟
"时俗薄朱颜，谁为发皓齿"，可谓轻妙入神。

摹拟是文学创作上自古即有的现象。"诗""骚"两个系统中，

因为我们不知道《诗经》以前的诗歌和《楚辞》以前的作品是怎样的，所以还没有看到明显摹拟之风。但是《诗经》里面有彼此相同的、彼此摹拟的，甚至有好多句子是相同的。今天看到的最早的摹拟是汉代的人模仿宋玉的辞赋，渐开摹拟之途。而摹拟之风的真正形成是在晋宋时期。在汉魏文学取得巨大的成就，造成若干经典之后，晋宋文人开始自觉地使用摹拟之法来学习它们。这甚至可以说是古诗系统重要的学习方法。到了近体诗，摹拟较少，因为近体诗有格律。陆机作《文赋》，熟于文、辞、意、象的脱胎之理，采用尊其意而多易其辞的作法来创作《拟古诗十二首》，这种作法为后来的晋、宋、齐、梁的作者继承，李白就是用的这种方法。李白的摹拟之法是比较古老的，这可能与李白生长于相对偏僻、文学风气守旧的蜀中有关系。李白后来深受陈子昂的复古之说的影响，但是李白的拟古不一定是受陈子昂的影响的。李白刚开始创作，就选用了六朝旧法，包括摹拟法在内。摹拟是我们研究李白诗歌必须重视的问题。李白不仅摹拟古人的诗，对同时代作家也有学习。如李白模仿崔颢《黄鹤楼》诗作《鹦鹉洲》《登金陵凤凰台》：

崔颢《黄鹤楼》

昔人已乘黄鹤去，此地空余黄鹤楼。黄鹤一去不复返，白云千载空悠悠。晴川历历汉阳树，芳草萋萋鹦鹉洲。日暮乡关何处是？烟波江上使人愁。

李白《登金陵凤凰台》

凤凰台上凤凰游，凤去台空江自流。吴宫花草埋幽径，晋代衣冠成古丘。三山半落青天外，二水中分白鹭洲。总为浮云能蔽日，长安不见使人愁。

崔颢是怀乡的，李白改为怀长安，做了一个这样的变化。

李白《鹦鹉洲》

鹦鹉来过吴江水，江上洲传鹦鹉名。鹦鹉西飞陇山去，芳洲之树何青青。烟开兰叶香风暖。岸夹桃花锦浪生。迁客此时徒极目，长洲孤月向谁明。

这首诗模仿得更明显，句调、句法、章法更接近崔颢之作。唐汝询《唐诗解》说《鹦鹉洲》是"步趋黄鹤楼以成篇"。

从上述几例中我们可以看到，李白运用六朝摹拟之法已经达到了出神入化的程度。不得不说，善于摹拟古人是李白诗学的基础。近现代的文艺思想重视创新与发展，反对摹拟，认为摹拟是没有创造力的，但是我们要思考这么一个问题：文学是语言的艺术，人类本来就是通过模仿来使用语言的。人类语言使用上的模仿性、群体性的特点，同样体现在文学创作中。文学创造是基于模仿的，所有的语言和题材都来自前人。不过这里说的模仿是广义的模仿。模仿是一种重要的方法。六朝时的模仿"师其意而易其词"，重新创造艺术形象，其实是符合文学创造规律的。古今很多文学作品的意义是相同的，只是表达意义的方式不同。比如说有一类征夫思妇的诗歌，在中国古代多不胜数，意思多是相近的，甚至情节也相近，只是艺术形象的创造不同，不断地变化生新。所以文学创作不能只讲意的创造，恐怕更重要的是词的创造。要将词与意的创造两方结合起来，才能更好地把握文学创造的性质。

当然，采用六朝拟古之法，只是李白早期学习古人诗赋的第一个阶段。他学习古人的第二个阶段，是拟古而变化，不仅辞语大变于前人的原作，且在主题上深入开拓、发展。用古人原作的主题，在此基础上深入发展，这在李白的古乐府里大量存在，比如《将进酒》《公无渡河》《长相思》《行路难》等，都是用前人的主题，但又有充分自由的发展。他的辞赋中，像规范汉赋的《明堂赋》《大猎赋》，用南朝咏节候的《惜余春赋》《愁阳春赋》《悲清秋赋》等，都是用这种变创的方法来写作的。李白创作的一个最大特点是，除了近体诗及短诗，其大部分长篇作品尤其是古乐府，都有古人作品为蓝本，而且不止一个蓝本。李白如何摹拟与变化古人来形成自己真正的创造，这是我们需要深入研究的。

二

李白在诗歌创作方面的基本思想就是复古，其中国风雅颂是其最高的诗歌理想：

> 大雅久不作，吾衰竟谁陈？王风委蔓草，战国多荆榛。龙虎相啖食，兵戈逮狂秦。正声何微茫，哀怨起骚人。扬马激颓波，开流荡无垠。废兴虽万变，宪章亦已沦。

李白说的这个"宪章"，是诗歌创作的最高原则，并非一个空洞的词语，而是对国风雅颂艺术精神与方法的概括。其具体内容，见于古人认为子夏亲传孔子诗学而作的《毛诗·大序》。《毛诗·大序》是唐人学古诗歌的基本教程，里面总结了正风正雅的风刺精神、变风变雅的吟咏性情之用，以及六艺的基本原则。这些无疑是李白诗歌创作所要遵循的基本原则。李白诗歌的思想就是儒家诗学思想。

李白的复古理论，虽不如陈子昂那般具系统性和可操作性，但也是很明确的。陈子昂的复古理论是最系统的，很有操作性。陈子昂

唐·李白《上阳台帖》

说："文章道弊五百年矣。汉魏风骨，晋宋莫传，然而文献有可征者。仆尝暇时观齐梁间诗，彩丽竞繁，而兴寄都绝。"很明确地主张学习汉魏，不要去学齐梁诗，缺少兴寄。虽然只有这么几句话，但意思非常明确。整个唐代及其后来的人，都照着这几句话来理解诗歌艺术。李白的《古风》其一是受这个理论的影响的，但是有发展。孟棨《本事诗》中记载：

> 白才逸气高。与陈拾遗齐名，先后合德。其论诗云："梁陈以来，艳薄斯极，沈休文又尚以声律，将复古道，非我而谁欤？"故陈李二集律诗殊少。尝言："兴寄深微，五言不如四言，七言又其靡也。况使束于声调俳优哉？"

李白前面有陈子昂和张九龄的复古，为什么还说"将复古道，非我而与谁"？看起来是李白狂傲蔑视前人，实际上在了解了李白的整个创作之后可以知晓，李白所说的完全符合这个事实。李白认为四言诗才是"兴寄深微"的，这句话向来没有得到很好的阐释。五言为什么"兴寄深微"不如四言呢？四言为什么叫作"兴寄深微"呢？因为陈子昂曾讲了"兴寄"这个词，李白就"兴寄"来讲五言不如四言，发展了陈子昂的"兴寄"理论。

"风"和"骚"是李白所追慕的，他虽然说"哀怨起骚人"，认为这一类不是最高的，但是李白的作品有不少出于"哀怨起骚人"这一类的。李白对"风""骚"各有所取，而且能够将二者合于一体。从"风骚"的宗旨与风格来讲，而不是从后世的诗歌艺术类型出发，才能把握李白诗歌的兼承风骚艺术特征。李白诗歌的"兴寄深微"出于国风雅颂，哀怨愤激则出于《楚辞》。诗歌境界有动和静两种，"兴寄深微"体现的是静，哀怨激愤体现的是豪放、奔放、浪

漫。只有将这两种精神结合，才是一种很好的艺术。如果只有一种
哀怨愤激，而没有"兴寄深微"，那这部作品就会显得粗犷、乖戾。

李白所说的"哀怨起骚人"，是评《楚辞》，实亦自述。怎么理
解李白与《楚辞》之间的关系呢？《楚辞》的最大特点即在"奇"，
充分展现想象力，造奇尽变。李白造奇尽变的创作方法受《楚辞》
的影响。刘勰在《辨骚第五》中说："自《风》《雅》寝声，莫或抽
绪，奇文郁起，其《离骚》哉？"这句话同样可以用来评论李白。
李白的诗歌相对于汉魏六朝的诗歌，甚至相对于盛唐其他诗人的诗
歌，从风格上来讲有很大的不同，其最大的特点就是奇文郁起。殷
璠评《蜀道难》等篇云："奇之又奇，然自骚人以还，鲜有此体调。"
也是强调李白诗歌的奇，并且明确指出，这个奇与楚骚有关系。

李白歌行体近于"骚"，取骚体入乐府，是李白的专长，其《鸣
皋歌送岑征君》则直接用《楚辞》体。除此之外，《长相思》《行路
难》《蜀道难》《将进酒》《梦游天姥吟留别》也是用《楚辞》体，
这些历来的研究者已经有所揭橥。宋代的晁补之评《鸣皋歌送岑征
君》："本末《楚辞》也，而世误以为诗，因为出之。"朱熹《楚辞
后语》录此篇，并且同意晁氏的看法。

在具体的作品里，李白对《楚辞》的取法也是很多的。如《古
风》其十九不仅整体游仙意境来自《离骚》，其篇末结构之法，直
接采自《离骚》：

> 西上莲花山，迢迢见明星。素手把芙蓉，虚步蹑太清。霓
> 裳曳广带，飘拂升天行。邀我登云台，高揖卫叔卿。恍恍与之
> 去，驾鸿凌紫冥。俯视洛阳川，茫茫走胡兵。流血涂野草，豺
> 狼尽冠缨。

这首诗写于安史之乱之后，李白一度想在华山上隐居避难，同时求仙、求道。这首诗写乱世而求飞升高举，与《楚辞》中的《离骚》《远游》精神相接。自开头"西上"至"高揖卫叔卿"，写由登山而升天，想象飘逸自然，情景浮现逼真，深得汉乐府游仙诗之神韵。这首诗从游仙诗的类型来讲，不是郭璞的游仙诗，而是乐府游仙诗。郭璞的游仙诗是虚的，乐府游仙诗是很写实的。李白学习前人的经典是多重的，不是简单地学习《诗经》或者《楚辞》或者乐府，而是多层的。最后四句，机轴实出《离骚》篇末："陟升皇之赫戏兮，忽临睨夫旧乡。仆夫悲余马怀兮，蜷局顾而不行。"

《远别离》这首诗，以古帝尧舜幽囚与娥皇、女英远别为内容，表达李白自己"皇穹窃恐不照余之忠诚"的怨意，其基本的情调，正是出于《楚辞》叩君门而不得入的主题。开头"远别离，古有皇英之二女，乃在洞庭之南，潇湘之浦"，这个境界是古老的境界，极写隔绝之境，诗骚乐府中多此类，如《诗经》的《蒹葭》《汉广》，《楚辞》的《湘君》《湘夫人》，乃至汉乐府《铙歌》的《有所思》《上邪》，以及《古绝句四首》中的"日暮秋云阴，江水清且深。何用通音信，莲花玳瑁簪"，张衡的《四愁诗》，都是极写离绝难合之意境。由此可见李白诗境之古老。齐梁以下诗，尤其是近体诗，是取法于近，李白的古风乐府，则是取法于古。此诗中段如"日惨惨兮云冥冥"，为《招魂》《山鬼》之境，最后"恸哭兮远望，见苍梧之深山。苍梧山崩湘水绝，竹上之泪乃可灭"，又是效《铙歌·上邪》句法，得其神似。古人中胡震亨对李白了解很深，评论也最精："盖体干楚《骚》，而韵调于汉歌诸曲，以成为一家之语。参观之，当得其源流所自。"指出李白的诗法是本于古人而做出的发展的事实。

三

    李白对汉魏六朝诗歌的学习，是其形成诗歌风格、取得艺术成就的重要原因。对于这一点，朱熹有一种与众不同的认识。朱熹强调李白诗歌学习古人的功夫，并且认为这是李白诗歌之所以好的原因：

    李太白始终学《选》诗，所以好。杜子美诗好者亦多是效《选》诗，渐放手，夔州诸诗则不然也。

    杜诗初年甚精细，晚年横逆不可当。只意到处便押一个韵。如自秦州入蜀诸诗，分明如画，乃其少作也。李太白诗非无法度，乃从容于法度之中，盖圣于诗者也。

    朱熹对李杜的这种看法，是别具心眼的。我们一般都强调杜甫的学古与集大成，而认为李白是以变化、创造为主的。朱熹则强调李杜诗都是学《选》诗的。李白始终学《选》诗，他认为是对的；杜甫诗后来不好，是因为不学《选》诗。这个说法有没有道理，是需要深入研究的问题。杜甫的诗歌，是从初盛唐法度中不断变化而出的，到了晚年，变化极大。从积极的一方面来说，可以造成一种无事无物不可入诗的规模，直接促成了中晚唐乃宋诗之变。所以今天我们讲宋诗不得不讲杜诗，杜诗是宋诗的根源。当然，杜诗不属于宋诗，但是杜诗是宋诗的开端，不能拿宋诗来评论杜诗，但是研究宋诗必须讲到杜诗，这是两个问题。但是从消极的一方面来讲，杜诗确实与传统的诗歌审美理想产生了比较严重的偏离。

    李白对魏晋法度也多所汲取。其于《古诗十九首》、建安诗歌中，取其比兴之意、散句之法。建安风骨从陈子昂开始。大家可能会认为这个提法比较空洞，从陈子昂到王维到李白到杜甫，这些人究竟怎样学习建安风骨？建安风骨又体现在什么地方？我们今天也只能略讲几句。《全唐诗》小传评孟诗云："明皇世，章句之风，大得建安体。论者推李翰林、杜工部之为尤，企其间者能不愧者，唯吾乡之孟先生也。"孟浩然什么地方学建安体呢？他的诗，与建安诗是很不一样的。说学建安，即是说学建安诗的章句之法。我们今天强调的都是建安的思想、建安的现实精神，这当然是一方面，但最重要的是建安诗歌不同于后来的齐梁晋宋诗歌的"建安体"。李白诗是骈散皆用，骈体取法于曹植、陆机以下，散句之法则以建安五言为主，其中曹植的聘词尚气而风骨淋漓、文质相兼，是李白诗体主要渊源之一。

自曹植的《仙人篇》开始，以游仙寄托其现实之不遇，一变乐府游仙诗为文人游仙诗，这是李白游仙诗的渊源之一。曹植游仙出于骚，以远游为主旨，睥睨寰宇，以四海为隘：

仙人揽六箸，对博太山隅。湘娥拊琴瑟，秦女吹笙竽。玉樽盈桂酒，河伯献神鱼。四海一何局，九州安所如。韩终与王乔，要我于天衢。万里不足步，轻举凌太虚。飞腾逾景云，高风吹我躯。回驾观紫微，与帝合灵符。阊阖正嵯峨，双阙万丈余。玉树扶道生，白虎夹门枢。驱风游四海，来过王母庐。俯观五岳间，人生如寄居。潜光养羽翼，进趣且徐徐。不见昔轩辕，升龙出鼎湖。徘徊九天下，与尔长相须。

李白的《古风》其四十"凤饥不啄粟"、其四十一"朝弄紫泥海"等，基本的体段，正是出于曹植，如其四十一：

朝弄紫泥海，夕披丹霞裳。挥手折若木，拂此西日光。云卧游八极，玉颜巳千霜。飘飘入无倪，稽首祈上皇。呼我游太素，玉杯赐琼浆。一餐历万岁，何用还故乡。永随长风去，天外恣飘扬。

曹诗承乐府之余，较多铺叙，重视细节，李诗则更为简洁传神。大抵李白之学古诗名篇，有较古诗更铺张扬厉的，也有浓缩古诗的，足见其取法前人，而运用之妙，存乎一心。李白的《白马篇》《野田黄雀行》，都是曹植集中的乐府题。《白马篇》首段修辞，略变曹诗，而后段完全变化，《野田黄雀行》意旨与曹诗相近，而体格全变。

阮籍和李白的关系首先在《古风》五十九首。陈子昂《感遇》三十八首、张九龄《感遇》十二首、李白《古风》五十九首，都主要是学习阮籍的《咏怀》，但又不局限于此。这一点前人已有过很多讨论。其中作品的意境出于阮诗，也时有所见。如其五十七：

羽族禀万化，小大各有依。周周亦何辜，六翮掩不挥。愿衔众禽翼，一向黄河飞。飞者莫我顾，叹息将安归。

阮籍《咏怀》其八：

灼灼西隤日，余光照我衣。回风吹四壁，寒鸟相因依。周周尚衔羽，蛩蛩亦念饥。如何当路子，磬折忘所归。岂为夸誉名，憔悴使心悲。宁与燕雀翔，不随黄鹄飞。黄鹄游四海，中路将安归。

阮籍诗歌出于庄子，李白诗歌也出于庄子，李白出于庄子是兼学阮籍的出于庄子。在这之前，曹植有若干的意识来自庄子，但不太明显。阮籍与嵇康，尤其是阮籍，把庄子的东西写到诗歌中。

阮籍的诗意，虽出于庄子的小大之说，但却是魏晋之际的玄学家的一种思想。提倡以小自藏，以无用而远害。张华作《鹪鹩赋》就发挥这种思想，与阮籍意合，所以阮氏叹其有王佐之才。李白的《古风》与阮籍的《咏怀》之体同而旨异，每多此类。又如其"六翮掩不挥"之句直接采用阮籍《咏怀》其四十一"天网弥四野，六翮掩不舒"。古人诗多直接用前人全句，如陶渊明的《杂诗》其三"严霜结野草"即直接用阮籍《咏怀》其三"凝霜被野草"。

四

除阮诗之外，李白汲取甚深者，尚有陶诗。这首先表现于两人在崇尚自然方面的高度契合。陶渊明自述"常著文章以自娱，颇示己志""衔殇赋诗，以乐其志"，这样的思想，也完全可以用来当作李白的自述。李白在诗歌创作上，以复古自任，这是他的文学理想；就基本的创作方法或者说创作态度来说，则是自乐其志，有一种以文学为自我娱乐的精神。创作最重要的、最高的原则在于自乐，任何一个伟大的、杰出的作家，都少不了自乐其志。范传正《唐左拾遗翰林学士李公新墓碑》称其"作诗，非事于文律，取其吟以自适"，与陶氏"著文章以自娱"意思正好接近。殷璠拿当时的题材、风格来衡量李白，对李白的评价不是太高，有一定的批评的性质，但他也指出李白的一个特点，即"白性嗜酒，志不拘检，尝林栖十数载，故其为文章，率皆纵逸"。初唐的文章，多为官学，雅颂以应世；后来虽然宫廷官学诗赋之风衰歇，但文士创作也多期为世用，如杜甫排律，虽纪人物、状宫庙，仍多用雅颂之体，其余干谒应酬者，也不在少数。这些都是为他人所作，不是杜甫文章的最高境界。再进而言之，盛唐为诗歌创作兴盛之世，诗人创作纵无官学之羁束、人事之应酬，亦不失为竞艺取胜。李白在上述各方面，当然也不是没有。但总体上说，他抱林栖之志，志不拘检，有一种方外之士的风格。所以，以文章酬世之意较少。他的创作更重内心情志的抒发，与陶渊明的自乐其志最为契合。就基本的艺术思想来讲，陶、李两家是接近的，陶、李两家都能摆脱当时过重形式、过重世俗功利的文学作风，而达到比较理想的抒情言志的境界。我们研究陶渊明对李白的影响，首先要着眼于这些地方。

李白《古风》之学阮籍、陈子昂，论者已多。其实陶诗也是它的渊源之一，甚至是其复古的典范。其诗咏陶随处可见，尤以《赠临洺县令皓弟》"陶令去彭泽，茫然太古心。大音自成曲，但奏无弦琴"，对陶氏精神领会最深，堪称最为知音。李白对陶渊明的理解比盛唐其他诗人（杜甫、王维、孟浩然等）更深刻。李白有些诗歌的章法句法是学习陶渊明的。如陶渊明《饮酒》其八"青松在东园，众草没其姿"，又同题其十七"幽兰生前庭，含熏待清风"，李白《古风》其三十八"孤兰生幽园，众草共芜没"，意象即出于陶诗。又如阮诗"良辰在何许"，陶诗《读山海经》其十"徒设在昔心，良辰讵可待"，李白《古风》其三十二"良辰竟何许，大运有沦忽"，三家相承之迹，显然可见。又如李白《古风》其二十五"世道日交丧，浇风散淳源"，其三十"玄风变大古，道丧无时还"，"道丧"之说正出于陶渊明如《饮酒》其三"道丧向千载，人人惜其情"。李白诗中思想、境界甚至词语都是出自陶渊明。陶渊明词语的创造力极强，许多词都是之前没有的。李诗用陶诗最多，古人注本多已注出，如"倾壶事幽酌，顾影还独尽"，用《咏贫士》"倾壶绝余沥"以及《饮酒》小序"顾影独尽，忽焉复醉"。当然李白的放荡饮酒之意，也多祖陶氏。

李杜都学陶，但杜甫与陶渊明在思想与行为上共鸣不是很多，艺术上的共鸣比较多。杜甫学习陶渊明的描写艺术，正如其"焉得思如陶谢手，令渠述作与同游"诗句所表达，是着眼于陶诗能写的一面，着眼于诗法。李白并不刻意学陶，但因为性情、审美趣味之相近，其诗歌以自然清真为体，最近于陶。李诗豪放，节奏奔快，陶诗平淡，以散缓为体，两家个性自然不同。但根据朱熹的说法，陶平淡中有豪放，而李则豪放中有和缓。我们理解的是陶诗雍容和缓，李诗豪放，但陶诗也有豪放，李诗也有和缓，所以两个人又是比较接近的。

李白《古风》首篇"大雅久不作"，立意及议论之法，正出于陶氏《饮酒》其二十：

羲农去我久，举世少复真。汲汲鲁中叟，弥缝使其淳。凤鸟虽不至，礼乐暂得新。洙泗辍微响，漂流逮狂秦。诗书复何罪？一朝成灰尘。区区诸老翁，为事诚殷勤。如何绝世下，六籍无一亲。终日驰车走，不见所问津。若复不快饮，空负头上巾。但恨多谬误，君当恕罪人。

李白《古风》其一：

大雅久不作，吾衰竟谁陈？王风委蔓草，战国多荆榛。龙虎相啖食，兵戈逮狂秦。正声何微茫，哀怨起骚人。扬马激颓波，开流荡无垠。废兴虽万变，宪章亦已沦。自从建安来，绮丽不足珍。圣代复元古，垂衣贵清真。群才属休明，乘运共跃鳞。文质相炳焕，众星罗秋旻。我志在删述，垂辉映千春。希圣如有立，绝笔于获麟。

朱熹举例举过这两首诗，但是没有说明李白是学陶渊明的。这两首诗讲的问题是一样的，陶渊明讲的是儒家之道的丧失、淳厚风俗的丧失，李白讲的是大雅王风的消沉，基本的立意是一样的。陶诗思想酌取于儒道之间，而自成其说，所说议论抑扬之际，十分微妙。李诗于秦汉以还文学的得失，尤其雅正绮丽之辨的评论，正是取陶诗的这种议论抑扬的方法。又唐人论风雅之失，多直接以汉继周，少有说到战国及秦的。李诗却说"王风委蔓草，战国多荆榛。龙虎相啖食，兵戈逮狂秦"，这正是受到陶诗"洙泗辍微响，漂流逮狂秦"的影响。最后几句是不一样的，陶渊明以纵逸饮酒结，李诗则希圣有立结。陶渊明"但恨多谬误，君当恕醉人"，李白"希圣如有立，绝笔于获麟"。李白没有学陶渊明的醉语，这是两人出世与入世之别，在这里，李白是入世的。但性情之淳至，又是他们的共通地方。整体上说李白的《古风》其一，虽为议论之体，但李白的议论和宋诗的议论不一样。李白的议论笔势奔放，理意严切而又情灵摇荡，实深得陶诗议论之法，其磅礴雄伟之处，则是李诗所独有的。李杜之学古人，都是学而能变。

五

李白对于前代诗人，对大小谢赞誉、缅怀最多，有的带有我们今人所说的艺术评论的性质。如其《入彭蠡经松门观石镜，缅怀谢康乐题诗书游览之志》："谢公之彭蠡，因此游松门。余方窥石镜，兼得穷江源。将欲继风雅，岂徒清心魂。"这里评论的是谢灵运的《入彭蠡湖口》一诗，此诗中"乘月听哀狖，浥露馥芳荪。春晚绿野秀，岩高白云屯"，尤能代表谢诗清新秀发、雅致蕴藉的风格。李白的古体山水诗，即多用此种句法。又如《书情寄从弟邠州长史昭》：

"昨梦见惠连，朝吟谢公诗。东风引碧草，不觉生华池。"亦是评论谢诗的。其《酬殷明佐见赠五云裘歌》，则于大小谢并有致意，开篇云："我吟谢朓诗上语，朔风飒飒吹飞雨。谢朓已没青山空，后来继之有殷公。"这是指谢朓《观朝雨诗》："朔风吹飞雨，萧条江上来。既洒百常观，复集九成台。"李白赞赏其笔意之俊快，有笔飞墨舞之气。这其实也是李白句法的一种特点。又如《游敬亭寄崔侍御》亦云："我家敬亭下，辄继谢公作。相去数百年，风期宛如昨。"看是赞崔侍御，实际主要是在缅怀谢朓。《酬殷明佐见赠五云裘歌》一诗，李白不仅用谢朓的诗，同时还用了谢灵运的作品。其后："故人赠我我不违，著令山水含清晖。顿惊谢康乐，诗兴生我衣。襟前林壑敛暝色，袖上云霞收夕霏。"李白用重新作诗的方式来评论，六句诗中，用了谢灵运三个成句，这种作法，在唐诗中罕见，足见太白对谢诗的酷爱。又如《赠从弟南平太守之遥》："梦得池塘生春草，使我长价登楼诗。别后遥传临海作，可见羊何共和之。"这是用了谢灵运的《登临海峤初发强中作与从弟惠连可见羊何共和之诗》的题中之语。谢灵运的这首诗，后人并不推为其代表作，但从李白用其题语来看，对其诗是极为激赏的。事实上，李白的《梦游天姥吟留别》一诗，其发兴之由，正在谢灵运《登临海桥初发强中作与从弟惠连可见羊何共和之诗》。谢氏此首是连章体，将惜别与游山放在一起写，体格不同于他的其他山水诗。李白用梦游吴越的内容来写留别之意，正是用了谢灵运的作法。虽然谢诗是五言，风格趋于隐约，而李诗豪放，多用骚人笔调。但谢诗最后一章"攒念攻别心，发旦清溪阴。暝投剡中宿，明登天姥岑。高高入云霓，还期那可寻？傥遇浮丘公，长绝子徽音"，这个情节对李白的《梦游天姥吟留别》影响很大，李白的整首诗不啻将谢灵运的诗境神奇地展开。此诗正是李白"出新意于法度之中，寄妙理于豪放之外"之艺术上的表现。

正如李白的《月下独酌》"举杯邀明月，对影成三人"，其中全由陶诗"欲言无予和，挥杯劝孤影"一句化出。李白诗中的"脚著谢公屐，身登青云梯"取自谢灵运《登石门最高顶》"昔无同怀客，共登青云梯"。李白对大谢诗汲取甚多，离合变化，令人难察。李白诗学谢而能化，其五言古体写山水之景及隐逸之情、仙真之相，谢灵运是其学习的主要渊源。如果说李白《古风》五十九首主要是学习阮籍、陶渊明，那么其五言古体的山水诗、近体诗，主要学习谢灵运。如《望终南山寄紫阁隐者》："出门见南山，引领意无限。秀色难为名，苍翠日在眼。有时白云起，天际自舒卷。心中与之然，托兴每不浅。何当造幽人，灭迹栖绝巘。"此诗发端，出于谢灵运《晚出西射堂》"步出西城门，遥望城西岑。连障叠巘崿，青翠杳深沉"，而"秀色难为名"一句，则脱换自谢灵运《过白岸亭》"空翠难强名"。结尾"灭迹栖绝巘"之意，亦是谢氏常有的意境。

谢灵运诗宋以后学者多不经意，评价偏低，而太白对之顶礼膜拜，不亚于小谢。考其所由，大概有这样几端：一、六朝诗最高审美趣味在清新，太白诗之神，亦在清新，而清新风格的奠定者，正是谢灵运。二、谢诗于山水寻幽索异之中，寓以骚体怨愤之情，此正是太白山水取法之处。三、谢诗不仅以山水寓骚怨之情，并以山水发求仙之志。此又李太白必落彀中者。四、谢诗不仅有清新、骚怨之韵，其发语修辞缜密之外，兼有豪放之格、飘逸之意。循此数点，不仅能揭太白诗学谢之机理，而且也可对谢诗产生新的评价。

李白对小谢的学习，亦是颇多。李白凡经谢朓所经之处，多致怀想之意。小谢的诗致思新奇、句法俊逸，而且以一种精妙的构思造成浑融的意境。如《玉阶怨》："夕殿下珠帘，流萤飞复息。长夜缝罗衣，思君此何极。""玉阶"特指宫中的台阶，"玉阶怨"即宫怨，写宫女因为遭到君王的冷待和抛弃的怨恨之情。谢朓诗写黄昏时分，冷宫之人遥见君王所居之殿垂下珠帘，其中包含其凝望、期待最终失落的情绪。"流萤飞复息"写冷宫寂寞萧条及宫女无聊之态。这种用一种具体境界来传达某种情事的写法，对后人启发极大。最后两句直写"长夜缝罗衣"，是希望再度承恩于君王。"思君此何极"，是对"长夜缝罗衣"这一行动所含深情的直接展露。李白的《玉阶怨》脱胎于谢朓之诗："玉阶生白露，夜久侵罗袜。却下水晶帘，玲珑望秋月。""夕殿下珠帘，流萤飞复夕"与"玉阶生白露，夜久侵罗袜"，两人都是望君王，思念君王。李白取其意而不用其象，从玉阶发咏，言玉阶已生白露，伊人已立，不知罗袜尽湿。谢朓与李白的《玉阶怨》最后两句都是写回到房间以后，仍然不停地思念。谢朓用"缝罗衣"，李白用"望秋月"来替化。"却下水晶帘，玲珑望秋月"，垂下水晶帘，隔着水晶帘朦朦胧胧地望着秋月。望秋月并不是为了望秋月，实乃不甘心希望落空。谢朓写得比较古质，而李白则是清新空灵。

李白受鲍照的影响也很大。杜甫赞李诗"清新庾开府，俊逸鲍参军"。李白摹拟鲍照的诗也很多，如《代夜坐吟》：

鲍作：

> 冬夜沉沉夜坐吟，含声未发已知心。霜入幕，风度林。朱灯灭，朱颜寻。体君歌，逐君音。不贵声，贵意深。

李作：

> 冬夜夜寒觉夜长，沉吟久坐坐北堂。冰合井泉月入闺，金缸青凝照悲啼。金缸灭，啼转多。掩妾泪，听君歌。歌有声，妾有情。情声合，两无违。一语不入意，从君万曲梁尘飞。

鲍照这首诗是俊快的、细腻的、真切的，这其实是符合李白的风格的，但李白在摹拟这首诗的时候，改变了风格和句调。鲍照与李白有一点是共通的，即风调、精神气质很接近，两人都是奔放的。李白诗的意思源于鲍照描写的感情的变化。

通过对李白学习《诗》《骚》及汉魏六朝诗体、诗法的考察，能够充分证明李白诗歌艺术中所体现的继承与创造的关系，所谓有所法而能，有所变而大。

从陈子昂明确提出以汉魏风骨、兴寄为基本审美旨趣的复古主张之后，初盛唐诗的诗体、诗格随之一变，应该说已经取得很大的成功。照理说复古的任务已经完成了，但李白作为一个后来者，不满足于此，认为当时的诗风中梁陈宫掖之体仍未尽除。李白早年学习梁陈宫掖之体之时，诗坛已经学习汉魏，所以他落后于主流诗坛。后来李白受陈子昂复古的影响，不满足于汉魏，提出将大雅、国风作为目标。这一点在陈子昂的复古理论里不太明显，陈子昂主要是以学习汉魏为主。李白的复古思想里主要有两点，一是他认为齐梁以来的骈偶之体未尽，还没有完全返回到汉魏结体散直的体制，不仅如此，又加上沈约以来的声律，尤其是七律体，则天、中宗时期定型后，到了李白创作的时代，已经开始风行。二是在诗歌精神上，大雅与兴寄并没有完全达到，所以李白提出超越汉魏文人而追溯到风骚、汉乐府。这些是李白继陈子昂之后将诗学向复古的方向进一步地推进。

李白的创作也可以说是对《毛诗大序》概括的一系列诗学思想的自觉实践。李白所说的"宪章""古道"，是其诗歌法度之最大者。从诗体来说，李白所继承的是汉魏以来的诗体，尤其是建安以后的文人诗歌传统。《古风》是李白诗学的提纲，元稹、白居易等人都是沿着李白的道路，只不过后来偏离了。

从上述情况来看，我们要准确地阐述李白诗学，要对其艺术成就有所分析，不能不首先研究他包括拟古在内的复古式的创作方法。不仅他的古体、古乐府是循着拟古、复古的方法来创作，他的近体诗律绝之所以与并时诸家体格大为不同，根源也还在于复古。事实上他近体诗的句法、章构，还是大量地接受了齐梁以来章句之法。

需要解释的是，为何这样遵守古法，却造成了李白诗歌的艺术风格的自由创造？这本身就是一个值得探讨的话题，我认为这应该决定文学创作的另一层面，即情感、才性等方面得到解释。正因为李白具有非凡的才性、不羁的自由精神与奔放激情，才使其复古式的创作取得成就。复古需要很大的才能、丰富的精神与奔放的激情，这样才能做到真正的复古。明代的人缺乏这些。当然不是说明代的人不如唐代的人，而是时代的问题，时代决定了有没有自由的精神。李白的时代能造成他的自由精神，所以唐人的复古能取得成功。试想要复活一个古代的诗歌体并使其成功，摹拟古人经典而能与之媲美，甚至有所超越，这需要多大的激情与才力呢？由此可见，明代"前后七子"等人的复古方法之所以没有取得大的成就，恐怕关键不在于复古方法本身的问题，而是明代文化的某种保守、钳制的势力，控制了他们的思想，压抑了他们的激情，萎缩了他们的想象力，使他们没有能力来复活他们心目中理想的汉魏盛唐诗风。至于他们的复古的艺术理想，本身是没有错的。

马自力

男，北京人。首都师范大学文学院教授、博士生导师、院长，中国古代散文学会副会长，教育部中华传统文化传承基地"中华古诗文吟诵和创作"主任。主要研究方向为唐宋文学文化，在《中国社会科学》《文学评论》《文艺研究》《文学遗产》《文史》等学术刊物发表论文多篇。有《诗心、文心与士心——中国古代诗文研究举隅》《中古文学论丛及其他》《余霞散成绮：古代散文创作》等著作。

说说中华古诗文吟诵

一、何谓吟诵

先生自己也念书。后来，我们的声音便低下去，静下去了，只有他还大声朗读着：

"铁如意，指挥倜傥，一座皆惊呢～；金叵罗，颠倒淋漓噫，千杯未醉嗬～……"

我疑心这是极好的文章，因为读到这里，他总是微笑起来，而且将头仰起，摇着，向后面拗过去，拗过去。

这段文字节选自鲁迅《从百草园到三味书屋》，其中"铁如意，指挥倜傥，一座皆惊呢；金叵罗，颠倒淋漓，千杯未醉嗬……"语出《李克用置酒三垂冈赋》，是清末诗人刘翰所作的一首诗词。引文中的波浪号"~~"表声音起伏，"呢""噫""嗬"是朗读时加在句尾传达腔调的语气词，"将头仰起，摇着，向后面拗过去，拗过去"则是寿镜吾先生朗读时身体配合所做出的头部动作。这种吟诵的情形，可以说是古代读书的一种具体表现。

1. 古代的读书方式

用"吟诵"这个词来概括性地指称古代的读书方式，是很晚近的事情了，而且到现在也没有完全统一。以至于2009年筹建中华吟诵学会的时候，还在为叫中华什么学会讨论过一番。

实际上，20世纪以来，用来指称古代读书方式的称谓，除了"吟诵"，还有吟唱、吟咏、吟叹、吟哦、咏叹、声读、唱读、诵念、吟诗调等一大堆，但是大多数学者是使用"吟诵"这个词，所以最终确定了用"吟诵"。不过，也有如华锋先生之谓"吟咏"、屠岸先生之谓"吟哦"等，有些学者还在使用别的词来代替"读"。

古人读书，有唱、吟、咏、诵、读、哦、叹、哼、念等多种形式，都是读书，统称"读"。"读"又有狭义的"读"和广义的"读"的区分。狭义的"读"是与"吟""唱"等有旋律的方式对举时相对而言的，是无旋律的读书方式；广义的"读"就是所有读书方式的统称。

所以，单说"读书"，只是知道他在读书而已，并不知道他的读书方式。比如说"关羽夜读《春秋》"，只知道他是在读《春秋》，至于他是唱着读、吟着读、读着读，还是哼着读，并不清楚。但说到具体的读的方式时，就清楚了很多，比如朱熹说"学者读书，须要敛身正坐，缓视微吟"，那当然是用"吟"的方式。

近百年来，讨论用什么词来代替以"读"统称的古代的读书方式，是吟诵学术界的事情。在吟诵界之外，受过传统教育的老先生们

南宋·梁楷《泽畔行吟图》

仍然是用"读"这个词表示传统的读书方式。

我们去采录老先生的时候，跟他们说"请您吟诵一下"，他们很多人都不明白的，很多人会说："我不会。"我们要说："请您读一下吧。"他们才能吟诵。在我们的录像中，很多老先生都是说："我给你们读读这首诗吧！"于是就吟起来了。

我们来看看叶嘉莹吟诵的唐杜甫的《赠卫八处士》（来源：2009年中华吟诵周），看完后会对吟诵有更多的了解。

还有一个字是"念"，有时也做读书方式讲。但是"念"通常又指口语式地读，是"读"的准备阶段，所以算是古代读书方式的辅助性称谓。以前北方人多说"读"，而南方人多说"念"。在我们的采录中，南怀瑾先生在有旋律地吟咏杜牧《清明》之后说："（以前我们）是这样念的！"［此处可参看视频：南怀瑾《清明》（唐杜牧），来源：徐健顺采录］

2. 古之谓"读"，今之谓"吟诵"

古代非常重视读书的方法，在文献典籍中有众多关于读书具体方法的描述，以"吟"的方式居多，也有"讽""咏""诵"等形式，"读者静气按节，密咏恬吟"，"其微妙在抑扬抗坠之间"。

> 东坡守钱塘，功父过之，出诗一轴示东坡，先自吟诵，声振左右。既罢，谓坡曰：祥正此诗几分来？坡曰：十分来也。祥正惊喜问之，坡曰：七分来是读，三分来是诗，岂不十分也。
>
> （《王直方诗话》）

> 先须熟读《楚辞》，朝夕讽咏，以为之本。
>
> （严羽《沧浪诗话》）

学者读书，须要敛身正坐，缓视微吟，虚心涵泳，切己省察。

（《朱子语类》卷十一）

读诗之法，须扫荡胸次净尽，然后吟哦上下，讽咏从容。

（《宋史·何基传》）

督令读书，灯火达旦，吟诵声不绝，人才盛于昔时。

（《明史·李时勉传》）

诗必有具眼，亦必有具耳。眼主格，耳主声。诗者，以声为用者也，其微妙在抑扬抗坠之间。读者静气按节，密咏恬吟，觉前人声中难写、响外别传之妙，一齐俱出。朱子云"讽咏以昌之，涵濡以体之"，真得读诗趣味。

（沈德潜《说诗晬语》）

熟读唐诗三百首，不会吟诗也会吟。

（孙洙《唐诗三百首》序）

非高声朗诵则不能得其雄伟之慨，非密咏恬吟则不能探其深远之韵……二者并进……则下笔为诗时，必有句调凑赴腕下。诗成自读之，亦自觉琅琅可诵，引出一种兴会来。

（曾国藩《教子书》）

古之谓"读"，今之谓"吟诵"也。顾宪成云："风声雨声读书声，声声入耳。"什么是"读书声"？就是吟诵声！风声是起伏的，雨声是跌宕的，现在的读书声是平板的，一字一顿均匀不变的，跟风声雨声怎么配得起来？只有吟诵，抑扬顿挫，张弛有致，才跟风声雨声相配！正如曾国藩《教子书》云："非高声朗诵则不能得其雄伟之慨，非密咏恬吟则不能探其深远之趣……"

"朗读"与"朗诵"亦有区分。什么是"朗读"？鲁迅先生已经说得很清楚了："大声朗读着"，就是大声地吟诵。什么是"朗诵"？就是大声地背诵，也就是大声背着吟诵。

寿镜吾先生读这段时，手里有没有书？有的，所以鲁迅说"先生自己也念书"，所以说他是"大声朗读着"。如果他手里没有书，鲁迅就会说他是"大声朗诵着"了。

所以简略地说，"吟诵"是汉诗文的传统读法，也就是以上我们所讲的唱、歌、吟、咏等古人读书的形式。

除此之外，吟诵还是中国传统的基本的修身方法、养生方法、歌唱方法、创作方法。在不同的领域里，它还可以有不同的定义。

二、古人读书的具体形式

古人读书，有唱、歌、吟、咏、讽、诵、哦、叹、哼、呻等多种形式。接下来我们一一阐述。

1. "唱"读

这是一种运用语言的风格。它既不是声调和语调的合成，从而产生一种常规的语言，也不是具音乐旋律的歌唱。它是介乎这两者之间的东西。它主要是根据语词的音位的声调，用一种特定的方式说话。（赵元任：《中文的声调、语调、吟唱、吟诵、朗诵、按声调谱曲的作品和不按声调谱曲的作品》）

现在很多地方还保留了"唱"读这一说法，比如西南地区把私塾读书调叫作"唱书歌子"。我们现在还把读花名册叫作"唱名"。

2. "歌"读

与"唱"读几乎是一个意思。"歌"读重音韵，有规律可循，和"唱"读一样流露出语言的节奏。

> 诗所以合意，歌所以咏诗也。
>
> （《国语·鲁语下》）

> 诗三百五篇孔子皆弦歌之，以求合韶、武、雅、颂之音。
>
> （司马迁《史记·孔子世家》）

> 若"置酒高堂上""明月照高楼"为韵之首。故三祖之词，文或不工，而韵入歌唱，此重音韵之义也，与世之言宫商异矣。
>
> （钟嵘《诗品序》）

> 积字成句，积句成章，积章成篇。合而读之，音节见矣；歌而咏之，神气出矣。
>
> （刘大櫆《论文偶记》）

> 中国旧时对于诗歌本来有朗吟的办法，那是接近于歌，也可以说是无乐谱的自由唱，但那唱法也有一定的规律可寻，在专门的音乐家听来，大约是可以谱得出若干种相当共通的调子出来的。
>
> （郭沫若《〈戏的念词与诗的朗诵〉序》）

我以为诵读诗歌通常可以用这两种方式：即戏剧式与歌唱式，都是在形式的节奏之中流露语言节奏的读法。

（朱光潜在"中国语文诵读方法座谈会"上的发言，
见《中国语文诵读方法座谈会纪录》）

3. "吟"读

"吟"读主要用于诗，也可用于文，是有旋律的读法。

今轸将为王吴吟。

（《战国策·秦策二》）

东汉高诱注"吟"为"歌吟"。《毛诗序》："吟咏情性，以风其上。"孔颖达疏："动声曰吟，长言曰咏，做诗必歌，故言吟咏情性也。"

援琴鸣弦发清商，短歌微吟不能长。

（魏文帝《燕歌行》）

童子解吟长恨曲，胡儿能唱琵琶篇。

（唐宣宗《吊白居易》）

"吟"的另一个特点是偏低沉轻柔。《释名》："吟，严也。其声本出于忧愁，故其声严肃使人听之凄叹也。""吟"低沉轻柔的特点比较适合读哀愁凄婉的诗歌，可以使诗人的哀伤之情更加深入。像汉魏乐府中有《白头吟》《梁父吟》《逸民吟》《渔父吟》等，都是哀伤或忧愁的诗歌。

> 屈原既放，游于江潭，行吟泽畔，颜色憔悴，形容枯槁。
>
> （《楚辞·渔父》）

> 陶冶性灵缘底物，新诗改罢自长吟。
>
> （杜甫《解闷十二首》其七）

> 先生口不绝吟于六艺之文，手不停披于百家之编。
>
> （韩愈《进学解》）

> 两句三年得，一吟双泪流。
>
> （贾岛《题诗后》）

> 学者读书，须要敛身正坐，缓视微吟，虚心涵泳，切己省察。
>
> （朱熹《朱子语类》）

4. "咏"读

"咏"读是拖长声音读，"咏"即"永"，长的意思。因为拖长就容易唱起来，所以"咏"经常与"吟""唱"等合称。

> 吟咏之间，吐纳珠玉之声；眉睫之前，卷舒风云之色。
>
> （刘勰《文心雕龙·神思》）

> 动声曰吟，长言曰咏，做诗必歌，故言吟咏情性也。
>
> （孔颖达《毛诗序疏》）

> 古人之诗皆可歌咏，被之管弦，即是乐教。
>
> （马一浮《蠲戏斋诗话》）

这样的反复吟咏，潜心体会，对于真正进入古人的感情，去呼吸历史，涵泳文化，最为深刻、委婉。

（余光中《自豪与自幸——我的国文启蒙》）

吟咏的本义应该是将诗的字句拉长了声音，按照文字固有的音节加进感情色彩小声地哼读。

（张本义《吟边絮语》）

5. "讽" 读

原意是背诵，但因为背诵往往也是拉长声音的形式，所以又引申为按照规矩拉长声音去吟咏。

"以乐语教国子：兴、道、讽、诵、言、语。"郑玄注："倍文曰讽。"

（《周礼·春官·大司乐》）

中国文人吟诵诗文，多出之以乡音，曼声讽咏，反复感叹，抑扬顿挫，随情转腔，其调在"读"与"唱"之间。进入中国古诗意境，这是最自然最深切的感性之途。

（余秋雨《诗与音乐》）

6. "诵" 读

原是有曲调有节奏地吟唱的意思。《周礼·春官·大司乐》："以乐语教国子：兴、道、讽、诵、言、语。"郑玄注："倍文曰讽，以声节之曰诵。"

但是后世一般不用这个含义，而是用另外两个含义：

一个是背诵，所谓"熟读成诵"，如明代张履祥《初学备忘》："先令成诵，而徐以涵泳其意味，休之于心。"

一个是没有曲调但有节奏抑扬顿挫地读，没有伴奏，音乐性不强，但很讲究声音，讲究规矩，不是随意地念。

> 诵《诗》三百，弦《诗》三百，歌《诗》三百，舞《诗》三百。
>
> （《墨子·公孟》）

> "舆人诵之。"韦昭注："不歌曰诵。"
>
> （《国语·晋语》）

> 不歌而诵谓之赋。登高能赋，可以为大夫也。
>
> （《汉书·艺文志》）

> 弦歌以和其心，诵读以探其义。
>
> （刘大櫆《问政书院记》）

7. "哦"读

即拖长腔读。"哦"是叹词，吟咏时常如叹或加叹词，因此"哦"引申为拖腔吟咏。《说文解字》："哦，吟也。""哦"与"吟"基本上是一起使用的。

> 日哦招隐诗，月诵归田赋。
>
> （梅尧臣《招隐堂寄题乐郎中》）

> 性喜饮酒，饮喜微酡。饮未微酡，口先吟哦。吟哦不足，

遂及浩歌。浩歌不足，无可奈何。

（邵雍《小车吟》）

古诗即今之歌曲，今人唱曲往往能使人感动，至学诗却无感动，兴发处只为泥却章句故也。明道先生善言《诗》，他又浑不曾章解句释，但优游玩味吟哦上下，便使人有得处。

（谢良佐《上蔡语录》）

尔既无志于科名禄位，但能多读古书，时时哦诗作字，以陶写性情，则一生受用不尽。

（曾国藩《家书：同治元年七月十四日谕纪泽》）

中国人无论写什么都要一面吟哦着，也是这个缘故，虽然所做的不是八股，读书时也是如此，甚至读家信或报章也非朗诵不可，于此更可以想见这种情形之普遍了。

（周作人《论八股文》）

当时之感慨托在声音，今日凭借吟哦背诵，同声相应，还使感情再现。反复吟诵，则真意自见。

（俞平伯《略谈诗词的欣赏》）

（颖铭）手里拿着一本唐诗，"心不在焉"地只管往下吟哦。"

（冰心《斯人独憔悴》）

8. "叹"读

也是拖长腔读，一般有旋律，与"吟"相似，只是更强调有语气感叹之声。《说文解字》："叹，吞叹也，一曰太息也。"这是"叹"的本意。《荀子·礼论》："清庙之歌，一唱而三叹也。"可见"唱"时常"叹"。因而，"叹"又引申为吟、唱等形式的代称。

> 故歌之为言也，长言之也。说之，故言之；言之不足，故长言之；长言之不足，故嗟叹之；嗟叹之不足，故不知手之舞之，足之蹈之也。
>
> （《礼记·乐记》）

> 诗者，志之所之也，在心为志，发言为诗，情动于中而形于言，言之不足，故嗟叹之，嗟叹之不足，故咏歌之，咏歌之不足，不知手之舞之，足之蹈之也。
>
> （《毛诗大序》）

由此可见，"长言"就是"歌"，因此，"嗟叹"就是有旋律的。至《毛诗大序》，直接以"嗟叹"作为"长言"与"嗟叹"的合称，那即是"唱"的意思了。因此，后世以"叹"为吟咏的代称。

> 所谓吟诗吟文，就是俗话所谓叹诗叹文章，就是拉起嗓子来把字句都唱出来，而不用说话时或读单字时的语调。
>
> （赵元任《新诗歌集·序·吟跟唱》）

> 这种老派的吟诵，随情转腔，一咏三叹，无论是当众朗诵或者独自低吟，对于体味古文或诗词的意境，最具感性的功

效。现在的学生，甚至主修中文系的，也往往只会默读而不会吟诵，与古典文学不免隔了一层。

（余光中《自豪与自幸——我的国文启蒙》）

中国文人吟诵诗文，多出之以乡音，曼声讽咏，反复感叹，抑扬顿挫，随情转腔，其调在"读"与"唱"之间。进入中国古诗意境，这是最自然最深切的感性之途。

（余秋雨《诗与音乐》）

9. "哼"读

这是比较新的说法。"哼"的本义是用鼻音叹气，或低声地唱。因此"哼"又引申为有旋律地吟咏，但音量不大。周笃文先生至今仍将他的吟诵叫作"哼"。

有人见了要诧异地问，哼一篇烂如泥的烂时文，何至于如此快乐呢？我知道，他是麻醉于音乐里哩。

（周作人《论八股文》）

他就把作品里的妙处一面哼出来，一面哼进去，不懂的人觉得可笑，事实上读是很有滋有味的。

（吕叔湘《中小学语文教学问题》）

吟咏的本义应该是将诗的字句拉长了声音，按照文字固有的音节加进感情色彩小声地哼读。

（张本义《吟边絮语》）

南宋·马远《石壁看云图》

10."呻"读

也是拖长腔地读，而且是非常慢地读。这种说法，仅见于上古。

《说文解字》："吟，呻也。""呻，吟也。"段玉裁注："按呻者吟之舒，吟者呻之急。浑言则不别也。"

因此，"呻吟"即可为读书的代称。儒士以读书为学习方式。

郑人缓也，呻吟裘之地，只三年而缓为儒。

（《庄子·列御寇》）

以上唱、歌、吟、咏、讽、诵、哦、叹、哼、呻等，都是古人读书的形式，统称为"读"。这些读书的形式，又呈现为不同的性质。这些性质的概念，有默与朗、急与缓、高与低、长与短、独与和、密与漫、生与熟、苦与恬，等等，都可以用在每一种读书形式中，所以有朗读、朗吟、朗唱、朗咏，又有默读、默念、默吟、默咏，有高歌、高唱、高吟、高咏，又有低歌、低吟、低唱、低哦，等等。如此，中国古代的读书形态，就显得缤纷复杂而仪态万方了。

三、现代吟诵方式

现代吟诵的方式主要有两种：传统吟诵和普通话吟诵。

1.传统吟诵

传统吟诵是汉诗文的传统读法，和古代读书类似，指的是用古音或者是方言吟诵诗文的方式，与普通话吟诵相对。[此处可参看

视频：朱东润《张中丞传后叙》（唐韩愈），来源：复旦大学录像］

2.普通话吟诵

普通话吟诵，顾名思义，是用现代的官方语言普通话吟诵。上古音和当代的语音脱离得太远，再加上普通话的普及率非常高，因此，普通话吟诵是当下推广传承吟诵的主要方法。同时，普通话吟诵还有文读语音的传统，即某字的当代语音不能传达其在诗文中的含意时，应部分恢复古音。[此处可参看视频：徐健顺《爱莲说》（宋周敦颐），来源：中央电视台 2012 年《中华长歌行·清明》]

四、吟诵与写作

古诗文是中华传统文化最美的载体，古诗文创作是中华儿女寄托情操的高雅文艺活动。中华古诗文创作，亦称传统诗文创作，或称旧体诗文创作，指用中华固有之文字，表达中华固有情志的文学活动。

纵观古诗文创作历史，自有中国文明以来，一直传承至今。1919 年以来，受新文化运动冲击，中华古诗文创作一度式微，但从未断绝。1987 年，中华诗词学会成立，致力于延续古诗文创作传统。21 世纪初，因网络传播助缘，众多青年人加入古诗文创作大家庭。今日，大学校园已成为古诗文创作的重要阵地。

在这样的历史发展过程中，古诗文创作彰显出对于中华优秀文化传统传承的重大意义：一则可以延续中华文脉，二则可以提高全民文化素养，三则可以推进当下文化建设。

在推进当下古诗文创作的文化建设中，我们会发现，因数千年传承有序，中华古诗文有其固有的声韵格律规则及审美规范。掌握古诗文声韵格律规则及审美规范，需要专门学习。因此，如何在当代语境下继承和发扬古诗文创作传统，更是一项系统工程。

吟诵为我们提供了读诗的方法，有利于我们掌握诗歌的声韵规律，因此将吟诵与创作结合在一起，将会在继承和发扬古诗文传统过程中，更好地指导古诗文创作实践。

五、吟诵的意义与价值

吟诵符合学习中华经典的需要。吟诵这种方法，有助于读者在理解的基础上品读中华经典，不仅可以记得牢，而且还理解得准确、深刻，尤其对于理解作品的思想感情非常有效。

吟诵还可以激发学习兴趣。中华经典是五千年传承下来的书面语，吟诵有助于古代口语的传承和古代音韵规律的学习。吟诵包含了平仄、音乐等知识，将书面语与口语有机地结合，可以寓教于乐，激发同学们的学习兴趣。

吟诵更是中国文化的译码器。吟诵具有独特的汉文化的魅力，是中国文化"走出去"的自信的文化名片。汉诗吟诵在海外一直盛行不衰，不仅在华人中间，而且在日本、韩国等很多有汉文化渗透的国家中，也一直流传，如日本的吟诗社众多。

吟诵可以增强民族凝聚力。吟诵是我国优秀的非物质文化遗产代表作，经历了几千年的历史传承。吟诵的诗文内容，包含了中国文化精神的精髓，将会在潜移默化中增强国人的文化自信和民族自豪感，增强民族凝聚力。

吟诵可以培养品格，涵养气质。吟诵的形式和内容都包含着中国传统的文人品格，其修身齐家治国平天下的理想，和关注生命、投身社会，先天下而忧、后天下而乐的精神，都有助于培养国人高尚的道德情操和温润如玉的气质。

六、吟诵的边界和未来

吟诵是读书之法，因方言系统和吟诵流派的不同，全国各地的吟诵调都不一样，每个人的吟诵调也有差异，但是基本的吟诵形式和规律不会有太大差异。吟诵拥有几千年的历史传承，可以培养品格，涵养气质，传承中华文化精神，增强民族凝聚力，续文化之脉，是我们当下需要继续传承的读书之法。最近几年开展的"中华经典诵读"活动中，有更多的地方引进了吟诵的形式。

首都师范大学也于 2013 年成立了中华吟诵教育研究中心，于 2019 年 4 月建立"中华古诗文吟诵和创作"传承基地，是教育部公布的第一批中华优秀传统文化传承基地。目前已经采集了 1000 多位老先生的吟诵，保存了大量的文字记录和文献资料，为赓续吟诵传统，同时也为吟诵教育研究与推广做出了巨大的贡献。

（录音整理：王晓可）

李小龙

男，陕西省麟游县人。北京师范大学文学院副教授，京师文会微信公众号主编，中国诗词大会命题专家。曾获 2009 年北京市优秀博士学位论文奖、2010 年全国优秀博士论文提名奖、2015 年第七届全国高校社会科学优秀成果奖三等奖、北京师范大学首届"京师英才"奖励计划一等奖。出版专著、古籍整理类著作十余部，主持国家社科基金、北京市社科基金项目三项，参加国家社科基金重大项目四项，发表论文八十余篇。

如何解读中国古代小说

中国古代小说其实说来是一个沉重的话题。为什么这么说呢？不是因为小说字数很多书很厚，所以抱起来很沉重，而是因为古代小说的阅读在当下不乐观。

可以做一个调查。随便问一个人：你爱读小说吗？对方一般都会说：爱。——让我们高兴的是，热爱小说的人还是很多。但你再接着问：你爱读什么小说呢？我相信绝大部分人回答都是《百年孤独》，或米兰·昆德拉、卡尔维诺、马尔克斯等这些人，很少有人会跟你说：我喜欢读施耐庵、吴承恩、罗贯中。可能比较少，但还是有，是吧？这也算是一个安慰。但是这个安慰的效果也不会长久，因为他只能说这几个人。四大名著之外，你再去问别的作品，像"第五大名著"《金瓶梅》都少多了——有人读了也说自己没读，更何况没有读。那么"三言二拍"、《儒林外史》这种经典的命运也

清·孙温 《红楼梦》

一样。像《儒林外史》这样的书，我认为应该是与《红楼梦》能够相提并论的经典，但阅读率非常低。如果再说二流的小说呢？《隋唐演义》《封神演义》《东周列国志》有多少人看过？就更少了。如果再说三流的小说呢？《杨家将》《说岳全传》《说唐》《呼延庆打擂》……五流八流更不用说了，没有人读过。为什么？我们需要追究的是这个现象背后的原因。中国古代的诗歌，不管是一流的李白、杜甫，还是李商隐、杜牧，哪怕到了二流一点的，比如说王孟韦柳，甚至到了贾岛、姚合等，还是有人读的。但是小说，二流以后的小说没有人读了，为什么？

这是一个很大的问题。为什么大家愿意读西方小说呢？我相信大部分人说起西方小说也能说得头头是道。之所以读西方小说的更多，就是因为西方小说好看，中国古典小说不好看。就这么简单。就好像你问一个人：你爱吃什么？他说爱吃那个而不爱吃这个。你非得问他为什么，他告诉你没有为什么，我就是爱吃那个，就是不爱吃这个。这样就好像把这个问题完全回答了。其实没有回答，喜欢还要追究背后的原因。我们每个人都觉得我们喜欢某一个事情是天经地义的，或者是抽象的，甚至有可能是冥冥中注定的，就跟贾宝玉跟林黛玉一样，他们的木石前盟是上天注定的。我们很多人也会认为我们喜欢一个东西，也是上天注定的，是埋伏在我们的基因里的。其实不是。比如说我刚才举的例子，你说你喜欢吃什么不喜欢吃什么，你觉得是上天注定的，其实不是。你如果从小生活在湖南，生活在贵州，生活在陕西、四川，你就爱吃辣，无辣不欢，这个时候是说你本质上就是喜欢吃辣吗？不是，你如果从小没长在这些省份，你长在从来不吃辣椒的省份，你就不会喜欢它。你喜欢它是因为一个过程，一个适应过程，你和辣椒形成了某种对应关系，没有这个东西你觉得饭不可口，它实际上是一个适应过程。

　　我们再回到小说这个问题上来。好和不好，其实有一个评价标准，没有标准是没有好坏的，任何一个说好的时候你都隐含着一个评价标准。那么我们现在来说中国古典小说。如果我们承认我们刚才那个调查是存在的，就是很多人不怎么看中国古典小说，如果继续承认这些人不看是因为古典小说不好，那我们就得进一步去追问，他为什么会认为中国古典小说不好？这个不好实际上是有对比的，就是他认为西方小说好。但是话又说回来，他为什么认为西方小说好？好和不好的判断标准在哪里？一定要有标准才可以判断。

　　小说也是如此。中国古典小说在中国古代千百年来的历史中，为我们世世代代的先祖拓展了叙事的视野，拓宽了有限生命的厚度，这是非常了不起的，有非常重大的文化意义，也有很好的叙事智慧，但是这种文体到了当下被大家漠视了。漠视它的原因其实很简单，就是小说的概念发生了变化。我们都不知道它变化了，但它确实在潜移默化中变化了：当我们现在在说"小说"的时候，我们说的究竟是什么？我们很多人以为我们说的就是亘古不变的那个文体，但可能不是。

　　说到这里，我们不得不做一个回顾。中国在鸦片战争以后，面临亡国灭种的危险。中国的仁人志士开始前赴后继地去寻找救亡图存的道路。第一代人认为在和西方文化的交往中，我们之所以失败，是因为中国没有很好的技术，也就是坚船利炮。我们打不过他们是因为我们拿着大刀上去砍，他们躲在掩体后面拿枪射击，这完全是不同维度的战争，是降维打击。所以第一代的仁人志士为什么要掀起洋务运动？他们要师夷长技以制夷，觉得只要把西方的坚船利炮买到手，我们就不会吃亏了，就不会再失败了。但结果如何每个人都知道：鸦片战争以后，洋务运动运行了近半个世纪，到1894年甲午战争，宣告洋务运动彻底失败。甲午战争对于中华文化来说是一次带有预言性质的战争，对于全世界来说也是一次非常让人震惊的战争。因为在甲午战争之前，中国的国力别人还摸不清楚，就像我们以前学柳宗元的寓言《黔之驴》一样，驴很大，谁也不知道那个驴怎么样。甲午战争把这头驴身上的包装撕下来了，一个蕞尔小国，一个千百年来一直是中华文化附庸的国家，通过明治维新几十年的发奋图强成了当时世界的强国。但是没有人知道这一点，包括老牌帝国清朝也不知道。甲午战争一战即溃，中国被打得满地找牙。这次失败宣告了我们想去引进坚船利炮是没有用的，因为北洋水师的船舰数量和先进程度也并不完全落于下风，但是根本没有还手之力。

接下来这些人就得思考了：我们还要找什么呢？是体制。大家觉得是体制问题。清政府也派了很多人出洋考察，民间也有很多仁人志士开始反思我们的体制，反思的结果是希望能够实行君主立宪，从统治者内部去改革体制。结果大家也知道，1898 年戊戌变法只 100 天就失败了。为什么会失败呢？因为清政府抓着权力不想放，他们宁肯抓住这个权力享受最后的辉煌，也不愿意放弃权力。戊戌变法的失败也表明建立新的体制于救国是来不及的。体制本身有没有找到病根呢？在我们很多文化史家看来是找到了，但找到了不代表我们能够用。比如说一个人身体不好，我虽然给了你很好的建议，说一定要每天运动，要吃蔬菜……所有建议都对了，但他能不能每天运动，他能不能看着肉忌口不吃，去吃蔬菜呢？难说了。那么我们当时也没有抓住机会。

在戊戌变法失败以后，戊戌变法的一大主将梁启超就在船上思考：到底是什么阻止了我们这个民族现代化，让我们如此贫弱？我们希望买坚船利炮，不行，失败；希望改革体制，自上而下来不及，自下而上那是革命，对梁启超来说他也不能接受，他还是希望和平的演变，而不是革命式的变化。所以他想来想去，找到了一个方向，就是我们今天要讲的——小说。

梁启超认为要救我们这个民族，就要改革小说。我们都觉得这个想法比较奇葩，好像很不现实——小说怎么能够救国呢？但梁启超当时就是这么想的。他认为欧洲的文化和我们的文化有个重大不同之处，就是欧洲的小说地位很高，欧洲阅读小说的人很多。他认为一个国家要想进入现代化，要想富强，首先这个国家的民众要变成现代化的民众，即先"新一国之民"，所以他写了《新民说》。而"欲新一国之民，必新一国之小说"。

梁启超为什么强调新民呢？他认为一个国家之所以不好，不是因为实力不强，不是因为经济不好，也不完全是因为体制不好，而是因为人民群众没有发动起来。这个看法是非常正确的，西方在近几百年之所以如此发达，跟民众发展有关。马克思曾经多次论述中国的几大发明对欧洲的意义。为什么这几大发明对欧洲有这么重大的意义？其中最重要的就是印刷术和纸张，因为它可以对普通民众进行启蒙。普通民众的启蒙实际上带来了体制变化的一个内驱力。一个国家的现代化，首先是国民的现代化。国家要想进入现代的逻辑里，就要求这个文化中的每一个人都进入这个逻辑，而不是说极少数的上层人进入这个逻辑。这就意味着，一个国家的公民要有一定的公民启蒙，表现出来就是文化共识。在这一点上，小说能起到很大的作用。你如果看一部小说，对小说中的人物的判断一般都会趋同；而看电视上播放的新闻，就不一样。新闻事件如果被写到小说里，小说作者会打造一个上帝的视角，给这个事情一个定性的判断，而这个判断迅速地通过艺术形象的感染，变成了每一个读者的判断，很多读者接受了这种判断之后，还误以为这是他自己的判断。我们很多人看了一篇小说之后，对某种现象义愤填膺，对某件事非常激动，他会自然地觉得这是我自己想的，我就这么想，但实际不是，实际是作者这么想，作者想让你这么想。

所以小说在这个意义上是非常了不起的一种文化整合工具。人类的文化发展需要一个想象共同体，这个想象共同体是我们想象出来的，它实际上不存在，包括我们现在说到的公平、正义等，这些美丽的词语其实在整个世界都不存在，但是在人类社会中存在，为什么？因为我们需要把它想象出来。想象出来不存在的东西，需要一个捏合的过程，让所有人都相信它存在，这个社会才会发展得更好。任何东西都是这样，比如说我们现在全社会90%的人都相信公平，如果有极个别人因不相信去作恶，他立刻就会碰得头破血流。只要大部分人相信，这个想象共同体就坚不可摧，比任何长枪大炮都更有力量。但是如果有50%的人不相信公平，你天天去做坏事也没有人惩罚你，因为别人也不相信，那么这个社会就沦丧了。

所以我们为什么经常说要凝聚共识，凝聚共识指的就是要建立我们的想象共同体。对于一种历史悠久的文化来说，建立想象共同体的任务要容易得多，因为文化源远流长，已经给这个想象共同体建立了一个根基。这也是我们中华文化从一百多年的亡国灭种的危险里面挣扎出来之后，依然能够发展繁荣的一个原因。现在全世界有悠久历史的文化已经不多了，埃及和印度虽然也是古文明中心，但是他们中断过，现在印度和埃及的文化是中断之后再造的文化，是西方文化的衍生品。但我们中国不是，我们的文化依然还是传统文化的延续。

从这个逻辑上我们再来看梁启超的看法，就会觉得有道理。我们要把所有人发动起来，让他们对一个崭新的国家有一个共同想象，这样改革才能够彻底，才能进行下去。所以他说要新国必"新一国之民"。那"新一国之民"拿什么新呢？拿理论、拿口号、拿政治都来不及，他认为还是要用小说。所以他到了日本之后，立刻办了一个杂志叫《新小说》，也引发了一场所谓的"新小说革命"或者叫"小说界革命"。革什么命呢？

梁启超虽然一方面很推崇小说，但另一方面又对中国的小说很警惕。他把中国古典小说归纳为两途，要么诲淫，要么诲盗——都是不好的。他举《水浒传》和《红楼梦》作为典型例子，说《水浒传》是诲盗之作，《红楼梦》是诲淫之作。在他的观念里，看了《水浒传》和《红楼梦》并不能变成一个新民，反倒会变成一个暴民，为什么呢？看到《水浒传》之后就觉得打家劫舍、杀人越货不是什么大不了的事情，所以我就可以去当强盗了。但问题是看了《水浒传》之后就想到上梁山的人估计也不多。不过他这样说也有一定道理，因为在明清两代很多起义军的领袖是看《三国演义》《水浒传》长大的，他们的军事思想其实源于这两部民间作品。他认为《红楼梦》是诲淫之作，这个"淫"就是过度的情感，就是不能"克己复礼"的那种情感。梁启超就是这么认为这两部书的。这两部书都被批倒了，别的书就更不用说了。所以他认为应该引进西方的小说来代替中国的小说。他的这种认识是对还是错另当别论，但起码他认识到西方小说和中国小说不是一种东西。我们很多人都误以为东西方小说是同一种东西。刚才说到，为什么那么多人不看中国古典小说了呢？我们觉得中国古典小说不好看。那为什么觉得中国古典小说不好看？因为我们拿西方小说的概念和标准来要求中国古典小说。西方小说是这么写的，我们就这么要求；西方小说的审美规范是那样的，我们就那么要求。这样一来你会发现，中国古典小说能符合西方小说逻辑的作品非常少，甚至包括《红楼梦》这样的作品，在西方的规范之下都会被肢解开，所以它当然会"不好看"。

所以，关键问题在于，中国小说和西方小说到底是不是一个东西呢？很多人觉得是一个东西，都叫小说啊！对不起，它们不都叫小说，起码西方没有这两个字。"小说"对应的英文词，一般有两个，一个是"novel"，一个是"fiction"。其实这是错的，是我们中国人拿"小说"来对应英语、对应英国的概念的时候，因为文体无法公约的矛盾，没有办法，只能把英国的这两个概念都拿来。实际上对英国人来说，"novel"和"fiction"是不一样的。西方所谓的"novel"产生得很晚。18世纪初，被西方学者公认的第一部"novel"是《鲁滨孙漂流记》，1719年才写出来！这一年曹雪芹都已经出生了，也就是说中国小说的高峰期已经过去了——明代"四大奇书"早就产生了。这两种文体完全是长在不同树上的不同的花，差别非常大。

在《鲁滨孙漂流记》之前，还有《堂吉诃德》《吉尔·布拉斯》《巨人传》这些作品。它们是"novel"吗？当然不是，它们叫传奇（romance），"romance"和"novel"都可以归到"fiction"中。

我们再回来看我们的小说。中国的小说和西方的小说渊源差别很大。梁启超为什么认为西方小说对西方人影响更大，西方人阅读率更高，因为西方小说的根源比较尊贵，所以它的地位比较高。西方小说一般认为是来自史诗，而对于西方文化来说，每一种文化的文化元典就是这个民族的史诗，所以西方小说是史诗的后裔，它地位当然很高。但中国不是。我们往前追溯中国小说的历史，先秦就出现了"小说"这个概念，现存文献最早出现在《庄子》。《庄子》里面有一则故事，说任公子垂钓，自己坐在会稽山上，把渔线扔到东海里。鱼线上挂的鱼饵是什么呢？是五十头公牛。挂了五十头公牛当鱼饵，在那钓了好几年都没钓着鱼，终于有一年钓到了一条鱼。鱼从水里钓出来之后，"白波若山"，非常大，整个中国的人都吃饱了。接下来又说，有人看见任公子钓到这样的鱼很高兴，也拿个小鱼竿钓个小蚯蚓，跑到小河里去钓，也希望能钓到任公子钓上的这种大鱼。故事到这就讲完了。我们知道这个故事肯定是有寓意在里头的。书中接下来也说了："饰小说以干县令，其于大达亦远矣。"
意思是你要装饰小的说法想达到天道，这是不可能的。就是你要想
到更遥远更高远的地方去——想用心灵鸡汤让你达到一个很高境界
是不可能的。在这句话里，"小说"出现了，但它不是指一种文体，
是小的说法、小道消息。但是《庄子》中这个词只是这个意思吗？
也不是。《庄子》本身就有小说的因素，很多学者认为《庄子》是最
早的古代短篇小说集。这个提法是一个双重错误，我们暂且不管它，
不管怎么样，它看到了《庄子》有小说的因素。庄子自己也说，这
个书"寓言十九，重言十七，卮言日出，和以天倪"。"寓言"是什
么？就是把一种道理藏在一个话里面，藏在一个故事里面，"言"就
是"说"。"重言"呢？借重之言，借别人的话来说明。"卮言"呢？
"卮"是酒杯，意小，言就是说，所以"卮言"就是小言，就是小道
的、不重要的东西，其实就是小说。又如，庄子在《齐物论》里面
说："大言炎炎，小言詹詹。"大言就是大的道理，说大道理就像太
阳一样烤着你，因为它是真理，真理不能不听从。那小言是什么呢？
"詹詹"，就是啰里啰唆说了一堆没什么用的东西，这个东西就叫小
言、小说。

先秦时期，很多人都有过类似的说法。比如说荀子就说过"小
家珍说"，"小家珍说"就是小说。此外，还有《韩非子》。《韩非子》
是中国先秦时期寓言最多的一本书。《韩非子》为什么有这么多寓
言？书的最后有两部分，一个叫《说林》，一个叫《储说》，篇幅很
长，都是零散的小故事，不成体系，而它们前面都是成体系的大文
章。那《说林》和《储说》这两个部分是干吗的呢？其实是这部书
的材料库、小说库，所以叫"说林"，就是"小说之林"。我们阅读
前文遇到的每一个小故事，在《说林》和《储说》中都能找到根据。

那个时期小说已经出现了，但是它没有完全文体化，到了汉代

就完全文体化了。东汉班固的《汉书》里边有《艺文志》，《艺文志》的材料大部分都来自刘向和刘歆父子辑的《别录》和《七略》，所以无妨把它看成刘向的成果。其中的《诸子略》里面分了十家，有儒家者流、阴阳家者流、法家者流、道家者流等。把每一个家都称之为一个流，就像流派一样，从哪来到哪去，第十家叫"小说家者流"。西汉时已经明确提出了"小说家"这个概念，可见在西汉小说已经是一个单独的文体。当然它还是不太受尊重，所以把它放在第十家。我们俗话说"三教九流"是什么意思呢？"三教"就是儒、释、道，"九流"就指的是除了小说这一流外的其他九流。我们俗语里还有一个词叫"不入流"，意思是这个东西不好，上不了台面。"不入流"在当时其实指的就是小说，因为其他"九流"都是入流的，就是第十流是被扔在外面不入流的。

我们看一下班固或者刘向是怎么说的。"小说家者流，盖出于稗官。""稗官"是周朝时王室采集故事的官，我们知道古代有采诗官，当然也有采故事的官。"稗官"就是专门采集小故事的官员，他们采集来小故事，给帝王作为咨政得失的判断标准。诗和稗都有这个作用。诗就是民间的歌谣，朝廷出台一个政策，皇帝想知道这个政策好还是不好，听一听民间的歌谣就可以了。歌谣其实是抒发情感的，离心声还隔了一层，你得通过它表达的情感来判断民意。但是"稗"比诗歌更直接，"稗"是故事，又说它是"街谈巷议、道听途说者之所造也"。"街谈巷议"，就是老百姓在大街小巷里聊天时说的话，就是"小说"；翻译成我们当代的话，就是"八卦"——中国古代小说说穿了就是八卦。八卦是一种叙述行为，这种叙述行为从西方叙述学来看，是人的本能。小说的"小"字是一个具有非常重贬义色彩的字，这个色彩直到现在都没有完全消掉。在中国人眼里，读小说总没有读《诗经》《左传》来得高大上。

清·改琦《聊斋故事画册》 台北"故宫博物院"藏

以上可见，虽同为"小说"，二者在中西方文化里面的来源完全不同，地位完全不同，格局也不同，这对我们当代的小说研究造成了巨大的损伤。我们当代的小说研究界有一个很尴尬的地方。比如《世说新语》是非常有名的一部小说集。鲁迅是反对中国古书的人，他当时建议所有青年学生都不要读中国古书，要读就读西方的书，但他还是开了一个最低限度的国学书目，总共只有十几种书，其中就有《世说新语》。我们一方面把《世说新语》认定为小说集，这就意味着《世说新语》里的每一篇都是小说，但是很多学者又认为《世说新语》里面有近一半不是小说——这是自相矛盾的！这就是因为我们拿了西方的小说概念来观测，发现《世说新语》里面有一半文章都不太符合西方小说的概念。《世说新语》里符合西方小说概念的比如有《陈太丘与友期行》，这确实是一篇比较典型的小说，但是像这样的作品在《世说新语》里可能只能占一半，另外一半却是另一种样子。随便举个例子，比如"世目李元礼谡谡如劲松下风"——嗯，我把整篇小说都背下来了。李元礼是当时的名臣，叫李膺，这句话的意思是世间人都把李膺看作劲松，即长得很挺拔的松树，风吹不倒，说明这个人不随波逐流。这么句话在西方是不能称其为小说的。法国有学者认为，所有小说都可以缩写为一个叙述句，句有主语和宾语，中间有动作。比如《红与黑》，可以缩写为"讲述了于连追求德·瑞那夫人失败的故事"。这是一个典型的叙述句。但我们刚刚举的例子就无法这样简化，因为它是一个描述句，不是一个叙述句。当然很多人会认为《世说新语》成书年代比较早，那时小说还没有发展完善。其实不是这样。比如《聊斋志异》，写在清代，足够晚，它也是中国古代有名的小说了。《聊斋志异》大概有近五百篇，在这近五百篇里面也有个别篇幅没有情节发展。比如说有一篇，说一个村东头有一个湖，有一天天上掉下来一条龙，在湖里打滚，想飞飞不起来，后来突然天上响了一声霹雳，它就趁着这个霹雳就飞走了。没有人物，没有情节的推动，也没有高潮也没有结尾。这样的作品我们怎么定义它呢？当代的学者把它们都扔出来，认为不是小说。再比如说公认为中国文言小说巅峰的唐传奇。曾经有一位我很崇敬的优秀学者，发愿要编一部大书，叫《全唐五代小说》，他希望这部书编出来后能和《全唐诗》《全唐文》《全唐词》齐名。但是他在编的时候发现，如何界定小说很困难。最后他订了十条标准，符合这十条标准的就叫小说，不符合的就不是小说。这样编了一百卷，编完之后又很遗憾，因为很多很好的作品没有编进来，不得不又补了二十五卷，把那些他认为很好的文章收进来，作为附录附在这个书后面。但实际上附完之后依然会遗憾还有一些好的文章没进来，只好不管了。这就意味着唐代属于同一种类的作品中，有一些被收入了正编，有一些放在补编，还有一些完全没收录，把一部书拆成了三部分。甚至唐人刘餗有一本《隋唐嘉话》，其书原名即为《小说》，但一条都没有收录进去。那到底是谁出了问题呢？

因为我们完全拿西方的小说概念取代了我们本国自己的小说概念。那这个小说概念是怎么被取代的呢？过程很有趣。实际上"小说"这个词是一个"出口转内销"的词，这个词是我们中国古代固有的词，它先到日本去"旅游"了一番，日本人拿"小说"这个固有的词来翻译英文里"novel"这个词。日本的坪内逍遥写了一部书叫《小说神髓》，就用了"小说"这个中国固有的词来翻译。中国现在的人文学科的语境都是活在日语的影响之下的。我们又直接把日本的使用方式引进回来，在这个过程中，我们并没有注意到西方小说和中国小说的不同之处，所以我们直接就把它拿过来用。但是，它不只是一个词的翻译问题，实际上带着它所有的内涵和外延的各种标准进来了，进来之后我们就接受了这个标准。我们经过几十年上百年的熏陶，现在每一个人包括我自己，从小看西方小说看得比中国小说要多；并且在无形中按照西方小说的逻辑去看，就会觉得中国小说不好看。实际上是标准选错了。

孔夫子说解决问题先要"正名"。孔子的弟子子路问他：要去治理一个国家，应该先怎么做呢？他说："必也正名乎。"子路就说：你太迂腐了，竟然说这样的话。孔子很生气，说了一大堆的道理来说服子路："名不正，则言不顺；言不顺，则事不成。"所以我们认识小说，也先要正名，如果我们当年在翻译西方文学的时候，没有用"小说"来翻译西方的"novel"，而用了另外一些词比如"长篇叙事文"，那中国古代小说的独立性就会得到保留。

在中国文化被西方同化的过程中，有一样东西逃过了一劫，就是戏曲。中国戏曲直到现在，没有人拿西方的舞剧、话剧、歌剧的标准来要求它。就是因为当年戏曲太特殊了，翻译的时候，西方没有一个完全与之对应的概念，西方要么是话剧，要么是歌剧，要么是舞剧，要么是音乐剧，而我们中国的戏曲是把西方的这些剧全都综合在一起了，所以不太好对应，结果就把这个词的独特性保留了下来。当时刚引入西方话剧的时候有人把它叫文明戏，实际上是有想用中国的戏曲来翻译话剧的意思，只不过实在没有办法把二者混为一谈，最后给戏曲留了一线生机，所以我们现在很多人看戏的时候，不管喜不喜欢，我们起码不挑毛病，不在鸡蛋里挑骨头。但是我们看小说就会指责，会认为中国小说为什么这么写，为什么不那么写，就因为我们以为中国古代小说跟西方小说应该是一样的。这个误解又引起了新的误解。比如说我们一开始认为"novel"是小说，后来我们又发现"novel"有短的还有长的，所以我们就把我们的小说分为长篇小说和短篇小说，这个分法的逻辑在我看来是：不管长篇小说还是短篇小说都是小说。这个肯定没有问题，不管白马还是黑马反正都是马，前面加个修饰词不影响大类，只影响小类。但其实不是。短篇小说在英语里面不是"novel"，而是"story"。我们认为诗和词完全不一样，西方人不明白，西方人认为诗和词一样。同理，中国人看西方小说家和他的作品，比如看欧·亨利、契诃夫、莫泊桑，和看托尔斯泰、巴尔扎克、狄更斯，我们只认为这个人爱写短的，那个人爱写长的。实际不是这样。短篇小说有短篇小说要选择的题材倾向和艺术手法，短篇小说一定要写得特别巧妙，但长篇小说写得巧不巧妙不重要，重要的是浑厚度。一个很会写短篇的未必会写长篇，当然反过来也一样，会写长篇的短篇未必好。所以你去看雨果的长篇特别好，但是短篇就一般；再比如说欧·亨利短篇特别好，但长篇一般。

但是我们就天真地以为这个世界就存在长篇小说和短篇小说，而且我们还反过来"重置"我们自己的文学现象。整理中国古代小说，发现有《红楼梦》《三国演义》之类的长篇，还有"三言二拍"之类的短篇。实际上这个分法完全错误。很多人认为章回就是长篇，话本就是短篇，但实际上中国古代有一大部分章回比一部分话本还要短。我做过统计，中国古代的章回小说现存的大概还有九百多种，这九百多种里有一大部分只有十回、十二回，每回几千字，所以加起来就是几万字。但是话本小说如"三言"里面的几篇话本小说有好几万字，比所谓的章回还要长。所以中国小说的分类不应该按照长短来分，不是一个长篇、一个短篇就能解决问题。更有趣的是，我们根据西方小说的分法，又生搬硬套地造出了中篇小说这个类别。大家对中篇小说可能没什么概念，因为中国中篇小说最繁盛时期是20世纪的八九十年代，那个时期的作家要想立足文坛，一定要有一部拿得出手的中篇。长篇并不重要，那个时候一年的长篇产量没有多少部，大家也不看，短篇也不重要，最重要的是中篇。但是就在那个年代，理论界很尴尬，很多评论家写文章，探讨到底什么是中篇，但是讨论来讨论去讨论不清楚，不知道什么是中篇。

那么"中篇"这个概念怎么来的呢？郑振铎在 1929 年所作《中国小说的分类及其演化的趋势》中第一次提出，西方有长篇，我们也有长篇；西方有短篇，我们也有短篇；西方还有中篇，我们也有中篇。他举了一些例子，比如说明末有一部分文言小说大概有几万字，他说这个就是中篇。现在如果写小说给刊物投稿，就会知道，刊物有一个规定，3 万字和 9 万字是这几种文体的界限：3 万字以内，短篇；3 万字到 9 万字之间，中篇；9 万字以外，长篇。如果你写了一个短篇 29999 个字，写完之后不小心多打了一个"的"字，它就变成了一部中篇小说。一部小说，如果它仅仅因为一个无关紧要的"的"就变了文体，这个分法一定是有问题的。但是我们没有办法，因为现在只能这么分。那这个误解是从哪里来的呢？西方一种小说，在英语里面叫"novella"，跟"novel"这个词有点像，西班牙语之类的其他西方语言里也都有这个词的影子。这种类型的篇幅大部分比"novel"短，比"story"长，所以把它叫中篇似乎也可以。但西方有一个学者说，"novella"和"novel"之间完全是不同的。举一个很典型的例子。赫尔曼·黑塞是获诺贝尔奖的小说家，他有一个"novella"叫《纳尔齐斯与歌尔德蒙》，翻译成中文有二十万字。歌德著名的《少年维特之烦恼》翻译成中文只有七八万字。但《少年维特之烦恼》被称作"novel"，是一部长篇小说；而篇幅是其三倍的《纳尔齐斯与歌尔德蒙》是一部中篇。也就是说西方的这两种文体不是以篇幅来分的，而是按题材内部的复杂性来分的。所谓的"novella"即中篇，都是成长小说、教育小说，就是写一个人的成长经历；但"novel"不需要如此，它有其自身独特的内涵。我们在无知无解的情况下就生搬硬套地搬过来用了，然后来界定自己当代的文学发展，我们现在的文学理论一直都建立在这个误解之上。这个误解不但限制了文学往后的发展，还限制了往前的回溯。我们回头看中国古代文学，还会用当下的观念去肢解它。这种肢解影响非常大。

从亚里士多德开始，西方的文学观念有几个非常重要的地方：一个是亚里士多德认为任何文学都要模仿自然，所以西方的所有小说的根基都是自然，小说写得再神奇鬼怪，再不真实，都要把它写得像真的一样，要让每一个读者有身临其境的真实感。每一个作家也以营造这种真实感为他的艺术旨归。如果一个作家写的小说不能营造这种真实感，那么这个作品一定是失败的。比如说我们看卡夫卡的《变形记》，这个作品写的肯定不是现实世界。一个人不可能早上起来就发现自己变成了甲虫——那不是醒来，而是睡着了做的噩梦！但是我们阅读《变形记》，会觉得无比真实。里面写主人公变成虫子后翻身都翻不过来，小细腿蹬来蹬去，爬到墙上弄出污迹。他妹妹很可怜他，给他喂食，后来也受不了了，也不管他了，他就死在那儿了。作者这样写当然是为了影射社会，表现庞大的社会机器对于个人的异化。这个故事本身是很奇怪的，但让作者写得很真实。

但你再看中国小说，就会发现完全相反。中国小说写的本来是一件真实的事情，但是作者故意写得不真实，一定要让你觉得它是假的；你好不容易产生真实感，作者立刻就跳出来告诉你：这是假的。作者经常会以说书人的口吻跳出情节来陈述。比如一个人接下来的情节是被杀，此时作者就会跳出来，说我如果当时跟他在一起，我一定要拦腰把他抱住，一把拖回，这样他就免受血光之灾了，但是可惜的是我没有，所以他只好去送死了。这就把真实感给打破了。为什么要打破？其实这跟我们戏曲是很像的，戏曲也要把真实感打破，所以戏曲不用真人演，真人容易有真实感，要用角色来演，就这个意思。

现在有很多追星的人，明星公布恋情会伤很多人的心，因为现在的演员都是真人以自己的方式来演。如此，你就会把演员演的角色和演员本人混淆在一起。演员演的角色一定都是光鲜亮丽的，粉丝自然会把他的光鲜色彩附会在演员身上，于是就会特别喜欢他。但如果你是他的好朋友，跟他很熟，你就会发现他可能也就是一个非常普通的人，最多就是长得好看一点。我们很多人喜欢某一个很帅或很漂亮的影星，不只是因为他长得好看，肯定是因为他或她塑造的很多荧幕形象附加了很多其他意义。

但是古人不会，没有一个古人在看完一个戏之后，会特别爱里边演戏的女子，非娶她不可；也没有一个演员卸了妆，粉丝还堵在门口一定要签名要合影。为什么？因为它要用角色来演，你演得再好，再漂亮，再有个性，你演的时候你是这个角色，你就按这个角色的举手投足的程式去演，不允许你有个人的发挥。不允许的原因就是不允许把观众带入得太强。所以话剧里有很经典的一个例子。看《白毛女》的时候，观众里有个人忍不住了，拔枪就把黄世仁杀掉了。这在戏曲里是不会有的。戏曲里你演一个坏蛋抛弃结发妻子，甚至还要把结发妻子杀掉要去娶宰相的女儿，大家不会义愤填膺，你的一个唱段如果唱得特别好的话，大家甚至会鼓掌叫好。这么坏的人还给他叫好，是因为中国人没有道德感吗？不是，中国文化是全世界最有道德感的，中国文化的根基就是德。

中国文学，尤其是中国小说和戏曲，它承担了很重要的教化功能，所以它需要每一个读者或者观众不要"沉进去"，而要"跳出来"。因为你"沉进去"的时候，会不自觉跟随着你代入的那个人去考虑他的处境，这会模糊你的判断。比如说金庸的小说《天龙八部》，很多人看的时候，都会同情里面的三个主人公段誉、虚竹、萧峰，有人同情慕容复吗？很少，几乎没有！大家看见慕容复就很烦，唯一希望的就是他赶快把他表妹甩掉得了，甩掉有人接手，别在那占着了。但是大家设想一下，如果《天龙八部》改一个角度，以慕容复为主角，大家就不会这样了，很多人就会觉得慕容复不容易，为了复兴燕国大业，为了家国，连爱情都牺牲了！之所以会产生这种变化，是因为视角不同。以慕容复为主角来写，你肯定会觉得段誉这个人很讨厌，人家跟他表妹早就有婚约，而且两情相悦，这个人却见缝插针。所以它是一个角度的问题，这个角度就决定了代入感。

但是中国小说不允许你有太强的主角代入感。《三国演义》的主人公是谁？如果你说是刘备，刘备白帝城托孤时死了——你要知道，小说的主人公是不可以死的。在西方小说里面，哪怕世界毁灭了，主人公也不可以死，因为死了小说就没了，所以他不可以死，他一定要撑到最后，当然撑到最后也可以不死——也有一些小说是以主人公的死为结局的。那么刘备不是主人公，那关羽、张飞呢？比刘备死得还早呢。刘备之所以死就是因为关羽、张飞死了。那诸葛亮呢？前面几十回没出现，后面几十回也死了！还有谁？曹操？司马懿？其实都不是。有人可能觉得《三国演义》比较独特，因为它是个历史小说，那《水浒传》呢？要说主人公是宋江，是李逵，是武松，是鲁智深？其实都不是。

《西游记》就好多了，因为《西游记》只有四个人。有人说是孙悟空，因为《西游记》一开端写的就是孙悟空，孙悟空也是整个西行途中最光彩的人。但也不对，如果没有唐僧就没有取经，唐僧是取经的逻辑起点，整个《西游记》的核心是取经。所以你说谁是主人公呢？并没有办法确定。

连《红楼梦》这样的作品也没办法确定主人公。很多人说是贾宝玉。但贾宝玉在小说里写诗写不过这个，猜谜猜不过那个，干什么都干不过别人，大观园里女孩子似乎哪个都比他聪明。西方小说有这样写的吗？西方没有一个小说一上来就骂自己主人公不好的，就算骂也是假骂，是把自己假设为一个对立面去骂，来彰显自己笨，从而烘托出主人公的高大上。

其实我刚才这个问题本身是一个陷阱，因为中国小说本来就没有主人公，或者说没有西方小说意义上的绝对主人公。为什么没有呢？就是因为主人公可以代入，没有主人公就无法代入。有了主人公不管看哪个作品，你就会以为你是他，有了这种假设，你就会混淆价值判断。很多人看过黑帮片，这种片子的主人公按正常三观来说应该是不被肯定的，因为他动不动拿着大砍刀在街上随便杀人。但很多人在看的时候不会这么想。比如古惑仔在杀人的时候，警察来了，观众就会希望警察别来。为什么？因为你代入了，你就是他，这个时候没有对错的分辨，只有自我考量。这样一来，观众就泯灭了判断，就没有什么是对什么是错的价值观。但是中国古代小说不会，它尽量不设置一个核心的从头到尾的主人公，就是尽量不想让读者代入，而且还时不时要让你"跳出来"，让你保持一个清醒的判断。中国的小说、戏曲承担了向普通民众传达文化规范的重要职责，所以中国文学的说教气味很重。很多中国读者反倒不喜欢，觉得怎么这么重的说教气，其实这跟我们整个文化传统是有关的。我们之所以不能习惯它，不是因为它不好，而是因为我们很难去接受它，我们已经把标准换掉了。

我刚才说的这个话题，再进一步把它深入。中国古代小说不管是什么内容，都有传奇性的因素，这也跟我刚才讲的八卦有关。

八卦本来就有传奇性，一定是从某种意义上超脱出普通生活经验的，才能叫八卦。回想一下我们看过的中国古典小说，《三国演义》是历史演义，它本应按真实历史去写，却在里面安排了很多神仙，什么于吉、管辂、左慈之类的，这些人都很神，甚至有些半神半人的如司马德操，他早就知道诸葛亮出山也没用。那么他如果早知道，为什么不能把时间和命运改一改，让蜀汉政权能一统天下呢？不，他作为一个神仙只旁观，只吃瓜就行了，别的不管。同样，诸葛亮也是这样一个人。《水浒传》这样一部英雄传奇，按道理不应该有传奇色彩了吧。不，九天玄女给了宋江一卷兵书，宋江原本是一个小吏，什么都不懂，但是有了九天玄女之后就用兵如神。像这样的情节，《金瓶梅》里也有，《西游记》更不用说了。连《红楼梦》这样一部我们认为写世俗情爱的作品，它也有像空空道人、警幻仙姑等幻异人物，这些神奇人事穿插其中，很多情节便无法解释。

这和整个中国文化对于小说文体概念的认定和它最初的渊源是有关的，那就是小说一定是神奇的，因为它有八卦的基因，而八卦本来就是神奇的。中国古代文言小说有两大类别，一是传奇，一是志怪。实际上这两类是同一个意思。"传奇"这个名字很多人都提出过异议，说它不应该叫"传（chuán）奇"，应该叫"传（zhuàn）奇"。因为它指的不是传承奇，而是记录奇，所以应该读传（zhuàn），就是《春秋左传》的"传"，表记录的意思，所以我们应该叫唐传（zhuàn）奇。"传"既是记录的意思，那"志怪"的"志"也是记录的意思。传奇传的是"奇"，志怪志的是"怪"，"奇"和"怪"当然也是一个意思。有个词叫"奇怪"，所以"奇""怪"是一个意思。

所以"传（zhuàn）奇"和"志怪"从语言学的意义上讲是相通的，就是一个东西。"奇"和"怪"在《说文解字》等字书的解释里边都和"异"有关。为什么《聊斋志异》叫"志异"呢？其实就是志怪，只是用了"异"字。当然，"奇"和"怪"也有不一样的地方，"奇"相对来说偏向于积极的正面的奇，"怪"偏向于负面的怪，也就是说志怪的"怪"里大部分都是属于异己的力量。比如说你忽然看到一个妖怪，一个让人很恐惧的东西，那就是"怪"；而传奇的"奇"一般都是正面的，不会让人感到恐怖的。但总体来说，我们会发现文言小说它的主流实际上也是奇和怪。

但是西方小说不会，西方小说就是要在真实的生活里面去挖，把真实生活搬到书上，只要你搬得够好，就是一个好作品。

陈军

男，江苏盐城人。文学博士，教授，博士生导师，扬州大学文学院院长，教育部"长江学者奖励计划"青年学者，主要从事文学理论、文艺美学研究。

论"有意"与"无意"及其美学史意义

美学范畴研究是美学思想及其发展史研究的重要组成部分。叶朗先生就曾指出："美学范畴和美学命题是一个时代的审美意识的理论结晶。""一部美学史，主要就是美学范畴、美学命题的产生、发展、转化的历史。"①可见，美学范畴研究有不可忽视的意义。学界对于中国古典美学范畴的研究高度重视，特别是 20 世纪 80 年代以来，方兴未艾，成果迭出，有力推进了中国特色美学话语的建构与传播。同时不可否认的是，在既有范畴研究的均衡性以及范畴对象范围的拓展等方面，还存在较大努力空间，任重而道远。所以，有学者早在 21 世纪初就反思道：相较于美学史研究而言，美学范畴的

---

① 叶朗《中国美学史大纲》，第 4 页，上海人民出版社 1985 年版。

研究“相对来说较为薄弱”①。本文拟围绕“有意”“无意”这一组中国特色美学范畴及其衍生范畴谱系，总结中国古典美学对于“美的特征”的独特表达方式，丰富和完善现有的中国美学范畴体系，进而揭示这组范畴在美学史上的意义与价值。

一

“有意”与“无意”作为独立美学范畴于 21 世纪初方才进入研究者视野，可以程刚 2007 年发表《释“无意”：中国诗学的创作心态论》（下简称《释“无意”》）②为标志。此文着眼于创作理论，归纳出“无意”内涵的四个维度，首次拈出“无意”这一文艺学、美学范畴，并对其理论内涵做出了具有一定深度的开挖，新人耳目，筚路蓝缕，功不可没。此前后也还有其他一些成果涉及③，多是聚焦如苏轼、杨万里等人在文学、书法创作领域“无意为文”现象的探讨，偏重艺术家个案分析，理论指涉面不免偏窄。与本文研究相关度较高的另外一篇值得注意的成果是黄立 2011 年发表的《〈秋兴〉八首意脉探蠡兼论文艺美学中的有意无意》一文④，首次明确提出“有意”与“无意”这一组传统美学范畴，尝试解释了艺术创作中存在“有意”与“无意”的复杂机理，并就二者之间的关系做出认定，

① 胡经之《寻求中国古典文艺学、美学范畴研究的新思路》，《阜阳师范学院学报》（社科版）2004 年第 1 期，第 1 页。
② 程刚《释“无意”：中国诗学的创作心态论》，《中国韵文学刊》2007 年第 1 期，第 53—58 页。
③ 例如祁海文《苏轼“无意为文”说略论》（《山东大学学报》哲社版 1996 年第 4 期）、邱兴跃《从杨万里无意于文看其创作态度及阐释策略》（《安徽文学》2014 年第 8 期）、贺志《对“书初无意于佳乃佳尔”的理解》（《文学界》2011 年第 10 期）、陈宁《“无意于佳乃佳”在苏轼书法中的体现》（《中国书画》2012 年第 9 期）等成果，可作参考。
④ 参见《杜甫研究学刊》2011 年第 2 期，第 70—73 页。

唐·周昉 《老子玩琴图（明人画）》

即"有意""无意"作为艺术功力渐进的两个不同阶段,在创作过程中共存而不可分。这部分结论虽属"兼论"的附带性质,但是客观科学,令人信服。

除此以外,一些与"有意""无意"相关的外部研究也值得重视。例如王晓亮《从"无意于佳乃佳"谈"无为"思想影响下的古典文艺创作》[1]一文,提出苏轼和杨万里等人"无意为文"现象是受道家无为思想的影响所致。为继续深入探究"有意"与"无意"范畴的思想渊源提供了重要参照。还如周来祥、栾贻信《妙在有意与无意之间——谈审美活动和艺术创造的主要特征》[2]一文,认为"审美和艺术创作都介乎有意和无意、有目的和无目的之间,是二者的结合而不是分离,片面地强调哪一方面都是不符合审美规律的"。在重点论述审美活动特征的过程中,自觉不自觉地提及"有意和无意"及其与"有目的和无目的"之关系。虽说此文非专论美学范畴"有意"与"无意",但是从结论指向上,为本文探究"美的特征"的中国式范畴表达提供了难得的理论自信。

概而言之,上述主要研究成果至少揭橥这样一个事实:"无意"与"有意"是实际存在于中国古典美学中的一组美学范畴,中国古典美学范畴体系缺少了二者是不完整的,理应引起学界高度重视。当然,由于学界注意时间迟、研究成果尚不多等因素,已有研究自然还存在有待进一步深入乃至辨析之必要。例如:"有意"与"无意"作为中国特色的"二因结构性"美学范畴[3],各自的理论内涵及其

---

[1] 参见《绍兴文理学院学报》2012年第6期,第98—103页。
[2] 周来祥、栾贻信《妙在有意与无意之间——谈审美活动和艺术创造的主要特征》,《江汉论坛》1981年第6期,第68—71页。
[3] 何明《两间无不交无不二而———论中国古代美学范畴的二因结构性》,《民族艺术研究》1990年第1期,第8—12页。

实践症候何在？作为成组范畴，二者的理论渊源为何？二者的连接
中介为何？有无其他概念或范畴用以指称此组范畴？是否存在以此
组范畴为中心的范畴谱系？与此组范畴相关的其他文艺学、美学问
题有哪些？带给后者哪些重要启示？此组美学范畴在实际使用过程
中存在哪些需要规避之处？诸如此类，本文都将尝试予以回答。

二

老庄哲学以"道"为旗帜，崇虚尚无，"道"即"有"亦即
"无"。[①]可见，"'有''无'是《老子》中的一对重要范畴，也是道
家哲学中的一对重要范畴"[②]。诸如："无为而无不为"，"天下万物
生于有，有生于无"，"有之以为利，无之以为用"，"人皆知有用之
用，而莫知无用之用也"。不仅如此，"有""无"作为哲学史上的一
对关系范畴，亦始于老子。[③]所以若为"有意"与"无意"这组美
学范畴溯源，老庄哲学烙在它们身上的印记自是不可抹除的。非常
有趣的一个现象是，从注释《老子》《庄子》的文字情状而言[④]，类

---

① 在"道"与"有""无"关系上存有一定分歧，有人认为"道"是"有""无"对
立统一体，有人认为"道"既是"有"也是"无"。前者如叶朗先生认为："'道'是
'无'与'有'的统一。"（《中国美学史大纲》，第25页，上海人民出版社1985年版）
后者如冯友兰先生认为三者异名同谓："不可以说'道'是有、无的统一，也不可以说有、
无是道的两个方面。"（《中国哲学史新编》（上），第332页，人民出版社1998年版）
② 冯友兰《中国哲学史新编》（上），第314页，人民出版社1998年版。
③ 陈鼓应《中国哲学创始者——老子新论》，第169页，中华书局2015年版。
④ 本文所有老庄的引文和注释，以《老子道德经注》（王弼注，楼宇烈校释，中
华书局2011年版）、《庄子集释》（全四册）（郭庆藩撰，王孝鱼点校，中华书局
1961年版）为准，不再一一列出注明。另外，张岱年先生也有相关解说："老子认
为宇宙之一切，都是自然的，人亦应当顺其本来的自然，不可有意作为。""无为
即自然之意。无意于为，虽为亦是无为，故无为则能无不为。"（《中国哲学大纲》，
第615、435页，商务印书馆2015年版）不自觉地把"自然""无为"与"无意""有
意"置于同一个关系义域。

似"有意""有心""无心""无意"的字眼可谓俯拾皆是，恐亦为有力旁证吧。

在老庄哲学中，"道法自然""无为而无不为""为无为"这三个概念其实可通，例如："为无为，则无不治"，"功成事遂，百姓皆谓我自然"，"道常无为，而无不为"。按陈鼓应先生的解释，"自然"与"无为"同，前者指天地运行状态，后者指人的活动状态，是形容"道"分别处于形而上层面、政治层面时之特性。若"无为"是一种处事态度和方法，"无不为"则为最终效果。"为无为"则表明的是以"无为"态度进行"为"的动作或过程。[1]简言之，顺性而作，就是"为无为"，就是顺其自然，就可实现"无为而无不为"。汉代刘安《淮南子·原道训》中有"无为为之而合于道"句，"无为为之"即"为无为""无为而无不为"。于是，"自然"的最高境界之下，就可以拆分成两个对立而统一的概念："有为"[2]与"无为"。那么，"有为""无为"与"有意""无意"是借助什么产生影响关系的呢？那就是"为"的动机。

众所周知，少私寡欲、绝圣弃智、寂寞恬淡、素朴虚静、无思无虑之类，在老庄哲学那里无不是指向纯净行为动机，抛弃外在的名利物累，顺心从性，如无邪孩童般行事，所以老子、庄子分别有"圣人皆孩之""含德之厚，比于赤子""若然者，人谓之童子，是之谓与天为徒"等句，而且还特别提出纯净行为动机之术，即虚静、心斋、坐忘之属。特别是《庄子·庚桑楚》在论述"无为而无不为"

---

[1] 陈鼓应《中国哲学创始者——老子新论》，中华书局2015年版。另外，李泽厚、刘纲纪先生认为"'道'所具有的根本特性不是别的，正是'无为而无不为'"（《中国美学史·先秦两汉编》，第193页，安徽文艺出版社1999年版），其实大同小异，辨析精粗而已。

[2] 例如《庄子》（第四册）第465、815页都明确使用"有为"一词，比如："欲静则平气，欲神则顺心，有为也。"

的行为前提时，要求行为主体保持"正静明虚"的心胸：

> 彻志之勃，解心之谬，去德之累，达道之塞。贵富显严名利六者，勃志也。容动色理气意六者，谬心也。恶欲喜怒哀乐六者，累德也。去就取与知能六者，塞道也。此四六者不荡胸中则正，正则静，静则明，明则虚，虚则无为而无不为也。

庄子明确要求去除四类二十四种扰乱心性的障碍，以确保"道法自然""无为而无不为"，其中之一就是属于"谬心"类的"意"。[1]也就是说，必须无"意"是"为无为"的条件之一，否则有"意"就导致"有为"。[2]至此，以"意"为媒介，打通了"有为""无为"影响生成"有意""无意"的逻辑关口，"有意"之行为就是"有为"，行为之"无意"是达到"为无为"的前提。前提不是结果，缘乎此，"无意"不等于也不是"为无为"和"自然"。只有出于"无意"而同样实现"有意"之目的，"不求而得，不为而成"，才是"为无为"和"自然"之义。[3]另外，如果说《庄子》"谬心"中的"意"作为否定对象，接近"无意"之旨的话，那么《庄子》有《刻意》篇，即可谓"有意"之代名词了。[4]与此相关，西汉陆贾《新

---

① 陈鼓应注解为："意"：情意。"谬心"：束缚心灵。（参见陈鼓应注译《庄子今注今译》（下），第 619 页，中华书局 1983 年版）

② 南宋杨简也有类似用法，认为"人心本正，起而为意而后昏"。"动乎意而昏，昏则困。"（《慈湖遗书·诗解序》）

③ 近代张裕钊有言："以其无意为之而莫不至也，故必讽诵之深且久，使吾之与古人诉合于无间，然后能深契自然之妙，而究极其能事。若夫专以沉思力索为事者，固时亦可以得其意，然与夫心凝形释，冥合于言议之表者，则或有间矣。"（《濂亭文集·答吴挚甫书》）认为"自然"是融合了"无意"与"有意"，区别于单单"有意"为之的审美效果。

④ 清代纪昀有评论言："不必有意不求工，如《击壤集》之率易，《濂洛风雅》之迂腐；亦不必刻意求工，如武功一派体物于纤微，如西昆一派镂心于组织。"（《纪文达公遗集》卷九《郭茗山诗集序》）还把两词通用。

语·无为》在回答"道莫大于无为"时说道：

> 昔舜治天下也，弹五弦之琴，歌《南风》之诗，寂若无治
> 国之意，漠若无忧天下之心，然而天下大治。……故无为者乃
> 有为也。

其中，"寂若无治国之意，漠若无忧天下之心"实质就是"寂漠无为"
的翻版，寂漠与此处的"无……意""无……心"为同义互释。这段
话的意义在于，它实际贯通了"无意""有意"与"有为""无为"
这两组范畴的使用，进而验证了上述所论的两者之间的转化关系。

不仅如此，老庄哲学还从横纵两个维度揭示了"有为""无为"
组范畴对于"有意""无意"二因结构性关系的影响。从纵向维度
而言，"有为"必须蜕变得融"无为"于一体，以"为无为"达到
"无为而无不为""自然"，方为圆满至境。例如老子所谓"善行无辙
迹"①"功成事遂，百姓皆谓我自然"以及陆贾"无为者乃有为"是
也。在《庄子》中集中体现为"道进乎技"的思想，庖丁解牛、"佝
偻者承蜩"即为其例。换言之，"有意"是初级阶段，直至融"有
意"于"无意"，"有意"与"无意"成为辩证统一体，方为止境。
前面已有成果有所涉及，故从略。从横向维度而言，"有为"融"无
为"于一体的方式特征、质变契机是"不得已"②的特别症候状态。
例如老子就说："兵者，不祥之器，非君子之器。不得已而用之，恬

---

① 王弼注曰："顺自然而行"云云。
② 王弼《老子》注未有专门解"不得已"之处。清郭庆藩《庄子集释》注"不得已"
诸处文字繁简不一，简洁如"任理而起，吾不得已也"，多如"不得已者，非迫于
威刑也，直抱道怀朴，任乎必然之极，而天下自宾也"。另外对照注疏中"天理自
然""已，止也。机感遍至，事不得止而后起应，非预谋"诸句，繁简义通，即：
所谓"不得已"非出于"有意"之预谋，而是循天理"自然"而动。

淡为上，胜而不美。""果而不得已，果而勿强。"①《庄子》说得更多，也更为直接，诸如："君子不得已而临莅天下，莫若无为。"古之真人"崔乎其不得已乎"。"（圣人）不为福先，不为祸始；感而后应，迫而后动，不得已而后起。去知与故，循天之理。""动以不得已之谓德"，"欲静则平气，欲神则顺心，有为也。欲当则缘于不得已，不得已之类，圣人之道"。②"无门无毒，一宅而寓于不得已，则几矣。""乘物以游心，托不得已以养中，至矣。"③此后《淮南子·本经训》中也说：至人"不得已"之化合枢机，延伸显现于文学创作领域中的情形，就是天人合一、功夫在诗外。一方面，创作主体通过"有意"之理性行为，如博览明理、格物致知、修身养性之类，加强和完善主体创作基本条件，提供良好的主体保障；另一方面，在主体身心与客观世界人事交接之际，诸如情与景会、心与境合之类，激发创作行为"不得已"的发生契机④，进而从表面

---

① 《老子》中唯一例外用法，即："将欲取天下而为之，吾见其不得已。"其中"不得已"乃"得不到"之义。（陈鼓应《老子注译及评价》，中华书局1984年版）
② 陈鼓应注"欲当则缘于不得已"中的"不得已"曰："不得已"，无心之应；应事而无心（林希逸说）。同时他还引徐复观先生《中国人性论史》中所论申言之："'不得已'是形容主观上毫无要有所为的欲望，而只是迫于客观上人民自动的要求，因而加以顺应的情形。"认可了"不得已"与"无心"（"无意"）之间的紧密关联。
③ 陈鼓应注"托不得已"曰：寄于不得已，亦谓顺自然（李勉说）。认可"不得已"与"自然"之间的紧密之治也，"心与神处，形与性调，静而体德，动而理通；随自然之性，而缘不得已之化；洞然无为，而天下自和"。"不得已"揭示了"道法自然"的机关，是"道"实际运行的指针，"有为""无为"化合至"为无为"的关键即在于遵循"不得已"的原则。（《庄子今注今译》，中华书局1983年版）。
④ 这是文学领域对于"不得已"的主要使用模式，除此而外，尚有一些特殊情形，例如韩愈把"不得已"与"不平则鸣"等观，袁宗道有"不得已而鸣"，张履有"不能已于鸣"等用法。田锡、曾巩、程廷祚、管同等人则从"三不朽"的角度提出，为了明心于外、传道于后、记言弥久，故古圣人"不得已而为文"。例如管同认为："古之所谓三不朽者，首立德，次立功，又其次乃立言。夫苟能立功矣，言不出可也"；"夫苟能立德矣，功不著亦可也"；"由是言之，性命修于身，勋业皆其末迹也；而况于空言乎？其立言也皆有故，而非得已：明道以教人也，记事以传世也，吟咏讴歌以陈情而见志也；非是，无苟作者也。"（《因寄轩文二集》卷四《方植之文集序》）

上看，似乎文学创作是一种自然而然的、感性主导的"无意"性质。这两个方面可谓一般与特殊的交集、时间与空间的交集，这两个方面的过程对于文学创作活动，缺一不可。"有意""不得已""无意"三个美学范畴简明扼要地勾勒出文学艺术创作的宏观过程阶段。中国古典文论和美学思想中对此亦多有所发明，例如：

> 宋濂：三代之《书》《诗》，四圣人之《易》，孔子之《春秋》，曷尝求其文哉？道充于中，事触于外，而形乎言，不能不成文耳，故四经之文，垂百世而无谬，天下则而准之。（《宋文宪公全集》卷三十二《朱葵山文集序》）

> 袁宏道：古之为文者，刊华而求质，敝精神而学之，唯恐真之不极也。博学而详说，吾已大其蓄矣，然犹未能会诸心也。久而胸中涣然，若有所释焉，如醉之忽醒，而涨水之思决也。虽然，试诸手犹若掣也。一变而去辞，再变而去理，三变而吾为文之意忽尽，如水之极于澹，而芭蕉之极于空，机境偶触，文忽生焉。风高响作，月动影随，天下翕然而文之，而古之人不自以为文也，曰是质之至焉者矣。（《袁宏道集》卷五十四《行素园存稿引》）

> 钱谦益：古之为诗者，必有深情畜积于内，奇遇薄射于外，轮囷结轖，朦胧萌折，如所谓惊澜奔湍，郁闭而不得流；长鲸苍虬雅，偃蹇而不得伸；浑金璞玉，泥沙掩匿而不得用；明星皓月，云阴蔽蒙而不得出。于是乎不能不发之为诗，而其诗亦不得不工。（《牧斋初学集》卷三十二《虞山诗约序》）

> 古之人，其胸中无所不有，天地之高下，古今之往来，政治之污隆，道术之醇驳，苞罗旁魄，如数一二。及其境会相感，情伪相逼，郁陶骀荡，无意于文而文生焉，此所谓不能不

为者也。(《牧斋初学集》卷三十三《瑞芝山房初集序》)

方宗诚：圣人之文也，而圣人非有心而文之焉，至诚之道充于中，而以时发见于外而不得已也。(《柏堂集》次编卷一《古文简要序》)

孙原湘：是非准乎公，好恶出于正，率其意之所欲言，无意求工，而其言恻恻动人者，发乎性情者也。故曰：诗也者，之也，志之所之也。诗也者，持也，自持其心也。必先缠绵悱恻于中，然后即事以抒其词，假词以抒其志，不言格律而格律存焉已。(《杨遥飞诗稿序》)

上述诸引语无不是着眼主体条件（道充于中、深情畜积于内）以及主客体之间"不得已"的交接状态而立论，不管是宋濂"道充于中，事触于外，而形乎言"、钱谦益"深情畜积于内，奇遇薄射于外"，抑或方宗诚"至诚之道充于中，而以时发见于外"、孙原湘"缠绵悱恻于中，然后即事以抒其词"，都指向主体经充分积淀准备，以与外事交接为媒，创作遂以"不得已"的质态而成，皆覆盖"有意""不得已""无意"的特征阶段。特别是袁宏道所论更加典型，认为在"不得已"环节之前，是"有意"长期积蓄锻铸的必要阶段，丰富滋养创作主体，使得有形之学识道理化为主体无形之素养，此时为文之动机隐藏潜伏即"为文之意忽尽"；待到"机境偶触"，创作之必要从而最终以"不得已"的方式物化外显。另外如焦循说得也比较清楚完整："未作诗之先，意中必有所不可已之处，始而性情所鼓，盈天地间皆吾意之所充，若千万言写之而不足者。……至于酿之以经术，广之以闻见，本之于德行，则又在平时矣。"[1]"夫学充于此

---

[1] 《雕菰楼集》卷十四《与欧阳制美论诗书》。

而深有所得，则见诸言者自然成文。"①

当然，这个过程其实非常复杂，主体素质条件如何转化为可见的语言物化能力就是绝大之关键。所以，黄庭坚等人还多角度地揭示了作品高度审美价值和效果源于"有意"向"无意"状态的必要升华与超越这样的重要思想。这种超越与升华，依凭良好主体条件向文字物化能力的转化，使得"有意"之创作实践行为如自然一般"无意"显现。例如：

　　黄庭坚：文章成就，更无斧凿痕，乃为佳耳。(《与王观复书第二首》)

　　施闰章：诗以自然为至，以深造为功。才智之士，镂心刿肾，钻奇凿诡，矜诩高远，铲削元气，其病在艰涩。若借口浑沦，脱手成篇，因陈袭故，如官庖市贩，呫嗻辐辏，不深入人肺肠，浸就肤陋，其病反出艰涩下。虎臣天才爽敏，刻意好古，匠心独造，瑰瑰森拔，不肯一语近人。读中秘书，春秋方盛，广搜博讨，日浸月渍，渐进自然，其视古人奚若？(《施愚山文集》卷六《绥菴诗稿序》)

　　吴德旋引姚惜抱先生教诲：文之至者，通乎造化之自然，人力不得而施也。则言夫人力之所可为者，亦惟学者之始事而已。(《初月楼文钞》卷五《七家文钞后序》)

　　顾广圻：名家之词，试执律韵以相绳，则斤斤然弗敢踰累黍，而置而读之，但觉其字、句、意、言之足以妙天下，殆若握管而填，缘手而成，初不知何为律，何为韵也者。(《思适斋集》卷十三《吴中七家词序》)

---

① 《雕菰楼集》卷十《文说一》。

陈霆："作者之域"体现为"化牵强而为自然"。(《水南集》卷十七《答人论诗》)

徐渭：极有布置而了无布置痕迹者，东坡千古一人而已。(《徐渭集·徐文长佚草》卷二《评朱子论东坡文》)

赵翼：诗非苦心作不成，佳处又非苦心造。……偶于无意为诗处，得一两句自然好。乃知此事有化工，琢玉镂金漫施巧。(《瓯北集》卷十《连日笔墨应酬书此一笑》)

所谓"斧凿痕""布置"、遣词造句、韵律填按、"人力""深造""苦心""施巧"等等，都是"有意"行为，唯有超越此阶段，进入"无意"境地，方为最佳之创作圣境。黄庭坚所谓"更无斧凿痕"之论，直接是老子"善行无辙迹"说的文学翻版。施闰章十分辩证地指出，一味"有意"或"无意"，都必须要摒弃；只有从"无意"入手，"渐进自然"，让"有意"与"无意"融会贯通，如盐入水，不露痕迹，才是正确进径。其实，"有意"的"无意"般显现，归根结底，仍然源于创作主体充足条件之保障。此方面的论说多矣，例如："古之为文者，未尝相师，郁积于中，摅之于外，而自然成文。"[1]"抑唐人何以能此？由其蓄于胸中者有高趣，故写之笔下，往往出于自然，无雕琢之病。"[2]"所谓文者，未有不写其心之所明者也。心苟未明，劬劳憔悴于章句之间，不过枝叶耳，无所附之而生。""不求工而自工者，非有大气魄大力量不能。"[3]不复赘述。

至此，不难看出"有意""无意""不得已"三者之于创作的几种可能关系：或谓平时的积累充实（有意）是主体条件基础，人事

---

[1] 宋濂《宋文宪公全集》卷二十九《苏平仲文集序》。

[2] 吴宽《匏翁家藏集》卷四十四《完庵诗集序》。

[3] 黄宗羲《黄梨洲文集·杂文类·论文管见》。

交接产生的"意中必有所不可已之处"是契机，此"不得已"的契机以"有意"为里、"千万言写之"为表，"无意"而"自然成文"；或谓良好主体素养条件外化为出色的创作能力，使得"有意"之文字实践，达到"无意"之高妙境地。

附带说明的是，"不得已"的行为动机在中国古典文论、美学中，除自身以外，还引申出"不得不""不能不""不可已""不容已"之类变体范畴群。例如：

> 扬雄：昔人之辞，乃玉乃金。彼岂好为艰难哉？势不得已也。（《汉书·扬雄传》）
>
> 皇甫湜：虎豹之文，不得不炳于犬羊；鸾凤之音，不得不锵于鸟鹊；金玉之光，不得不炫于瓦石；非有意先之也，乃自然也。（《皇甫持正文集》卷四《答李生第一书》）
>
> 范开：器大者声必闳，志高者意必远。……是盖不容有意于作为，而其发越，著见于声音言意之表者，则亦随其所蓄之浅深有不能不尔者存焉耳。世言稼轩居士辛公之词似东坡，非有意于学坡也，自其发于所蓄者言之，则不能不坡若也。（《宋六十名家词序·稼轩词序》）
>
> 朱彝尊：今所存三百五篇，有美有刺，皆诗之不可已者也。（《曝书亭集》卷三十一《与高念祖论诗书》）缘情以为诗，诗之所由作，其情之不容已者乎！（《曝书亭集》卷三十七《钱舍人诗序》）
>
> 金人瑞：诗非异物，只是人人心头舌尖所万不获已必欲说出之一句说话耳。（《金圣叹全集·鱼庭闻贯》）

风格上，"不得不""不能不"之类虽与"不得已"存有语气强

弱之别，但在与"有意"的对立上，在对"自然"的指向上，殊途
同归，并无二致。金人瑞更是从"万不获已"的创作状态定义了何
谓真正的"诗"。另外如清代陈恭尹也有类似表述："诗有意于求工，
非诗也。古之作者，必不得已而后有言。"①把是否"有意"或"不
得已"作为区别文学与非文学的标准。足可见，"不得已"引领的
范畴群之于文学的重要意义。

　　总之，两组范畴以"意"为媒，目标与方式纵横交错，展现出
一条由"有为""无为"向"有意""无意"嬗变演绎的清晰轨迹。
在纵横交错之间，"不得已"又生成"不得不""不能不""不可已"
诸相似范畴。

三

　　"有意"与"无意"脱胎于老庄哲学范畴"有为"与"无为"，
在范畴性质上也还有一个范畴性质转换问题。道家哲学是先秦最具
审美气质的思想流派，道家思想对于中国古典文艺学、美学的影响
至深，诚如学界所言："道家美学在中国美学史上的贡献是巨大的。
后世一切有关审美和艺术创造的特殊规律的认识，绝大部分得自道
家美学。"②因此，"有意""无意"在老庄哲学尤其是庄子那里，已
经具有明确审美倾向，染附上浓烈的审美因子，不复纯粹哲学范畴。
前文业已述及，老庄哲学中的"见素抱朴，少私寡欲"以及"恬淡
寂漠虚无无为""心斋"，都是着眼于剔除有碍"无为"的内外在之
累，保证顺心本性而作，"淡然无极而众美从之"。具体即"彻志之

---

① 《独漉堂集》文卷三《梁药亭诗序》。
② 李泽厚、刘纲纪《中国美学史（先秦两汉编）》，第 268 页，安徽文艺出版社
1999 年版。

勃，解心之谬，去德之累，达道之塞"，共四类二十四种。而"虚者，心斋也"，"虚则无为而无不为也。"所以，在某种意义上而言，"心斋"就是"无意"的一种高级心理状态。在梓庆削木为镶一节中，之所以梓庆的制作让"见者惊犹鬼神"，产生如此审美效果，正是由于他"齐以静心"，在"心斋"中"不敢怀庆赏爵禄""不敢怀非誉巧拙""爵禄不入于心"，去除关于制作的任何功利目的，即在"无意"的审美、无功利的动机状态下进行。只不过，此种审美状态在范畴意义上还是间接、模糊、不自觉的。

到了汉代，情况依然。例如刘安《淮南子·说山训》中有"求美则不得美，不求美则美矣"。"求""不求"即寓"有意"与"无意"之义。刘向、扬雄、蔡邕等人也纷纷表达了类似思想，例如：

> 刘向：夫诗，思然后积，积然后满，满然后发，发由其道而致其位焉。百姓叹其美而致其敬。（《说苑·贵德》）
> 蔡邕：书者，散也。欲书先散怀抱，任情恣性，然后书之。若迫于事，虽中山兔毫不能佳也。夫书，先默坐静思，随意所适，言不出口，气不盈息，沉密神彩，如对至尊，则无不善矣。（陈思《书苑菁华》）

虽然没有出现明确的"有意""无意"字眼，但是"思然后积，积然后满，满然后发"以及"迫于事""随意所适"等表述旨归，无不征兆"有意""无意"会随时有喷薄而出之势。

这种间接、模糊、不自觉的范畴状态经魏晋六朝，直到唐代始有明显改观。例如独孤郁以天地非"有意于文彩"喻作文，强调文章以"自然"为最，而以"彩饰之能，援引之富"为病。"无意"范畴以"有意"的否定式，隐约潜藏于"自然"之名下。到了宋代，如苏洵再次用天地之文比喻文学创作时，始用"无意"一词来指称"非有意"，他说，天地如风与水之相成文，"岂有求乎文哉？无意乎相求，不期而相遭，而文生焉"。属于"非能为文而不能不为文"的"自然"。[①]至此，"有意""无意"作为两个独立范畴明确出现，而将"有意""无意"同时成组使用以论文学的情形，秦观有首创之功[②]：

> 臣闻先王之时，一道德，同风俗，士大夫无意于为文。故六艺之文，事词相称，始终本末，如出一人之手。后世道术为天下裂，士大夫始有意于为文。故自周衰以来，作者班班，相望而起，奋其私知，各自名家。（《淮海集·韩愈论》）

于是，"无意于为文""有意于为文"标志着"有意"与"无意"作为一组审美范畴的诞生。[③]秦观这一表述形式及其中蕴含的思想后来又为南宋严羽、魏庆之、汪藻、魏了翁、真德秀、刘克庄、吕本中、杨万里、文天祥以及元代郝经、朱复，明代高启、李贽、屠隆、汤显祖、"公安三袁"，清代朱彝尊、戴名世、纳兰性德、段玉裁、恽敬、刘开，近代方宗诚、张裕钊等一大批人所借鉴与吸收，强烈显示出审美范畴"有意"与"无意"在中国古代文学批评、文艺审美中占据的不可小觑的重要位置。不妨列举几条以为佐证：

---

① 《仲兄字文甫说》。
② 苏轼、黄庭坚等人也有相关表述，例如苏轼就多次说到："未尝敢有作文之意""得于谈笑之间，而非勉强所为之文也。"（《江行唱和集叙》）黄庭坚说得更为明白："此庾开府之所长也。然有意于为诗也。"（《题意可诗后》）
③ 在刘义庆撰《世说新语·文学》中有"有意""无意"成组出现之处："庾子嵩作《意赋》成，从子康见，问曰：'若有意邪？非赋之所尽；若无意邪？复何所赋！'答曰：'正在有意无意之间。'"只是这里的"意"乃言意之辨语境中的"意"。

刘克庄引吕本中论夏均父：所谓无意于文之文，而非有意于文之文也。（《后村先生大全集·江西诗派序》）

李贽：夫世之真能文者，比其初皆非有意于为文也。（《焚书》卷三《杂说》）

纳兰性德：大抵弘、正以前，皆无意为古文者也，以其学问之余，溢为鸿章巨制。嘉、隆以来，有意为古文者也，波澜驰骋，远遇古人，而未免有规摹之迹。（《通志堂集》卷十三《与韩元少书》）

刘开：汉人莫不能文，虽素不习者，亦皆工妙。彼非有意为文也，忠爱之谊，悱恻之思，宏伟之识，奇肆之辨，恢谐之辞，出之于自然，任其所至而无不咸宜，故气体高浑，难以迹窥。八家则未免有意矣。夫寸寸而度之，至丈必差。效之过甚，拘于绳尺，而不得其天然。（《刘孟涂集·文》卷四《与阮芸台宫保论文集》）

以上是紧扣范畴本身论述了"有意""无意"如何从哲学范畴向审美范畴的转化。设若就范畴所示意义而言，则在范畴本身之外，中国古代文论、美学思想之中始终氤氲着异常浓郁的"无意"与"有意"的意义场，从而为范畴的独立自觉提供了必要且丰厚的土壤环境。例如前引《淮南子》、刘向从创作动机与作文之间关系出发，都强调和提倡创作者内在动机积累至"满然后发"的"无意"为文的自然状态。蔡邕从书法创作主体审美心胸准备角度，提出"无意"为书的重要性，即"若迫于事，虽中山兔毫不能佳也"。西晋陆机《文赋》中描述了文学创作的灵感状态与"无意"为文的关系，认为本来主体性突出的文学创作活动，变得如自然界之风发流泉般"无意"，所谓"思风发于胸臆，言泉流于唇齿"。并反思了

"有意"为文之不足、"无意"为文之利好，即"或竭情而多悔，或率意而寡尤"。^①进入隋唐，李百药、李德裕、徐铉等人也同样认为灵感状态下的"无意"为文，"非劳心""非徒积学"所能。李德裕说得最为明晰："文之为物，自然灵气。惚恍而来，不思而至。杼轴得之，淡而无味。琢刻藻绘，弥不足贵。"认为文学的本质就是"自然灵气"即灵感神助的"无意"而为，除此之外的"有意"如"杼轴""琢刻藻绘"，皆等而下之。^②韩愈也反对文学创作中的"有意"即"至宝不雕琢，神功谢锄耘"^③，倡导"不得其平则鸣"，"有不得已者而后言"。^④很明显，诸如此类都为"有意""无意"审美范畴的萌发创设了必要的外围条件。而且，就北宋之前范畴出现情形而言，"有意"要早于"无意"，后者多以"非有意"这样的否定、间接式表达出现，如果还有其他表达形式存在，那就是文学创作的灵感状态，揭示了"无意"同样具有的非理性特征。换言之，在"有意"与"无意"成组范畴正式亮相之前，是借助"有意"与"灵感"或"非有意"这样的配组而酝酿孕育的。且"有意"与"灵感"组合，贯串中国古典文论始终。例如汤显祖认为，文学艺术之妙"不在步趋形似之间。自然灵气，恍惚而来，不思而至"，"正使有意为之，亦复不佳"。^⑤清代姚鼐亦间接表达说："文之至者，通乎神明，人力不及施也。"^⑥

那么，作为审美范畴的"有意""无意"，具体内涵包括哪些呢？

对于"无意"的内涵，《释"无意"》一文从创作理论的四个维

---

① 《陆士衡文集·文赋》。
② 《李文饶集》外集卷三《文章论》。
③ 《昌黎先生集》卷二《醉赠张祕书》。
④ 《昌黎先生集》卷十九《送孟东野序》。
⑤ 《汤显祖诗文集》卷三十二《合奇序》。
⑥ 《惜抱轩文集》卷六《复鲁絜非书》。

度做出了相对集中、全面的概括，即：

"无意于人"——"自适其适"的创作动机，指创作目的是为己而非为人；

"无意于文"——"道胜文至"的创作心胸，指艺术家的道德修养对于他的艺术修养的决定作用；

"无意求工"——"无法而法"的创作规则，指创作中自由与法则的辩证关系；

"发于无意"——"天机自动"的创作心理，指艺术创作中的无意识。

对此四个方面的内涵界定，一方面，必须要指出，这四者不是割裂的，而是具有内在联系的统一体。"无意于人"时，自会"无意求工"，亦会随性而为、任情而发，"无意于文"，甚至达到"发于无意"的佳境；或当创作主体修养素质达到"无意于文"时，创作者处于灵感状态而"发于无意"时，亦当"无意求工"。例如唐顺之评论陶渊明时就认为，由于陶渊明"本色高"，"心地超然"，所以"未尝较声律，雕句文，但信手写出，便是宇宙间第一等好诗"。①又如清代程廷祚指出："夫天地雕刻众形，而咸出于无心；文之至者，体道而出，根心而生，不烦绳削而自合。"②两者都立足创作主体的完美条件，肯定了其与"无意于文""无意求工"之间积极的联动关系。而文学批评史上关于灵感状态下"发于无意"对于创作技法层面的超越论述，更是多得不可枚举，例如唐代徐铉等人就指出："若夫嘉言丽句，音韵天成，非徒积学所能，盖有神助者也。"③

另一方面，在"发于无意""无意于文"的认识上，尚不够准

① 《荆川先生文集》卷七《答茅鹿门知县二》。
② 《青溪集》卷十《复家鱼门论古文书》。
③ 《全唐文》卷八八二《成氏诗集序》。

确、深入，不免存在简单、粗疏之嫌。"发于无意"的非理性状态①、"道胜文至"的"无意于文"还应该加以具体区分和辨析，或者说，仅仅从灵感层面诠释"发于无意"、从主体道德修养解说"无意于文"只是一个阶段性表象，还应该从文学自觉独立的角度予以再审视。魏晋之前，缺乏独立意义上的"文学"概念，故有"三代无文人"（郝经语）、"有诗而无诗人"（徐渭语）之说，意即古圣人们撰作处于文学与哲学、政治、经济、伦理学等杂糅期，不知为了文学而文学，"无意"是指主体没有"文学"之概念和意识。这是发生在文化混沌期的一种不自觉的文学创作活动。为此，魏了翁、郝经、方宗诚等人无不提醒"文学"独立前后的存在方式和反应意识不同，必须注意前后两个时期"文学"概念之差异。魏了翁就说："古之学者，自孝弟谨信，泛爱亲仁，先立乎其本；迨其有余力也，从事于学文。文云者，亦非若后世哗然后众取宠之文也。"因此，"先儒所谓'笃其实而艺者书之'，盖非有意于为文也。后之人稍涉文艺，则沾沾自喜，玩心于华藻，以为天下之美，尽在于是；而本之则无，终于小技而已矣"②。郝经也说："余尝熟读《语》《孟》二书，意味无穷，感化不已。师弟对问之间而文若是，岂有意于文而后言邪？圣贤之膏腴，道德之精华，发而自然耳。……孔氏之门，游夏以文学称，未闻有执笔命题而作文也。则所谓文学者亦异矣。后世文士，工于文而拙于实，衒于辞章而忘于道义。"③方宗诚也说："周以前无学为文章之事。《六经》诸子，体制不一，要皆明道教，

---

① 南宋包恢还另外提出过对于灵感为诗、"不得不为诗"的等级之别，认为"天机自动，天籁自鸣"乃"诗之至也"。非人力所能为，类似"造化自然之声"。其次则是"不能不为诗"，系"因有所触而后鸣"。这里是把"自然"列为第一等，而"不能不"为第二等。详见《敝帚稿略·答曾子华论诗》。
② 《鹤山先生全集·坐忘居士房公文集序》。
③ 《郝文忠公集·文弊解》。

箸法制，记事言，抒情性。……亦皆足为身心家国之用。自汉以来，始有以文名者。"①其中，虽然涉及"道"与"文"的关系，但并非上述内涵界定所论之主体道德修养对于艺术修养的决定作用，恰恰相反，强调的是在"文学"自觉独立之前，道德主导，文为附庸，道文一体，道即文，文即道，文为道之点缀，而非道隐文显，道为文提供积淀和基础。另一不当之处在于，致使"无意于文"自不仅仅局限于主体的道德修养，正如《释"无意"》一文本身不无矛盾的表述："无意于文"在标题上只是指"道胜文至"，行文中又似乎包括"不平则鸣"；"道"既指道德修养，又指"高尚的情感"。作者表意明白，但概念逻辑错误。其实，在中国古典文论、美学思想中，对于"无意于文"的保障，形成了深厚的包括道理、学识、性情、志气等在内的"有本"理论传统，例如：南宋真德秀认为"气"为作文之本，若"有意于文"则终不佳。范开也认为"器大""志高"为作文之本，即"器大者声必闳，志高者意必远。知夫声与意之本原，则知歌诗之所自出。是盖不容有意于作为"。元代郝经以"理明义熟"为作文之本，故"不期于工而自工，无意于法而皆自为法"②。清人孙原湘以"性情"为作文之本："率其意之所欲言，无意求工，而其言恻恻动人者，发乎性情者也。"陈玉瑎以"治其性情，端其行谊"为作文之本，惟如此，"不必有意摹拟，自可至于古人"③。方宗诚说得比较直接，认为："盖文之事，有本有法。本具于心，而法备于古。""圣人非有心而文之焉，至诚之道充于中，而以时发见于外而不得已也。是故学者不可不求其本。"④不一而足。

---

① 《柏堂集》前编卷二《徐庚文选序》。
② 《郝文忠公集·答友人论文法书》。
③ 《学文堂集·文》卷二《文统序》。
④ 《柏堂集》次编卷一《古文简要序》。

正由于存在文学独立前后的分界，文学自觉，打破文化混沌，巨大的文道合一的历史势能对于文学批评倾向产生了难以估量的影响，中国古代文学批评史上因此涌动着一股异常活跃的"古今文学优劣之辨"的思潮，其主要宗旨就是：前文学独立时期，是文道合一的圣贤"无意为文"的理想阶段；而在文学独立之后，则是文道分裂、文学日衰的"有意为文"的危机阶段，显现出明显的崇古抑今。因此，方回有评论说："道自汉魏降，裂为文与诗。"[1] "古之人虽闾巷子女风谣之作，亦出于天真之自然。而今之人反是，惟恐夫诗之不深于学问也，则以道德性命，仁义礼智之说，排比而成诗，惟恐夫诗之不工于言语也，则以风云月露草木禽鱼之状，补凑而成诗，以哗世取宠，以矜己耀能。愈欲深而愈浅，愈欲工而愈拙。"[2] 与道分裂之后的这种文学不利情状，魏了翁形容为"玩心于华藻""终于小技而已"。杨简、真德秀描述为从"文章""鸣道之文"蜕变为"巧言""文人之文"。[3] 设若此时再反观秦观笔下的"无意于为文"与"有意于为文"的对称，其实质也正是对应了文学在独立前后之古今不同阶段，所谓"后世道术为天下裂"是也。其他如欧阳修、秦观、朱熹、汪藻、郝经、刘将孙、戴良、宋濂、苏伯衡、高启、方孝孺、徐渭、李贽、焦竑、袁宏道、陈子龙、钱谦益、周亮工、陈玉璂、陈恭尹、戴名世、程廷祚、潘德舆等一大批人纷纷参与此间，蔚为大观。不妨再引南宋汪藻的一段话为例：

> 古之作者，无意于文也，理至而文则随之。如印印泥，如风行水上，纵横错综，灿然而成者，夫岂待绳削而后合哉？六

---

① 《桐江集·秋晚杂诗三十首》。
② 《桐江集·赵宾旸诗集序》。
③ 详见杨简《慈湖遗书·家记》、真德秀《跋彭忠肃文集》。

经之书，皆是物也。逮左氏传《春秋》，屈原作《离骚》，始
以文自成为一家，而稍与经分。汉公孙弘董仲舒萧望之匡衡，
以经术显者也；司马迁相如枚乘王褒，以文章著者也。当是
时，已不能合而为一，况凌夷至于后世，流别而为六七，靡靡
然入于流连光景之文哉？其去经也远矣！（《浮溪集·鲍吏部
集序》）

这里的"始以文自成为一家，而稍与经分"即指文学之独立自觉。
在此亦不难看到，在文学前独立时期，"发于无意"不禁和"无意
于文"相并轨合一了。

对于"古今文学优劣之辨"主要命题，有两个问题值得注意：
一是到了明中叶以后，古代以"道"为核心的"无意于文"的理想
被切换至以"情"为核心的"无意于文"的模式。例如徐渭就明确
提出："古人之诗本乎情，非设以为之者也，是以有诗而无诗人。"
今人则是"设情以为之"，"其趋在于干诗之名，干诗之名，其势必
至于袭诗之格而剿其华词，审如是，则诗之实亡矣，是之谓有诗人
而无诗。"[①]两相对照，今人明显属于"有意"为诗。到了李贽更是
达至高峰，标举"天下之至文，未有不出于童心焉者也。苟童心常
存，则道理不行，闻见不立，无时不文，无人不文，无一样创制体
格文字而非文者"。"夫世之真能文者，比其初皆非有意于为文也。
其胸中有如许无状可怪之事，其喉间有如许欲吐而不敢吐之物，其
口头又时时有许多欲语而莫可所以告语之处，蓄极积久，势不能遏。
一旦见景生情，触目兴叹；夺他人之酒杯，浇自己之块垒；诉心中

---

① 《徐渭集·徐文长三集》卷十九《肖甫诗序》。

之不平，感数奇于千载。"①不复是简单地以"情"代替"道""理"，已经走到其对立面或一体化了②。二是伴随着"情"对"道""理"的逆袭，"古今文学优劣之辨"走过了一条"合—分—合"的嬗变之路。第一个"合"是指文道不分的"发于无意"；"分"是指文道分裂之后，今文之"有意"不再如古文之"无意"境地。第二个"合"是指到了清代，人们逐渐走出"古今文学优劣之辨"的陈套，强调古今文学之同之通，反对一味崇古抑今，呼吁今之文要努力提升至古之文的至美层次。例如叶燮不再纵分古今文学，而是共时并论，认为"古今有才人之诗，有志士之诗"。不再坚持古文"无意于文"，而改称古今文学中的共有类型"志士之诗"为"必不能不作"之"无意"之作，"才人之诗"则为"事雕绘，工镂刻"之"有意"之作。③陈玉璂、陈恭尹明确提出不可一味模拟古人，"性情已为古人所役"，必须体现出自我性情，因为"诗之为道，发乎人之性情而已足"。只要有此性情根本，"不必有意模拟，自可至于古人"。④袁枚更是如此反对崇古抑今，认为"诗有工拙而无古今。自葛天氏之歌至今日，皆有工有拙，未必古人皆工，今人皆拙"。阮元则否定了所谓古文"发于无意"的观点，认为"奇偶相生，音韵相和"之类足以揭橥"自古圣贤属文时，亦皆有意匠矣"。⑤两人批判性地力主古今文学无异，"无意""有意"不可作为古今文学优劣之代称。这

---

① 《焚书》卷三《童心说》《杂说》。
② 对立体现于李贽所谓"童心常存，则道理不行"。他另外还说过："盖声色之来，发于情性，由乎自然，是可以牵合矫强而致乎？故自然发于情性，则自然止乎礼义，非情性之外复有礼义可止也。惟矫强乃失之，故以自然之为美耳，又非于情性之外复有所谓自然而然也。"又认为情性与礼义一体化于"自然之美"，不可作二物对待。
③ 《已畦集》卷八《密游集序》。
④ 《学文堂集·文》卷二《任王谷诗序》《文统序》。
⑤ 《揅经室续集》卷三《文韵说》。

两个方面的问题其实是密切关联的，文学不从"道""文"关系中挣脱，寻找到新的解释支点"情"，古今文学就始终无法求同求通。文道分裂后的文学日衰论调从某种意义上说，恰恰预示着"道"对"文"的殖民统治力日趋式微。待到从性情角度解读并要求古今一切文学"无意"为文，才真正意味着文学的彻底解放。

上述是对于已有研究成果"无意"研究的补正，下面集中"有意"方面而论。

前面谈到，若就明确范畴看，"有意"早于"无意"而确立；若就文学独立角度看，"无意"在意识层面又要比"有意"早。因为随着文学逐渐独立于思想文化领域，文学创作变得自觉，才进入"发于有意""有意于文"的语域。而人们在慨叹、反思文道分离、文将不文的过程中，在专心于独立后的文学创作的过程中，又必然会情不自禁地触及关乎文学创作内部的诸多问题，例如陆机、刘勰等人面对灵感尚无力予以正确认识，不得不承认"虽兹物之在我，非余力之所戮。故时抚空怀而自惋，吾未识夫开塞之所由"①。又如元代方回谈及学问、言语与创作之间的复杂关系，认为"言论工者，未必学问深；而深于学问者，抑或拙于言语：此诗之所以难言也"，"学问浅深，言语工拙，皆非所以论诗"。②透露出学问与创作之间非直接因果关系、文学不等于语言等深层认识。还如明代苏伯衡、高启也认为单纯语言缀辑不是文学，仅仅专力于"音韵之铿锵，采色之炳焕，点画之妩媚"，只是"以辞翰为文"，"文而止于辞翰而已，则世何贵焉？"③屠隆则倾吐了无意为文与有意为文之间的矛盾，他认为友人评价杜甫"无意为诗"不恰，并引"平生性僻耽佳句，

① 《陆士衡文集·文赋》。
② 《桐江集·赵宾旸诗集序》。
③ 《苏平仲文集》卷五《王生子文字说》。

明·仇英 《南华秋水》

语不惊人死不休"为例，说明作诗"良工苦心，往往形神为索，而谓杜无意于诗，且不击登闻鼓讼冤乎？"①也反映出在认识文学创作性质道路上的曲折与反复。所有这些对于文学创作问题的内部探讨，最终汇聚并凝结成为中国古典文论尤其是到清代文论中异常丰富而有趣的文学创作要素理论。例以证之：

南宋周必大：天分（才、气），人力（学广、时习）

元代杨维桢：情、才

清代钱谦益：声、律、体、材、调、气、光、情、学，灵心、世运、学问

清代傅山：情、气、才

清代吴绮：风气、天资、学力

清代毛先舒：性情、学、才，理、辞、情、景

清代王大经：性情、才、学、识

清代魏禧：志、学、识、事

清代叶燮：质、学、识、才

清代朱用纯：性情、格律

清代魏礼：性情、气、格、韵

清代屈大均：天性（才）、读书（学）

清代徐乾学：性情、才、学、气、法、游、友

清代王士禛：学问、性情

清代田雯：才、学清

清代潘耒：材、法

清代戴名世：精、气、神

① 《由拳集》卷二十三《与友人论诗文》。

清代陈梓：性情、理义、文词

清代程廷祚：体道、根心，品高、学正

清代洪亮吉：品、气、性情、心思、学术

清代法式善：性灵、学问

清代孙原湘：性情、格律

清代焦循：经术、性情、闻见、德行

清代陈寿祺：才、学、理

清代刘开：道、辞，识、学、气、才、力

近代王韬：学问、性情

近代姚莹：才、学识、格律、声色、神理、气味

近代方宗诚：理明、事晓、情正

至清代以降，诸种文学创作要素理论的集中涌现，其意义在于如下几个方面：第一，是对文学批评史上广泛存在的"道（学、气、德、识）—情"[1]"灵感—人力"[2]"情（意）—辞"[3]以及"有意—无意"[4]之类对立看法的纠偏，从强调某一端到兼顾并重多种

---

[1] 在一些理学家看来，文即道，道即文，"道胜者文不难而自至"（欧阳修）、"理至而文则随之"（汪藻）、"圣贤之道充乎中，著乎外，形乎言，不求其成文而文生焉者也"（宋濂）。完全排斥情感的位置，或把情感服从于道，所谓"以情合于性，以性合于道"（田锡）。

[2] 例如李贽："（《水浒》）真有出神入化手段，此岂人力可到？"（《容与堂本李卓吾先生批评忠义水浒传》）姚鼐："文之至者，通乎神明，人力不及施也。"（《惜抱轩文集》）过分强调灵感与人力之对立，而没有看到两者之间的辩证关系。

[3] 例如明代高启："古人之于诗，不专意而为之也。"（《青邱高季迪先生凫藻集》）清代黄宗羲："诗之为道，从性情而出。性情之中，海涵地负，古人不能尽其变化，学者无从窥其隅辙。"（《黄梨洲文集·序类·寒邨诗稿序》）

[4] 此对立源于老庄哲学，例如《老子》中的为与无为之对立，又如《庄子·天地篇》中"象罔得玄珠"故事对于"无心"之强调。其他如韩愈"至宝不雕琢，神功谢锄耘"，曾巩"大巧自然，人力何施"，陆游"大巧谢雕琢"，诸如此类，都强烈地流露出贬低创作中"有意"成分的倾向。

要素，反对中国古典文论传统中的逻各斯中心主义倾向。例如南宋周必大就认为天分与人力的关系是"二者全则工，偏则不工"①。清代钱谦益说得更为形象直观："夫诗文之道，萌折于灵心，蛰启于世运，而茁长于学问，三者相值，如灯之有炷、有油、有火而焰发焉。"②把创作三要素形容为灯之炷、油、火三位一体的关系，都不再刻意区分孰轻孰重。第二，过分强调"无意"之非理性，必然导致对于文学创作简单化、神秘化、片面化的偏颇认识，而文学创作要素理论对此是重要补正。上述要素理论中的人力、声律、读书、文词、学术之类无不是对于"有意"类理性行为的明确肯定，纯粹"无意"之创作行为不可想象。所以清代吴绮认为天资聪明和后天进学不可或缺，否则"徒恃其聪明，则必有空疏之诮"③。近代方宗诚也认为："文章之本具于心，而第求之于心，则又不可。"但是反对过分强调"无意"，并不预示着完全取消或全然否定"无意"之地位，文学创作仍然必须兼顾"无意"与"有意"之义。所以方回指出："诗也者，不可以勇力取，不可以智巧致。学问浅深，言语工拙，皆非所以论诗。"④可见，过分强调"无意"不行，过分强调"有意"也同样不行。第三，是对"有意""无意""不得不"成组范畴内涵的具体化。上述诸种创作要素理论无不覆盖创作过程中"有意""无意"诸细节，使得对这组范畴的理解更加翔实、科学、透明、深刻、细致，与"有意""无意"范畴形成良好的语义互文关系，相得益彰。清代钱谦益的一段话非常完整地揭示了这个道理：

---

① 《杨谨仲诗集序》。
② 《牧斋有学集》卷四十九《题杜苍略自评诗文》。
③ 《林蕙堂全集》卷四《陈北溟诗集序》。
④ 《桐江集·赵宾旸诗集序》。

余尝谓论诗者不当趣论其诗之妍媸巧拙，而先论其有诗无诗。所谓有诗者，惟其志意偪塞，才力愤盈，如风之怒于土囊，如水之壅于息壤，傍魄结轖不能自喻，然后发作而为诗。凡天地之内恢诡谲怪，身世之间交互纬繣，千容万状，皆用以资为状，夫然后谓之有诗。夫然后可以叶其宫商，辨其声病，而指陈其高下得失。（《牧斋有学集》卷四十七《书瞿有仲诗卷》）

"有诗"即真正合格的诗，他认为一首诗的创作过程至少包括创作主体的"志意""才力"以及世事阅历、文辞格律、宫商声韵之类。前两个要素是"无意""不得已"的前提条件，即如他本人以天地自然所喻的效果那样："如风之怒于土囊，如水之壅于息壤，傍魄结轖不能自喻。"而后面几项要素无不与"有意"相关。如此则为我们呈现了一个相对比较客观、科学且具有信服力的创作过程全貌。

那么，"有意"范畴的具体内涵有哪些呢？

从创作动机和目的层面来看，"有意"就是功名利禄等外在物累，这是创作主体在投入创作之前必须要予以剔除，从而准备好审美心胸的条件。《庄子》对此多有比较集中的强调。例如庄子哲学认为"外重者内拙"，提倡"用志不分，乃凝于神"，因此梓庆削木为镶之前的"齐以静心"主要就是针对诸如"庆赏爵禄""非誉巧拙"等"有意"因素。北宋秦观"有意于为文"就是从创作动机出发，批评了"奋其私知，各自名家"这样期图外在声誉的做法。南宋真德秀也曾指出"有意"为文对于创作之害："自昔有意于文者，孰不欲媲《典》《谟》，俪《风》《雅》，以希后世之传哉？卒之未有得其仿佛者。盖圣人之文，元气也，聚为日星之光耀，发为风尘之奇变，皆自然而然，非用力可至也。"①元代郝经也指出："余尝熟读《语》《孟》二书，意味无穷，感化不已。师弟对问之间而文若是，岂有意于文而后言邪？圣贤之膏腴，道德之精华，发而自然耳。"②

从创作行为整体评价的层面来看，"有意"就是指不顾或违反文学自身规律而为。老庄哲学反对的"为"就是违反万物万事之规律、本性，故而提出以"不得已"作"为无为"之标准；"为"或"有意"也是庄子"从水之道而不为私""顺物自然而无容私"中的"私"。《老子》有言："天下神器，不可为也，为者败之，执者失之。"汉代《淮南子·本经训》的理想社会是"随自然之性，而缘不得已之化"。就文学而言，就是要尊重文学自身规律而为之，若借助创作要素理论来说，就是要全面科学地把握这些要素，全面正确地理解文学规律，否则就容易导致"有意"为文的状况。例如：唐代独孤郁就认为文学讲究自然，如果将重心放在字句加工、引经据典等"彩饰之能，援引之富"之上，就沦为了"有意"为文。苏轼、刘克庄、范开、魏了翁、段玉裁、陈玉璂等人则认为创作主体必须具有诸如学识、志向、胸怀、性情等充分条件，如果不顾这些主体条件要求，往往也会导致"有意"为文。例如范开就说："器大者声必闳，志高者意必远。知夫声与意之本原，则知歌诗之所自出。是盖不容有意于作为。"清代段玉裁也说："古之神圣贤人，作为六经之文，垂万世之教，非有意于为文也，而文之工侔于造化。""自辞章之学盛，士乃有志于文章，顾不知文所以明道，而徒求工于文，工之甚，适所以为拙也。"③

从创作过程的细节层面来看，"有意"就是指主体一味倾重诸如

① 《西山文集·日湖文集序》。
② 《郝文忠公集·文弊解》。
③ 《经韵楼集》卷八《潜研堂文集序》。

字句、格律、文法等"技工"层面而不及其余创作要素。这一点在创作行为整体评价的论说过程中其实已有所涉及。"无意于文"所矢力回避、遮蔽的，就是这里所极力关注的。这方面的例子不胜枚举。宋代黄庭坚评价庾信"有意于为诗"的表现是"宁律不谐而不使句弱，用字不工不使语俗"。[①]清代陈恭尹认为"诗有意于求工，非诗也"，具体症状表现为"或用心于摹拟补绽，或矫之意酸涩枯瘦"。[②]宋濂、纳兰性德等人批评"摹效其语言以为工"的"有意"为文，认为"以句读顺适为正，训诂难深为奇，穷其力而为之，至于死而后已者，使其能至焉，亦技而已矣"。[③]钱谦益认为"无意于文而文生"的情形下，"求其一字一句出于安排而成于补缀者，无有也。"[④]对"有意于文"情形做出了间接判定。类似的还如清代朱用纯所言："诗不由乎性情，虽流连风月，排偶章句，极其工雅，要止雕虫小技耳。"另外，对于"文法"的错误认识，也是"有意"为文的典型体现之一，例如元代郝经就提出一个非常有代表性的观点：

> 古之为文也，理明义熟，辞以达志尔。若源泉奋地而出，悠然而行，奔注曲折，自成态度，汇于江而注之海，不期于工而自工，无意于法而皆自为法，故古之为文，法在文成之后，辞由理出，文自辞生，法以文著，相因而成也。非与求法而作之也。后世之为文也则不然，先求法度，然后措辞以求理。若抱杼轴，求人之丝枲而织之，经营比次，络绎接绪，以求端绪。未措一辞，钤制天阃于胸中，惟恐其不工而无法。故后之

---

① 《豫章集·题意可诗后》。
② 《独漉堂集》文卷三《梁药亭诗序》。
③ 《宋文宪公全集》卷二十九《文说赠王生黼》。
④ 《牧斋初学集》卷三十三《瑞芝山房初集序》。

为文，法在文成之前，以理从辞，以辞从文，以文从法，一资于人而无我。是以愈工而愈不工，愈有法而愈无法。（《郝文忠公集·答友人论文法书》）

这段关于"古今文学优劣之辨"的观点，集中针对"文法"与"理义"关系，认为不以"理义"为本、单重视"文法"的做法，就是"有意"为文，结果是"愈工而愈不工"。同样，一味囿于前人技法，以期摹拟而求文工，亦属"有意"为文的明显症状，清人陈玉璂说道：

古人本无标异绝俗之为也。……予思《三百篇》以前未尝有诗，自商、周诸人为之而有诗，想其时之人，胸怀必浩浩落落，浑然噩然，前无所依，后无所仿，得之于心，矢之于口，而成为句读，为篇什，为咏歌由绎之音，故不求工而自工。后人之为诗，类皆摹拟于古人，曰某体必宗某代也，某法必宗某家也，规而规之，矩而矩之……呜呼！彼未尝为诗之前，已有一古人在其意中，性情已为古人所役，必并己之性情而失之，虽欲求工，焉得工乎？（《学文堂集·文》卷二《任王谷诗序》）

与之类似，戴名世亦持相同看法："自诗之道分为门户，互有訾謷，意中各据有一二古人之诗以为宗主，而詆他人之不能知，是其诗皆出于有意。"[1]

从创作行为的性质层面来看，"有意"就是指在明确动机、目的指导下的创作行为，与诸如灵感状态以及文学独立之前的"无意"

---

[1] 《戴南山先生古文全集》卷二《吴他山诗序》。

为文相对。汤显祖说得最为清楚："文章之妙不在步趋形似之间。自然灵气，恍惚而来，不思而至。怪怪奇奇，莫可名状。""正使有意为之，亦复不佳。"①前及秦观总结的"后世道术为天下裂，士大夫始有意于为文"亦是。后来刘克庄评价夏均父时也认为其创作属于"有意于诗"："均父集中，如拟陶韦五言，矗矗逼真；律诗用事琢句，超出绳墨。言近旨远，可以讽味。盖用功于诗，而非所谓无意于文之文也。"

四

在谈论范畴来源的部分，老庄哲学将"为"与"无为"两个对立的范畴，以"为无为""无为而无不为"来加以整合，并标示为"道法自然"之理想。例如"道常无为而无不为""为无为""天地无为也而无不为也"。其他具体化的使用表现则如："圣人不行而知，不见而名，不为而成""天之道，不争而善胜，不言而善应，不召而自来""善行无辙迹""功成之美，无一其迹""昔尧治天下，不赏而民劝，不罚而民畏"。那么，"有意"与"无意"同样作为两个对立范畴，在它们各自内涵的基础上，有无类似整合情形呢？若有，又会引申出哪些相关范畴呢？假如从这个角度再来看上述文学创作要素理论，不容否认的是，它们不正是一股异常强烈的意欲覆盖、囊括、包含"有意"与"无意"的理论吁求、历史趋向吗？②只不过是以一种散点式的演绎方式呈现出来而已。

① 《汤显祖诗文集》卷三十二《合奇序》。
② "有意"与"无意"整合的必要性，除了"为无为"为源的哲学层面的影响之外，《庄子》中还有来自技艺审美层的暗示，例如"轮扁斲轮于堂下"一节中，根于言意关系，轮扁认为自己的斲轮技艺全非纯理性行为，而是"有数存焉于其间"，

　　除此而外，还有两种归纳方式的整合体现：

　　一是着眼于审美创造，"有意"与"无意"的整合体现为"文不求而至""不求其成文而文生""不期于为诗而诗生"之属，指"有意"性质的文学创作实践活动，以"无意"性质的创造结果予以显现，只是其间的转化之故，言人人殊。

　　例如，唐代皎然认为：作文"苦思"环节不可缺，贵在"成篇之后，观其气貌，有似等闲，不思而得，此高手也"①。"不思而得"就是"文不求而至"的不同版本。特别是这里的"有似"二字，不禁透露出"不思而得"结果背后客观存在的转化玄机。柳冕、独孤郁、李德裕等人则分别立足良好创作主体条件、创作灵感状态同样提出"意不在文，而文自随之"②"文不求而至"③"不思而至"④的审美创造效果。宋、明时期的汪藻、宋濂等人则从"文""道"关系对创作的影响出发，提出古圣贤都是"无意于文也，理至而文则随之""不求其成文而文生焉者也"。清代钱谦益在强调创作主体条件之际，还特地将"有意"向"无意"转化的枢纽"不能不"予以彰明："无意于文而文生焉，此所谓不能不为者也。"近代张履强调性情要素对创作具有决定性影响："不期于为诗，而诗以生焉。"⑤

（接上页）同时夹杂非理性因素，此"有数"只可意会不可言传。还如庖丁解牛一节亦然，"所好者道也，进乎技矣"。解牛技艺也是形而上之"道"与形而下之"技"的综合。个中皆透露出一切文学艺术具有涵括"有意"之理性与"无意"之非理性的综合性特征。作为影响的余绪，例如钱谦益提出："诗之道有不学而能者，有学而不能者；有可学而能者，有可学而不可能者；有学而愈能者，有愈学而愈不能者；有天工焉，有人事焉。"傅山认为："句有专学老杜者，却未必合；有不学老杜，惬合。此是何故？只是才情气味在字句橅拟之外。"

① 《诗式》卷一《取境》。
② 《全唐文》卷五二七《谢杜相公论房杜二相书》。
③ 《全唐文》卷六八三《辩文》。
④ 《李文饶集》外集卷三《文章论》。
⑤ 《积石文稿》卷六《意苕山馆诗序》。

一是着眼于审美批评，"有意"与"无意"的整合体现为"不烦绳削而自合""不求工而自工""不期工而自工""不期合而自合"之属，指对于处理文学创作过程中诸多"有意"性质要素的整体美学效果的高度评价。①

例如韩愈在《南阳樊绍述墓志铭》中就有"不烦于绳削而自合"的评语。黄庭坚评价庾信与陶渊明差异时，认为前者对于声律、用字的处理艺术尚停留于"有意于为诗"阶段，远远不如后者达到的"不烦绳削而自合"境界。②张耒认为文章为"寓理之具"，所以"理胜"则"文不期工而工"。③因为创作主体摆脱了"俗"，所以朱熹认为其诗定会"不期于高远而自高远"④。刘克庄则认为"不求工而自工者，非有大气魄大力量不能"。郝经认为只要"理明义熟，辞以达志"，作文则"不期于工而自工"。宋濂也认为"道积于厥躬，文不期工而自工"⑤。朱谏基于创作的"天授"灵感状态，评价李白诗歌"不求巧而自巧"⑥。黄宗羲在评价李邺嗣、郑禹梅作品媲美前人、古人时，就说"不期合而自合"⑦。陈玉璂反对简单摹仿他人而不顾创作主体自我之性情写照，认为《三百篇》是"得之于心，矢之于口"的性情之作，"故不求工而自工"；而"今之人规摹古人之诗，刿心钵肾，以求其工，而卒未

---

① 老子讲"大巧若拙"也是技巧层面对于"为无为"的显现，也是对"为""无为"之间的对立进行整合后的要求。也因乎此，作为本色自然、"不烦绳削而自合"之公认代表的陶渊明，又有"以今视古，不巧不拙无如渊明"（包恢语）的评价表述。
② 《题意可诗后》。
③ 《张右史文集·答李推官书》。
④ 《晦庵先生朱文公集·答鞏仲至第四书》。
⑤ 《宋文宪公全集》卷二十六《徐教授文集序》。
⑥ 《李诗选注》。
⑦ 《黄梨洲文集·序类·郑禹梅刻稿序》。

必工。"①

值得一提的是，这些整合范畴群的产生并非一蹴而就，而是有一个发展、变化、定型的过程。最明显的一个例子就在于"无意于文而文生"（钱谦益）"自然者，无意于是，而莫不备至"（张裕钊）与"文不求而至""不求其成文而文生"的比照，"无意"的去取之间，尚可见出整合之过渡痕迹。另一症候标志就是"不能不为"这个文学范畴，而这个范畴又再印证了"有为""无为""不得已"带给文学艺术领域的深刻影响。正如上述，"不得已"进入文学领域之后，除了原样保留自身之外，还生成一系列类似范畴，其中之一就是"不能不"。在老庄哲学那里，"有为"与"无为"之对立，经"不得已"环节而整合至"为无为""无为而无不为"的"自然"层次，所以在老庄哲学典籍中就可以常见到异名而同实的下列表述：

> （圣人）"不得已而后起"；"是以圣人不行而知，不见而明，不为而成"。"动以不得已之谓德"；"上德无为而无以为"；"不得已之类，圣人之道"。"道法自然"；"道之尊，德之贵，夫莫之命而常自然"。

所以，"不得已"而为的内旨即"为无为""无为而无不为"，即"不为而成"，亦即"自然"。顺此，"不能不为"也就与上述"文不求而至""不期工而自工""不烦绳削而自合"之类同源同义，只是"不能不为"携带老庄哲学基因的痕迹较重而已。正是基于此，苏洵、苏轼、杨万里、宋濂等人有一特别提法，不妨一一先录之如下：

---

① 《墨井集》卷首《墨井诗钞序》。

故曰："风行水上，涣。"此亦天下之至文也。然而此二物者，岂有求乎文哉？无意乎相求，不期而相遭，而文生焉。是其为文也，非水之文也，非风之文也；二物者非能为文而不能不为文也。（苏洵《仲兄字文甫说》）

夫昔之为文者，非能为之为工也，乃不能不为之为工也。山川之有云雾，草木之有华实，充满勃郁，而见于外，夫虽欲无有，其可得耶。（苏轼《江行唱和集叙》）

然公之诗文，非能工也，不能不工耳。（杨万里《石湖先生大资参政范公文集序》）

文不贵乎能言，而贵于不能不言。日月之昭然，星辰之炜然，非故为是明也，不能不明也。江河之流，草木之茂，非欲其流且茂也，不能不流且茂也。此天地之至文，所以不可及也。（宋濂《宋文宪公全集》卷三十二《朱葵山文集序》）

苏洵、苏轼、宋濂皆以天地自然之至文为喻，明确说明"不能不为之""不能不言"属"自然"性质。其他证据有：

独孤郁：夫天岂有意于文彩耶？而日月星辰不可逾；地岂有意于文彩耶？而山川丘陵不可加；八卦、《春秋》岂有意于文彩耶？而极与天地侔。其何故得以不可越，自然也。夫自然者，不得不然之谓也。（《全唐文》卷六八三《辩文》）

皇甫湜：虎豹之文，不得不炳于犬羊；鸾凤之音，不得不锵于鸟鹊；金玉之光，不得不炫于瓦石；非有意先之也，乃自然也。（《皇甫持正文集》卷四《答李生第一书》）

王禹偁：夫文，传道而明心也。古圣人不得已而为之也。（《小畜集·答张扶书》）

钟惺：夫诗道性情者也。……不得已而有言……（《隐秀轩文昃集·陪郎草序》）

元好问：自今观之，东坡圣处，非有意于文字之为工，不得不然之为工也。（《新轩乐府引》）

钱谦益：无意于文而文生焉，此所谓不能不为者也。

袁桷：诗近于风，性情之自然。国风之作出于不得已之言也。（《清容居士集·书程君贞诗后》）

陈恭尹：诗有意于求工，非诗也。古之作者，必不得已而后有言……

张裕钊：自然者，无意于是，而莫不备至，动皆中乎其节，而莫或知其然，日星之布列，山川之流峙是也。宁惟日星山川？凡天地之间之物之生而成文者，皆未尝有见其营度而位置之者也，而莫不蔚然以炳，而秩然以从。夫文之至者，亦若是焉而已。……以其无意为之而莫不至也，故必讽诵之深且久，使吾之与古人诇合于无间，然后能深契自然之妙，而究极其能事。（《濂亭文集·答吴挚甫书》）

不难见出，王禹偁仍然袭用老庄近乎原话"不得已而为之"论文，钟惺、陈恭尹略改为"不得已而有言"，更具文学特征而已。元好问所论，揭示出"能为""能工""能言"之类即"有为"或"有意"无疑。独孤郁、皇甫湜、袁桷、陈恭尹皆强调"不得不""不得已"与"有意"对立，而属于"自然"。而钱谦益、张裕钊则似乎充当了中介，将"无意于文而文生"与"不能不为""自然"等同互释的同时，苏洵、苏轼等人所用范畴"不能不为""不能不工"作为"有意""无意"整合范畴的身份也得以确认。

无论是审美创造层面的"文不求而至"，还是审美批评层面的

"不求工而自工"，它们作为"有意"与"无意"对立统一之后的整合范畴，一致成为文学创作和文学批评的理想，一致成为"美""自然"的化身与最高标准。例如皎然赞赏"不思而得"乃"高手"所为；柳冕坚持"意不在文，而文自随之"方为"真君子之文"；黄庭坚推崇"文章成就，更无斧凿痕，乃为佳耳"；刘克庄认为"惟不求工而自工者，为不可及"；宋濂称道"不求其成文而文生焉者也，文之至也"。臧懋循认为"大抵元曲妙在不工而工"①。另外，元代方回更是把"不求工而自工"作为判定文学身份之标准，认为《诗经》属于"不求工而自工""不求丽而自丽"，是诗之典范：

> 诗至于老杜而集大成。陈子昂沈佺期宋之问律体沿而下之，丽之极莫如玉溪，以至西昆；工之极莫如唐季，以至九僧。《三百五篇》有丽者，有工者，初非有意于丽于工也，风赋比兴，情缘事起云耳。而丽之极工之极，非所以言诗也。（《桐江集·读张功父南湖集（并序）》）

清代朱彝尊称赞杜甫"写时状景之妙，自有不期工而工者"②。程廷祚、冯桂芬也认为"文之至者""文之佳者"，皆"不烦绳削而自合"。张裕钊明确沟通起"自然"与"文不求而至""不求合而自合"之类，认为"文之至者"当如天文地文之"无意""自然"，因此诸如意、辞、气、法之类文学创作要素，"常乘乎其机而缉同以凝于一，惟其妙之一出于自然而已"，要求这些文学创作要素必须熔铸得浑然一体。那么，什么是自然呢？张裕钊的解释是："自然者，

---

① 《负庵堂集》卷三《元曲选序》。
② 《曝书亭集》卷三十一《与高念祖论诗书》。

无意于是，而莫不备至"，"无意为之而莫不至"。①

如此一来，"有意"与"无意"的整合，经"不求其成文而文生""不求工而自工"之类的范畴中介，借助"文之至""文之佳""文之妙"之类的名义，就归并入"美"的范畴语域。这样也就在"美"与"有意""无意"范畴之间建立起明显关联，换言之，对于"美"的内涵、特征，存在一种基于"有意"与"无意"这组范畴进行诠释的客观可能。再加之"道法自然"对于中国古典文学艺术审美标准的统摄，"自然"之美始终被视为文学艺术追求的最高境界。例如李贽就说："惟矫强乃失之，故以自然之为美耳。"谭元春也说："文章之道，恒以自然为宗。"②施闰章也认为"诗以自然为至"。屈大均也指出："文之至者，莫妙于自然。"③其他诸如独孤郁、苏洵、苏伯衡、顾炎武、焦循等人则强调天地自然之文对于文学之文的示范作用，从而将"自然"作为"不可越"的至高美学标准。例如苏伯衡就认为：天下之至文"孰不出于自然，独水乎哉？"④魏礼认为好诗必须要"得自然之境"⑤戴名世则直接从"自然"定义何谓诗歌，即"诗者出于心之自然者也"⑥。诸如此类，不一而足。

那么，"美""自然"以及"不求工而自工"之类对于"有意"和"无意"整合之范畴，这三者之间就为我们揭示出一组特别的关系："有意"与"无意"的辩证统一或"不求其成文而文生""不求工而自工""不烦绳削而自合"之属，即"美"或"美在自然"之核心内涵。

①　《濂亭文集·答吴挚甫书》。
②　《谭友夏合集》卷八《古文澜编序》。
③　《翁山文外》卷二《黄太史文集序》。
④　《苏平仲文集》卷五《王生子文字说》。
⑤　《魏季子文集》卷七《愁薮诗序》。
⑥　《戴南山先生古文全集》卷二《吴他山诗序》。

不言而喻，"不求工而自工"抑或"有意"与"无意"，其中无不交织着鲜明的目的性与无目的性。这就不由让我们想到近代美学之鼻祖——康德对于"美的特征"的规定之一"美是无目的的合目的性"。作为延伸，康德对"美的艺术"还有一个重要观点，即"美的艺术是一种当它同时显得像是自然时的艺术"[①]。相关论述引之如下：

> 如果我们把某物绝对地称之为一个艺术品，以便把它与自然的结果区别开来，那么我们就总是把它理解为一件人的作品。
> 在一个美的艺术作品上我们必须意识到，它是艺术而不是自然；但在它的形式中的合目的性却必须看起来像是摆脱了有意规则的一切强制，以至于它好像只是自然的一个产物。
> 艺术在任何时候都有一个要产生出某物来的确定意图。
> 美的艺术作品里的合目的性，尽管它是有意的，但却不显得是有意的；就是说，美的艺术必须看起来像是自然的，虽然人们意识到它是艺术。但一个艺术品显得像是自然却是由于，尽管这产品惟有按照规则才能成为它应当所是的那个东西，而在与这规则的符合中看得出是一丝不苟的；但却并不刻板，看不出训练有素的样子，也就是不露出有这规则悬于艺术家眼前

① 康德《判断力批判》，第149页，人民出版社2002年版。另外，古罗马朗吉努斯《论崇高》中就多次论及自然审美效果与人为技巧之间的关系，例如："技巧唯有看似自然才完美，自然唯不露痕迹地包含技巧方才成功。"又如："既然免于错误通常是技巧作用的结果，（崇高的）风格……应归功于天赋，那么将技巧用作自然的补充是正确的，只有两者的结合才会带来完美。"（参见《形而上学：英文》影印本，中国社会科学出版社1999年版）其中就表达了康德类似的观点：第一，自然不是艺术，艺术必须要包含技巧；第二，只有将人为的技巧如修辞格运用展露得不露痕迹、宛如天成，方为完美艺术。

并将束缚套在他的内心能力之上的痕迹来。

　　天才就是给艺术提供规则的才能（禀赋）。由于这种才能作为艺术家天生的创造性能力本身是属于自然的，所以我们也可以这样来表达：天才就是天生的内心素质，通过它自然给艺术提供规则。

　　美的艺术只有作为天才的作品才是可能的。①

康德确认文学艺术是人工制品，区别于天地自然之物，但是却要求产生这种人工制品的"确定意图"以及"规则"等"有意"性质的结果显现，越是脱离人工"有意"痕迹，如同自然"无意"产物一般，则越是符合艺术美之规定要求。无比惊人的巧合是，康德就是使用"有意""无意"式的概念来表达对于艺术目的性或"无目的的合目的性"的诠释："美的艺术作品里的合目的性，尽管它是有意的，但却不显得是有意的；就是说，美的艺术必须看起来像是自然，虽然人们意识到它是艺术。"②康德另外还说："美的艺术就自然界通过天才为它提供规则而言，就是模仿。"③也表达了艺术以自然界为范型的理想。这不就是黄庭坚所谓"文章成就，更无斧凿痕，乃为佳耳"、郝经所谓"巧缛而不见斧凿"吗？不就是独孤郁、苏洵、苏伯衡、顾炎武、焦循等一批人始终要求的文学要以天地自然之文为终极审美标准的体现么？不就是中国古典文论、美学思想中的"有意"与"无意"的辩证统一吗？康德所谓"美是无目的的合目的性"

① 以上八条引文，分别见《判断力批判》，第146、148、149—151页。
② 康德此句中的"有意"一词，《判断力批判》英译本以"intentional"表示。（参见剑桥大学出版社2000年版，Paul Guyer，Eric Matthews译）可见，中译为"有意"非偶然。
③ 《判断力批判》，第163页。

特征不就是本文拈出的作为整合范畴的"不求工而自工"一类的范畴所指吗？

但是相同中仍然存有较大差异，具体而言：其一，康德的"美的艺术"纯属"天才"的主观唯心主义性质，艺术欲模仿的自然也带有强烈的超验主义色彩。天才凭借自身的超验能力为艺术作品提供规则，天才自己无法意识也无法解释其过程，即"天才自己不能描述或科学地指明它是如何创作出自己的作品来的"，"甚至就连随心所欲或按照计划想出这些理念，并在使别人也能产生出一模一样的作品的这样一些规范中把这些理念传达给别人，这也不是他所能控制的"。[1]如此一来，就把艺术创作神秘化了，就把"人的作品"的艺术推向了"人"的对立面，进而不可能做出对于"美的艺术是一种当它同时显得像是自然时的艺术"的正确解释。其二，正如朱光潜先生曾经指出的："康德的病根在美学上和哲学上是一致的，都在于内容和形式的割裂。"表现于美学方面，即"内容就只由天才（想象力）提供，形式就只由审美趣味（判断力）铸造，因而美就仅在于形式而不涉及内容，但是内容（天才所提供的）却又为美的艺术所不可缺少。这个矛盾没有得到合理的解决"。[2]因此，康德关于美的"无目的的合目的性"特征，只是囿于"形式"而论。这样来认识文学艺术之美，自是"玄秘的、片面的"。[3]

而就我国古典文论、美学思想的情况而言则大不同，虽然有时也把诸如"灵感"状态导致的"无意"或"不求工而自工"强调到不恰当的程度，但是更多的情形是讲求灵感天分与后天人力的辩证统一。"不求工而自工"一类的整合范畴也都是建立在兼顾主客观维

[1] 《判断力批判》，第 151 页。
[2] 朱光潜《西方美学史》（下卷），第 383 页，人民文学出版社 1979 年版。
[3] 朱光潜《西方美学史》（下卷），第 399 页，人民文学出版社 1979 年版。

度的文学创作要素这样的物质基础之上，范畴的内涵更加全面、科学、公允。学界经常抱憾中国古典美学思想的不成系统性，然而本文研究的成组范畴"有意"与"无意"，渊源有自，且以此为中心，发展衍生出一系列范畴，脉络甚是清晰，构成了一幅对于"美是无目的合目的性"特征认识的完整的中国版理论话语体系。若从时间维度来说，对于"有意""无意"成组范畴的整合，开始于唐中叶，如皎然"有似等闲，不思而得"、柳冕"意不在文，而文自随之"、独孤郁"其文不求而至"之类可为证；至迟于北宋中叶，整合范畴已经基本定型，如苏洵"无营而文生"、黄庭坚"不烦绳削而自合"、张耒"不期工而工"之类是也。相比康德，我们竟早出将近千年时间！综上所涉范畴系统，不妨图示如下：

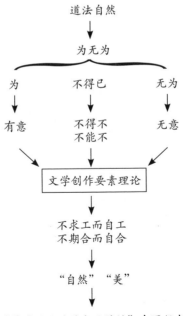

五

　　叶朗先生曾经郑重指出："中国古典美学有自己的独特的范畴和体系。西方美学不能包括中国美学。"[1]就治中国美学思想史而言，老庄哲学对于康德"美是无目的的合目的性"的素朴揭示已是旧话[2]，但是老庄哲学素朴揭示之后的影响和发展如何，学界却难寻其迹，付之阙如。本文试图为美学研究弥补上这一缺憾。围绕中国特色美学范畴"有意"与"无意"，从范畴源起，论述了老庄哲学如何滋养、生成这组范畴，并就各自内涵作了辨析和诠释，最后着眼于"有意""无意"对立基础上的统一，明确揭示了"美是无目的的合目的性"中国版本的范畴表达以及中西方的差异所在。

　　"有意""无意"组范畴研究，再次管窥到老庄哲学对于中国古典文论与美学思想的巨大影响。老庄哲学自身围绕"道法自然"而存在的一系列范畴，相应在中国古典文学批评、美学思想领域留下无比深刻的烙印。"道法自然"让中国文学批评、审美标准始终以天地自然之文为譬喻比照之永恒标准。"为""无为"蜕变为文学艺术领域中的"有意""无意"，经"不得已"及其衍生范畴，分别凝结升华为"为无为"与"不求工而自工""不期于合而自合""不烦绳削

---

① 　叶朗《中国美学史大纲》，第 2 页。
② 　例如李泽厚、刘纲纪认为老庄哲学中的"道"就是一种无目的而又合目的的力量，其根本特征就是"无为而无不为"，包含着鲜明的无目的而合目的的特征。所以说"在康德之前两千多年，我国道家哲学的创始者老子也已经从对自然生命的直接观察上素朴地意识到这种统一了"。而"在西方美学史上，这是由近代康德的美学第一次作出了系统的说明和论证的。老子的'无为而无不为'的原则当然还是极素朴的，没有系统的论证。但仔细分析起来，它正好包含了对合目的与合规律的统一的理解"。又指出说："在审美具有超功利性、美的境界不能用概念语言明确地加以规定、艺术创造具有无规律而合规律的特征这些问题上，庄子美学的那些素朴的了解和观察，就其实质来看，不是同康德的美学颇有类似的地方吗？"（参见李泽厚、刘纲纪《中国美学史（先秦两汉编）》，安徽文艺出版社 1999 年版）

而自合"一类整合范畴。终而发表了中国古典美学认识"美的特征"的独特方式，范畴谱系完整，脉络清晰，充分凸显出中国古典文论和美学思想的自身特点与理论成色，推进并拓展了美学范畴、文论范畴的既有研究，更进一步证明，世界美学发展必须要重视中国古典美学思想的丰富内涵及其独特贡献。

当然，老庄哲学对于"有意""无意"组范畴生成的影响，必须关注其复杂性甚至戏剧性。老庄哲学的"为无为"讲究寂漠、虚静、虚无，是一种倾向于减法的"空"，而"有意"与"无意"结合的佳境或"不求工而自工"的实现，既包括减法的"空"，主体抛却一切外在负累的自由状态；又包括倾向于加法的"实"，即不断积累完善主体创作准备的良好条件，例如学识、性情、阅历之类。加法的"实"就走到了老庄哲学的反面。但是，恰如老庄哲学自己信奉的那样，相反相成，因此，两种模式皆可构成"不求工而自工"之类美学目标的条件保障。

因此，我们一方面可以读到诸如"盛德之士，文艺必众"（徐干）、"道胜者文不难而自至"（欧阳修）、"须是涵养久，便得自然"（程颐）、"理胜者文不期工而工"（张耒）之类崇尚主体"实"的论说；另一方面，由于追求减法的主体之"空"，主体"自我"与客体"文"之关系就显得无比紧密，"文"成为"自我"真性情的流露、真心志的抒发，"真诗"从而也遽然成为时代关键词之一，诸如"三百篇皆天籁自鸣"（姜夔）、"古之人虽闾巷子女风谣之作，亦出于天真之自然。……学问浅深，言语工拙，皆非所以论诗"（方回）、"童心者之自文"（李贽）、"夫诗由性情生者也"（屠隆）、"有是志则有是诗"（苏伯衡）、"诗者出于心之自然者也"（戴名世）、"古人文章无不以真得传者"（朱鹤龄）以及李开先、袁宗道、杜濬、贺贻孙、魏禧等人的"天下能诗者多而真诗绝少"之类高谈是也。如

明·张路《老子骑牛》

果说后者代表的是彰显美与真相统一的道家美学传统，那么前者则代表了坚持美与善相统一的儒家美学传统。如果说倾向减法的"空"是追求"童心"般之"真"，那么倾向于加法的"实"则是追求"仁心"般之"真"。①以"不得已"为契机，这两大中国古典美学传统又殊途同归，矢志把"自然之美"的境界作为文艺审美的共同目标。②当然，儒道两大美学传统在实现共同美学目标的取径上，尚有明显的雅俗之分。③这在对于"不求工而自工"之类审美目标的论证过程中体现得非常鲜明。儒家美学传统一贯讲求创作主体品德的修为、提升与完善，自然属于"雅"的一路；而道家美学传统始终要求创作主体真情诚心、本色自我，故而主体对象常以底层、民间为主，"俗"的色彩甚是强烈。例如，上引方回所论，即以"闾巷子女风谣之作"为对象。戴名世认为，分门别派的创作路数，"是

① 冯友兰先生研究认为，孔子"仁"的基础就是人的真性情，仁人的"言论行事必须是其真性情的真的流露。"（参见《中国哲学史简编》（上），第149—151页，人民出版社1998年版）

② 陈鼓应先生认为："西周以来所逐渐形成的人文精神、人道观念、民本思想以及救世心怀——这一文化传统对老、孔都有着根源性的影响。"并归结了八个两者的相似之处，其中有"以'和'为贵的心态"，体现于人和自然关系的和谐、人和人关系的和谐。（参见《中国哲学创始者——老子新论》，第24—25页，中华书局2015年版）而和谐即为中西方长久以来共尊的美的要义。

③ 哲学是美学之理论基石，此处美学目标取径上的差别体现，也恰好印合老、孔在哲学史上的位置与影响。例如，黑格尔认为，孔子"著作在中国是最受尊重的"。中国人的"国家宗教"即皇帝、士大夫的宗教，理论即源于孔子。所以，"孔子的哲学就是国家哲学，构成中国人教育、文化和实际活动的基础。但中国人尚另有一特异的宗派，这派叫做道家"。"这一派的信徒不是官员，不与国家宗教有关。"（参见贺麟等译《哲学史讲演录》，第119、124—125页，商务印书馆1959年版）对此，陈鼓应先生进一步发挥说："黑格尔似乎隐约认识到儒家学说较近于官方思想，而道家则属于民间哲学。""老、孔都是'士'阶层的代表人物，在对待周代礼制的态度上，老子是激进者，孔子是保守者；老子是体制外的抗议者，孔子是体制内的改良者。"所以，"从老、孔对礼学的态度，可以看出日后儒、道两家代表着官方哲学与民间哲学发展的端倪。"（参见《中国哲学创始者——老子新论》，第23、29、40—41页，中华书局2015年版）雅俗之对，正源于官方与民间之别。

其诗皆出于有意，而所为自然者已汨没于分门户争坛坫之中，反不若农夫细民倡情冶思之出于自然而犹有可观者矣"①。也突出了"农夫细民"的优越性。苏伯衡、袁宏道、魏际瑞等人皆推重"小夫妇人""间阎妇人孺子""愚夫愚妇"一类人性情之真挚程度对于创作的重要性。魏际瑞就说："不患文章之不工，惟患性情之不至。盖尝观于愚夫愚妇号泣歌舞之诚，其言初不足以为文，而其出之口者，虽圣于文章之士往往极其工致而无以过之。"②袁宏道甚至夸张说："今之诗文不传矣。其万一传者，或今间阎妇人孺子所唱《擘破玉》《打草竿》之类，犹是无闻无识真人所作，故多真声。"③竟把"间阎妇人孺子"比作了"无闻无识真人"，于此亦足可窥见道家哲学流派对此处所言取径之"俗"的影响。魏禧也说："盖《三百篇》，学士大夫以至征夫思妇，皆有之不假学问而能工者，意真也。人无真意而求工于诗，辟犹附涂而粉泽之，施以绘彩，则几何其能久也？"④明确指出"征夫思妇"这类人"不假学问"之"俗"。所以，李开先直接祭出了"真诗只在民间"的大旗，李贽更是把列为禁毁对象的《西厢》《拜月》《水浒》等戏曲小说赞誉为"天下之至文"。

除却上述阶层之"俗"，刘克庄、袁宏道、汪琬、陈衍等人还从身份之"俗"予以立论。例如刘克庄直截了当地认为："诗非达官显人所能为……故诗必天地畸人，山林退士，然后有标致。"⑤袁宏道亦然："夫趣得之自然者深，得之学问者浅。……山林之人，无拘无缚，得自在度日，故虽不求趣，而趣近之。……迨夫年渐长，官

① 《戴南山先生古文全集》卷二《吴他山诗序》。
② 《魏伯子文集》卷二《答友人论文书》。
③ 钱伯诚笺校本《袁宏道集笺校》卷四《叙小修诗》。
④ 《魏叔子文集》卷九《唐邢若诗序》。
⑤ 《跋章仲山诗》。

渐高，品渐大，有身如梏，有心如棘，毛孔骨节俱为闻见知识所缚，入理愈深，然其去趣愈远矣。"①无不继续强调了"山林退士"之"俗"对于文学创作的有利影响。或许正是置身如此思潮语境，汪琬区分了两种类型的诗，即王公大人所作"太阁之诗"与骚人思妇所作"山林之诗"②。陈衍更是少见地基于"俗"的后果界定了文学性质："诗者，荒寒之路，无当乎利禄，肯与周旋，必其人者贤者也。"③

最后，由于范畴具有基础性、辐射性特点，所以，除了以"有意"与"无意"为中心存在一系列关系范畴群之外，"有意"与"无意"组范畴研究还可以为其他问题的探析提供广阔的可能性空间。例如，关于"辞达而已"的解释④，杨简、方孝孺、程廷祚等人提出："孔子曰：'修辞立其诚。'又曰：'辞达而已矣。'以诚为本，以达为用，盖圣人之论文，尽于是矣。因文以见道，非诚也；有意而为之，非达也。"⑤把"辞达"作为文章理想状态，同时与"无意"为文相联系。又如关于创作中的"有为而作""言之有物"范畴研究，柳冕、魏际瑞、蔡寅、戴名世、章学诚、董士锡等人认为其内涵也与"不得已""自然""无意""有意"相关。柳冕就把自己的创作分为"有为而作"和"不得已而作"两种情形。⑥魏际瑞就说："昔之人有言曰：诗须有为而作。盖古之作者，必有所大不得已，如喜

① 钱伯诚笺校本《袁宏道集笺校》卷十《叙陈正甫会心集》。
② 《尧峰文钞》卷二十九《张青琱诗集序》。
③ 《石遗室文集》卷九《何心与诗序》。
④ 关于研究现状，可参见丁秀菊《孔子"辞达而已"的语言学解读》一文，载《山东大学学报》（哲社版）2007年第1期，第154—160页。
⑤ 《青溪集》卷十《复家鱼门论古文书》。
⑥ 《全唐文》卷五二七《与渭州卢大夫论文书》。

者之形于笑，哀者之见于哭，中有其故，而勃然发诸其外。"[1]戴名世也指出："《家人》之言曰：'君子以言有物而行有恒。'夫有所为而为之谓之物；不得已而为之谓之物。"[2]再比如"化工"与"画工"这组范畴的研究[3]，李贽解释说："夫所谓画工者，以其能夺天地之化工，而其孰知天地之无工乎？今夫天之所生，地之所长，百卉具在，人见而爱之矣，至觅其工，了不可得。""盖工莫工于《琵琶》矣。……盖虽工巧之极，其气力限量只可达于皮肤骨血之间，则其感人仅仅如是，何足怪哉！《西厢》《拜月》，乃不如是。意者宇宙之内，本自有如此可喜之人，如化工之于物，其工巧自不可思议尔。"[4]不难看出，所谓"画工"就是"穷工极巧"，人为"有意"痕迹过重，属于"有意于求工者率不能工"；而"化工"则如"风行水上之文，绝不在于一字一句之奇"，属于天地自然之文的"无意于工"的"不求工而自工"。"化工""画工"同样与"有意""无意"之间也存在剪不断之关联。诸如此类实例[5]，无疑扩大了"有意""无意"组范畴存在的有效意义场域，更进一步间接证明研究"有意""无意"这组范畴之重要价值和意义。

---

[1] 《魏伯子文集》卷一《学文堂文集序》。

[2] 《戴南山先生古文全集》卷三《答赵少宰书》。

[3] 相关研究现状，可参见陶学良《议化工、画工之见》，载《民间文学研究》2005年第4期。

[4] 《焚书》卷三《杂说》。

[5] 另外还如与"活法"范畴的关系，研究成果可参见曾明、王进《苏轼"无意为文""有为而作"与中国诗学"活法"说论考》，载《社会科学研究》2012年第6期。

曹峰

男，山西灵石人。中国人民大学哲学院教授，2017 年度教育部长江学者特聘教授。主要研究出土文献、黄老道家、古代名学、近现代日本的中国哲学研究等，发表论文 150 余篇，译文 40 余篇。有《老子永远不老》等多种著作，《道家思想新研究》等译著。曾获第二届全球华人国学大典国学成果奖、北京市第十四届哲学社会科学优秀成果奖。

内田周平，世界上第一个写《中国哲学史》的人

一、序言

在日本的中国哲学研究史上，内田周平是有资格留下一笔的，因为内田周平在 1888 年写出了世界上第一部《中国哲学史》。[①] 日本人的中国哲学史写作要比中国早了近三十年。如果说出版于 1916 年的谢无量的《中国哲学史》是中国第一部中国哲学史，那么，在此之前日本已经出版了多部"中国哲学史"，其中比较著名的有 1898 年出版的松元文三郎的《中国哲学史》、1900 年出版的远藤隆吉的《中国哲学史》、1910 年出版的高濑武次郎的《中国哲学史》、

---

① 笔者所见内田周平《中国哲学史》、冈本监辅《中国哲学（经学）》、藤田丰八《中国伦理史》是访问日本大东文化大学期间，在图书馆找到的缩微胶卷，这些书似乎未见再版，或纳入到哪个文集中去。

内田周平先生

1914 年出版的宇野哲人的《中国哲学史讲话》等，但是，从时间上讲，1888 年出版的内田周平的《中国哲学史》因为是第一部，无疑具有特殊的地位和意义。

那么，《中国哲学史》是怎样一部著作呢？这其实是内田周平受聘于哲学馆时所编撰的一部讲义。哲学馆是 1887 年日本著名佛教哲学家、教育家井上圆了创立的专门教授新学（以哲学为主，包括一部分自然科学和社会科学）的私立学校，即后来哲学馆大学以及现在东洋大学的前身。可能因为学校叫"哲学馆"，所以所授课程多以"哲学"冠名，例如井上圆了自己的课程就是"哲学史讲义"，讲的是西方古典哲学，此外还有"纯正哲学"（具体指的是"唯物论""唯心论"等）、"日本哲学""印度哲学"等。和"中国哲学"类似的课程还有"中国哲学（经学）"，由著名学者冈本监辅主讲。

在各种研究日本的中国哲学、汉学、中国学的书籍中，有关内田周平的介绍都非常少，李庆的《日本汉学史》为内田周平作了一个小传，除介绍他的生平外，关于他的《中国哲学史》，只有以下这样一段话：

> 1888 年他出版了《中国哲学史》。这被认为是世界上第一部以"哲学史"为名的中国哲学史。虽说，甚不完备，主要就是先秦诸子的介绍，在当时的学界，也没有引起很大的反响，但是椎轮为大辂之始，它的开创地位，还是应该给予肯定的。[1]

值得注意的是，内田周平之所以有小传，是因为他被看作是一位有成就的汉学家。至于他在中国哲学史建设上的贡献，仅仅被认为有

---

[1] 李庆《日本汉学史》，第 376—377 页，上海人民出版社 2010 年版。

独创之功而已，至于体系，则"甚不完备"，至于内容，"主要就是先秦诸子的介绍"，因此评价不高。

严绍璗的《日本中国学史稿》，只是在叙述中提到内田周平而已。例如在"'中国哲学研究'学科的发生"一节中，他写道：

> 当 1888 年内田周平（Uchida Shuhei，1854—1944）刊出日本最早的一部《中国哲学史》时，他在《识语》中说："概观中国诸流之学术，依次论之，此其从来未有撰著者，余之讲义正属开创，其困难也不少。"内田周平在这里提出的"中国哲学史"概念，是概述"中国诸流之学术"。它的杰出之点在于，不仅仅把"儒家"作为学术的正宗，同时还包括了"诸流之学术"，从而显示出与传统汉学家的立场相分离。[①]

这里，除了对他开创之功予以很高评价之外，还指出了他在哲学史写作上的杰出贡献，那就是把儒家拉下了神坛，将其和"诸流之学术"平起平坐，使之成为诸子的一分子，不再居于崇高地位。

目前为止，笔者所见对内田周平做出最为详尽研究者是藤井伦明，他的《被遗忘的汉学者：近代日本崎门朱子学者学思探析》[②]，从四个面向系统地概述了内田周平的学术贡献，即作为德国文学翻译者、介绍者的内田，作为文章家的内田，作为儒学（宋学）研究者的内田，作为崎门派朱子学之继承者的内田。通过此文我们知道，内田周平早年为学习医学而精通德文，但在东京大学医学院学习期间，却因为厌恶医学院学生常见的物质主义、拜金主义习气，毅然

---

① 严绍璗《日本中国学史稿》，第 197—198 页，学苑出版社 2009 年版。
② 藤井伦明《被遗忘的汉学者：近代日本崎门朱子学者学思探析》，《中正大学中文学术年刊》，2011 年第 1 期（2011 年 6 月）。

放弃可以带来优裕生活的医生职业，转到文学院，专攻当时已经不被世人重视的中国古典学，因为这里有他心向往之的美好世界。从文学院毕业之后，他曾在哲学馆教授与中国古典相关的课程，后来还去熊本的中学任教，回到东京后，他开过教授汉学的私塾，继续在哲学馆任教，并在东京帝国大学、庆应义塾大学、大东文化大学、国士馆专门学校兼任授课。虽然生活穷困到有时需要靠翻译德国文学作品维生，但对汉学的痴迷从未改变。在熊本期间，他向崎门派朱子学者楠本硕水请教道学，深受其影响，从此将关注力集中于朱子学和崎门道学，为弘扬崎门道学贡献了毕生精力。可见，虽然内田有很好的德文修养，但不过是谋生的手段，并没有对其学问观和世界观产生多大的影响，因此藤井伦明将内田定性为汉学者，崎门学派的代表学者之一。可惜的是，此文对其《中国哲学史》写作完全没有提及。

那么，内田周平的学术是否果然与哲学关系不大，在日本的中国哲学研究史上不值得一提，只能列入汉学家之列呢？结合日本 19 世纪末 20 世纪初那个特定的时代背景，结合对于汉学、哲学的重新反思，笔者觉得，问题可能没有那么简单。这里面有很多有趣的现象，如果认真加以梳理，可以生发出不少发人深思的问题。

今天看来，在当时的日本，不论采取何种立场和方法，只要研究对象是中国古典，就可以称其为"汉学"。而在西学传入日本之初，"汉学"往往是受过西学训练的人对那些有意识维护沿用传统为学方式从事中国古典研究的学者及方法的称呼。而"哲学"正是和"汉学"不同的主要采用西方的框架、概念、方法所展开的研究项目。例如以"哲学者"自居的井上哲次郎就称内田周平为"汉学者"。当然，不能说"汉学"就一定与"哲学"截然对立，两者在方法和态度完全没有相通之处，但"汉学者"比较注意维护自古以来的学派传承，比较自觉采用传统的方法，与过分的"哲学"化保持距离、保持警惕。在今天，已经很少有人宣称自己倾向"汉学"或倾向"哲学"，但在 20 世纪初，这种立场的划分还是比较明显的。在中国，类似的情况同样存在，只不过不以"汉学"和"哲学"作为相对的概念。问题的复杂在于，像内田周平这样属于"汉学"阵营的人，事实上参与到了日本中国哲学学科的开创和建设之中，他们关于中国哲学的理解，以及和具有浓厚"哲学"化倾向的学者间的争执、冲突，在今天看来，其中的是是非非很有再探讨的必要，这正是本文写作的宗旨。无论是"汉学"的立场还是"哲学"的立场，其形成都有其特定的历史环境，都有其特定的价值和局限，笔者在此，并不认为"哲学的"就一定是理性的、科学的、进步的，而"汉学的"就一定是保守的、落后的。相反，在笔者看来，作为"汉学者"的内田周平虽然有他的很多局限，但站在"汉学"立场上产生的很多观点其实比井上哲次郎等"哲学家"更理性、更科学。我们重新评价内田周平，对于今天中国哲学学科的再出发是有必要的。

二、内田周平的《中国哲学史》是否不"哲学"

《中国哲学史》在日本的中国哲学研究史上地位不高，显然与其不够"哲学"有关。这部书只有先秦部分，这是一个重要原因，因为只有源没有流，只有局部，没有整体，是难以称为"史"的。但这恐怕不能成为主要理由，与内田周平同时代的著名学者、曾留学德国的井上哲次郎从东京大学毕业之后，就开始从事《东洋哲学史》的编撰，穷其一生也没有完成这项夙愿，却没有人说他不够"哲学"。同样，在中国，胡适只写了半部《中国哲学史》，但也没有人否认他是中国哲学史的开拓者。因此，规模并不是问题所在。

那么，这部书是否具有如《先秦哲学史》那样的断代史性质呢？从其"总论"可以发现，内田周平借用了《史记》所载司马谈《论六家要旨》"阴阳家、儒家、墨家、法家、名家、道德家"以及《汉书·艺文志》所载"九流十家"之"儒家、道家、阴阳家、法家、名家、墨家、纵横家、杂家、农家、小说家"的框架来概述先秦哲学，而正文的内容则主要是对先秦六家的叙述，但结构调整为"儒家—道家—阴阳家—法家—名家—墨家"。在对各家的描述中，使用了所谓本和末的说法，例如，儒家的"本"是孔子、曾子、子夏、子思、孟子、荀子，而"末"则是漆雕子、宓子、世子、魏文侯、李克、孔穿等人；道家的"本"是老子、关尹、文子、列子、庄子，而"末"则是公子牟、田骈、鹖冠子等人。这是借用中国古代已有的概念和框架如"六家"和"九流十家"对先秦思想做了平面的描述，"本末"之说虽然道出了大致的脉络，但称为"史"恐怕还过于粗糙，而且其思路基本上是秦汉之际中国古人已有的东西，内田只是转述而已，没有什么新的理路和分析。所以虽然名为哲学史，但新瓶中装的的确还是旧酒而已。

不过在明治维新开始不久，哲学观念刚刚传入的这样一个特殊时期，由一位精通中国古典的人，基于世界哲学大致分为西洋哲学与东洋哲学的认识（他的"总论"就提到这一点）去重新组织中国思想时，能做到的，也只能是将数据做初步的分类和简单的系统化。翻检当时哲学馆的讲义，可以发现类似新瓶装旧酒的情况并不少见，例如，由著名学者冈本监辅主讲的"中国哲学（经学）"，内容沿《大学》《孟子》《论语》《中庸》展开，等于是"四书学"。与罗振玉、王国维有过密切交往的藤田丰八在哲学馆曾经主讲"中国伦理史"，虽然用了"伦理"二字，但实际上内容和内田周平的《中国哲学史》差不多，只抽取先秦各家中有伦理学说的三家，即儒家、道家、墨家加以论述。例如道家部分从老子讲起，以老子为重点，旁涉关尹、文子、列子，但内容不过是对道家学说的大略概述，道家和伦理的关系，伦理意义上道家和儒家、墨家的关系，以及道家在中国伦理学史上的地位，等等，其实并无深究，因此，也可说是内田周平的《中国哲学史》的翻版。在哲学馆，还有名为"儒学"的课程，由冈本监辅讲授其中"孔孟学"的部分，由内田周平讲授其中"老庄学"，①这个儒学的观念和江户时代一脉相承，其实指的就是汉学。内田周平《老庄学》有一个类似"总论"的"中国学术的种类"，但内容无异于其《中国哲学史》的"总论"，也是对《论六家要旨》和《汉书·艺文志》"九流十家"的解说，写得非常长，规模上远远超过《中国哲学史》的"总论"。"老庄学"并不仅仅讲老庄，而且用老庄来代表整个道家，其结构如下所示：第一章"道家的本源"；第二章"老子的履历"；第三章"老子的大旨"；②第四章"道家的流派"，其中包括：（一）"关文的传授"，（二）"庄列的虚无"，（三）"申韩的刑名"，（四）"张陈的机谋"，（五）"萧曹的清静"，（六）"文景的治化"，（七）"吕淮的敷衍"，（八）"何王的淆杂"，（九）"晋人的清谈"，（十）"仙家的修炼"；第五章"老子的全解"；第六章"庄子的全解"；第七章"列子的全解"；第八章"道教的沿革"。从结构上看，这就是一部简明的道家史，但用的都是中国古典自身的概念。

---

① 笔者在大东文化大学图书馆找到了这两份讲义，但上面没有任何出版信息，不知发行于哪一年。

② 笔者所见作为一年级讲义的"老庄学"就到此为止。后面的部分原则上二年级以后开始讲授。但笔者并没有找到后面的部分，不知道内田是否编写并发行。另外，各章标题，笔者已直接译成中文。

　　从上述哲学馆的讲义可以发现，这里面有中国哲学史学科初创期的种种混乱迹象，即虽然作为学科的"中国哲学"已经创建，"哲学""伦理"等大框架也正式使用，但讲师多为旧学人士，虽然精通中国古典的学者也使用了一些新名词，但新框架下的内容仍不免是过去熟悉的讨论和讲法。同时，讲义的设置多是为了应付开课，我想内田周平的《中国哲学史》没有完成，很有可能是这门课程没有继续开下去，这也导致讲师无法对某一问题作系统而深入的研究。内田周平的"老庄学"已经有了道家思想史的详细设计，但后来的道家研究者没有提到这部开创之作，很可能也因为其虎头蛇尾，没有完成。

　　虽然如此，从内田周平等人的成果来看，他们已经在中国哲学史学科建设上迈出了重要的一步。首先，在《中国哲学史》中，儒家被置于第一位，但这显然是作者意识到儒学在中国古代思想史上的主流地位，因此虽然沿用了司马谈《论六家要旨》的概念，但在次序上做了一定调整。这并不表示作者认可儒家高高在上，居于经学的位置，如前文所引严绍璗所言，从其和"诸流之学术"平起平坐看，在内田这里，儒学不再居于崇高地位。因此，即便内田持守儒家的立场，但还是有着清醒的认识，因此内田有打破儒学独尊之功。[1]其次，对于思想史料，内田也做了他的抉择，在"九流十家"中去掉了纵横家、杂家、农家、小说家，则表明作者认为这几家思想性不强，不足以列入哲学史。在所列六家中，法家尤其受到注重，篇幅很长，这可能和作者认为法家更具时代性有关。

　　总之，在今人看来，《中国哲学史》虽然接近学术史的路子，和

---

[1]　在《中国哲学史》的"总论"中，内田指出中国哲学中影响最大的是两个部分，即"孔孟学"和"老庄学"。

哲学史有一定距离，但也并非完全"不哲学"，至少有着理性的态度和公平的叙述。蔡元培在评价胡适《中国哲学史大纲》之特点时，说其有四大长处：即第一，证明的方法；第二，扼要的手段；第三，平等的眼光；第四，系统的方法。[①]所谓"扼要的手段"，即"截断众流"，从老子、孔子讲起；所谓"平等的眼光"，是还各家的本来面目，不有意地突出某家；所谓"系统的方法"，是要显出变迁的痕迹。可以说，除了第一条，其他三条，虽不彻底，但在内田的《中国哲学史》（包括"老庄学"）中，都已经有了雏形，因此，说内田的《中国哲学史》不够哲学，考虑到那个特殊的时代，其实是并不公允的。但是，内田的《中国哲学史》没有很高的地位也是事实，这依然与他不够"哲学"有关，一方面，写作《中国哲学史》《老庄学》之后的内田没有让自己变得更"哲学"，而是投身到崎门学派，致力于成为一名传统意义上的朱子学者；另一方面，在日本，内田的《中国哲学史》问世后，许多被认为更有"哲学味"的著作如雨后春笋般涌现出来。

那么，这些著作的哲学味体现在什么地方呢？先来看 1896 年由东京哲学书院出版的小柳司气太的《宋学概论》。对此，葛兆光指出：

> 小柳司气太的《宋学概论》则上溯宋学之先驱即唐代的陆淳、啖助、赵匡与韩愈、柳宗元，中及宋代道学的开创人邵雍和周敦颐，下及张载、二程与朱熹等等，并且运用西洋哲学的概念，以宇宙本体之太极为有为无，以理气动静先后、万物生成、气分粗精、圣人之性与常人之性等问题分析宋代思想，又

---

① 参见蔡元培《序》，胡适《中国哲学史大纲》，第 2 页，东方出版社 1996 年版。

把朱子之学分成了纯正哲学、自然哲学、心理学和伦理学，正如他在后来再版的序文中夫子自道的，要"用西洋的科学方法，谋历史地、批评地系统化中国哲学"，这大体上已经具备了哲学史的雏形。①

在笔者看来，使小柳司气太《宋学概论》具有哲学史雏形的主要原因，主要不在于"以宇宙本体之太极为有为无，以理气动静先后、万物生成、气分粗精、圣人之性与常人之性等问题分析宋代思想"，因为这是中国本有的理路，而是"把朱子之学分成了纯正哲学、自然哲学、心理学和伦理学"，也就是说用了西学的名称和框架来重新裁割朱子的思想，在这样做的同时，小柳司气太又采用了一种"科学"的立场，那就是和研究对象保持距离，以历史的、批评的眼光将对象作系统化的处理。没有使用西式的标签，和研究对象没有拉开足够的距离，这正是内田不"哲学"之处吧。

内田之后，1898 年出版的松元文三郎的讲义《中国哲学史》，1900 年出版的远藤隆吉的《中国哲学史》，被称为日本历史真正意义上的"中国哲学史"。首先这两部著作都是通史，使中国思想变迁首次得到了完整、系统的描述。其次，这两部著作都是模仿西方哲学史的路子来写作，这种模仿表现在这样几个方面：第一，是对哲学发展的历史做出分期。如松元把中国自古以来的哲学思想的发展，划分成依次递进的三个时期：第一期为"创作时代"——自东周至秦朝，这一时期呈现出"前后无比的盛况"；第二期为"训诂时代"——自西汉至五代，这一时代以古书的训诂解释作为哲学，没

① 葛兆光《道统、系谱与历史——关于中国思想史脉络的来源与确立》，《文史哲》2006 年第 3 期（2006 年 5 月）。

有新的创见，因此是中国哲学史上最黯淡的日子；第三期为扩张时代——自宋朝至清，宋学代表哲学再兴的时代，而清代考证学导致了哲学的消灭。[①]远藤隆吉同样采取三分法，把古代中国哲学史划分为"古代哲学""中古哲学"和"近世哲学"，这完全接轨于西方人把历史分为"上古""中古""近世"的套路，使哲学史的分期与社会史的分期对应起来，为哲学找出相应的社会背景。第二，是用中国人原本所不擅长的逻辑方法，即分析和推理的手段，为中国哲学找出思想的源头和推移的路线，从而构建出贯通和有序的思想发展途径。例如松元提出以"地理环境决定论"来解释中国哲学流派的形成，用"思想的自由"和"言论的自由"来阐释中国哲学兴盛和衰败的历史原因。第三，进一步扩大对于西学概念、框架的借用，将宇宙论、本体论、人生观、宗教观、伦理说等，直接移植到中国思想的分析上。因此，如葛兆光所言："这一分析和评价背后都是'西方知识'作为背景，以'西方哲学'作为比较而立论的。"[②]这样的中国哲学史建构，背后贯穿着实证主义的精神，对研究对象持怀疑和批评态度的立场更为强烈。后来出版的远藤隆吉《中国思想发达史》（1903）、山路爱三《中国思想史》（1906年末1907年初）、宇野哲人《中国哲学史讲话》（1914），都具有类似的特征。葛兆光认为，他们打破了按照古代中国经、史、子、集学术分类讨论中国学术与思想的传统，指出不应当把这种历史叙述变成孔、孟、老、庄、杨、墨等学说传记，也不应当把哲学史等同于儒家的历史。由于这些人的工作，传统的"汉学"逐渐过渡到了"中国哲学"，并给后来的哲学史建立了三个基点：一是把视野从"道统"扩展到更大

---

① 以上描述主要参考了严绍璗《日本中国学史稿》，第207—211页。
② 葛兆光《道统、系谱与历史——关于中国思想史脉络的来源与确立》，注22。

的思想世界，二是应当以"哲学"对历史进行脉络化的清理，三是哲学史所叙述的"哲学"，应当或者可以分为宇宙论或本体论、认识论、伦理学。[①]

在中国，中国哲学史的写作也经历了类似的转型，但没有那么曲折。1916年，曾经在日本留学的谢无量写下的中国人的第一部《中国哲学史》，很可能受到过日本此类著作的影响，也是按照"上古哲学史""中古哲学史"和"近世哲学史"，来描述从"邃古哲学之渊源"直到清代"戴东元、彭尺木"的思想变迁，但这个新瓶基本上装的也是旧酒，即只是在上述框架中把一个个思想家或思想现象塞了进去，基本上还是过去学案式的整理方式。葛兆光认为他把过去的"儒家道统"与"哲学史"接了起来[②]，因此虽有转型之功，但还是极为粗糙的。

今天我们公认第一部真正的《中国哲学史》，是胡适的《中国哲学史大纲》上卷。之所以可以这样认定，前述蔡元培的评价：证明的方法、扼要的手段、平等的眼光、系统的方法，是很有说服力的标准。葛兆光认为胡适创造了一个"典范"，连冯友兰也没有超越的"典范"，即"内容是中国的，形式和概念上是取西方的"[③]。至于"哲学味"更浓的冯友兰的《中国哲学史》，是在"中国历史上各种

---

① 参见葛兆光《道统、系谱与历史——关于中国思想史脉络的来源与确立》。日本学者秋水生在1897年已有这方面明确的意识："盖吾人倡言中国哲学史研究之要，此非徒以编年性排列孔、孟、老、庄、杨、墨诸学说传记，而是寻绎一家之学说，前后之形势，并论及其影响。此即发挥学术进步之必然性，而可称为一般性之系统研究。"（参见秋水生《中国哲學史研究の必要》，《东洋哲学》，1898年第4编第1号）上引秋水生文章的中文译文见严绍璗著《日本中国学史稿》，第198页。关于日本传统汉学向中国哲学"蜕皮"的过程，还可参严绍璗著《日本中国学史稿》，第197—200页。

② 葛兆光《道统、系谱与历史——关于中国思想史脉络的来源与确立》，注33。

③ 葛兆光《道统、系谱与历史——关于中国思想史脉络的来源与确立》。

学问中，将其可以西洋所谓哲学名之者，选出而叙述之"①。葛兆光指出这种"选出"："换句话说，就是按照西洋哲学的长短宽窄，将中国思想截长续短，换句话说，就是以西方哲学的'三大部'即宇宙论、人生论、知识论，把中国数据拆零再装，然后整编出可以对应西洋哲学史的历史，至于不能以西洋哲学名之者，不能与西洋哲学史匹配者，当然就无法'选出'而纳入哲学史中了。"②

总之，无论日本还是中国，"哲学"都是舶来品。在此，我无法对何谓"哲学"做出准确的定义和评价，这也不是本文所要做的工作。我想指出的是，在特定的历史情境下，例如在日本的 19 世纪末、20 世纪初，中国的 20 世纪初，"哲学"框架下的中国思想研究曾经呈现出怎样一种面貌，从这个角度看，如前述小柳司气太所言"用西洋的科学方法，谋历史地、批评地系统化中国哲学"，前述葛兆光所言"内容是中国的，形式和概念上是取西方的"就是一种比较普遍的状态，如果说用这个标准来衡量，那么，内田周平的《中国哲学史》显然是不够"哲学"的。但如下文所要论述的那样，这种"哲学"的态度和方法是否就一定完全合理、科学？恐怕未必。

三、内田周平的汉学研究是否不"科学"

如前所述，后来内田周平没有让自己"哲学味"越来越浓，从而写出一部更为系统的《中国哲学史》来。相反，他在领了一下风骚之后，开始大步地向后退，一头扎进了始创于江户时代的崎门学派的怀抱，立志成为一名朱子学者，这样的转变过程是值得

---

① 冯友兰《中国哲学史》（上册），第 1—3 页，中华书局 1984 年版。
② 葛兆光《道统、系谱与历史——关于中国思想史脉络的来源与确立》。

我们关注的。后世多将其视为"汉学者"，在其外甥竹山道雄看来：
"内田的汉学研究方法无非是传统汉学的'非科学'性方法。内田
在学校或私塾的教学，基本上可能也是属于老派的讲授方式。"[1]在
与井上哲次郎的论战中，井上哲次郎一上来，就以一种教训的口
气斥责内田周平："可惜的是，你长期从事汉学研究的结果是完全
陷入了中国人的圈套中，自己却没有自觉，诚如吸鸦片的人，渐
渐丧失自觉力。""把中国人的世界当作了唯一真实的世界。"[2]这样
看来，似乎内田周平是一位逆历史潮流而动，不愿随时代一同进
步的人。然而，事实上，内田周平并不反对科学的方法，他说过：
"以训诂与考证为主的历来的儒学之教，实在是不得要领之学，几
乎都是无用之学。我们在探讨问题时，需要尽量用西方哲学式的
解释方法。但现在很多讲儒学的博士却以训诂考证为主，真不知
他们为何如此思考。"[3]那么，为什么内田周平会被视作守旧的、不
"科学"的人呢？答案可能有两种，第一，内田周平虽有这样的认
识，但在具体研究过程中，仍然坚守崎门学派的规矩，并且认为
自己的研究方法和西方哲学式的解释方法是一致的。第二，这只
是内田周平言不由衷的套话，实际上他并不愿意与时俱进，在内
心拒绝西方哲学式的解释方法。由于缺少数据，我们很难准确把
握内田周平一生的心路历程和学术轨迹。然而，通过对内田周平
已有的研究，通过内田周平一生中两次与井上哲次郎的冲突，我
们可以得出这样的结论，即内田周平虽然看似是一个有着强烈护

[1] 藤井伦明《被遗忘的汉学者：近代日本崎门朱子学者学思探析》，第58页。
[2] 井上哲次郎《再ビ性善恶ヲ論ジ併セテ内田周平君ニ答フ》，《哲学会杂志》，
第5册第51号（1891年5月），第868页。中文为笔者所译。
[3] 内田周平《德育問題に就て》，《东洋哲学》，第18编第10号（1911年11月）。
译文转引自藤井伦明《被遗忘的汉学者：近代日本崎门朱子学者学思探析》，第76页。

教意识、坚守崎门学派立场的旧儒，但他的汉学研究，今天看来其实存在很多合理的或者说科学的成分，他和井上哲次郎的冲突，其实是一个坚持汉学研究传统的人，在无法容忍过度西化时的正常反应。因此，上述第一种推测或许更为合理。

通过藤井伦明的研究可知，内田周平并非视野狭隘的人，例如他对东西方各种思想做过系统整理、归类：

> 老学家：有出于无，以无为道。
> 神学家：物生于神，以神为道。
> 仁斋家：性即气，以神为道。
> 唯物家：物即力，以力为道。
> 功利家：利本于众情，众情为道。
> 徂徕家：道作于先王，先王为道。
> 凡神家：神物一体，以神为道。
> 宋学家：理气一体，以理为道。

老学家指的是道家，神学家指的是基督教，仁斋家指的是日本近世思想家伊藤仁斋的学问，唯物家指的是唯物论者，功利家指的是功利主义者，徂徕家指的是日本近世思想家获生徂徕的学问，凡神家指的是包括佛教在内的宗教信仰，宋学家指的是以朱子为代表的宋儒。内田周平当然坚持的是宋儒立场，但这不是自说自话，而是建立在比较和分析之上，因此有其合理的成分。"内田认为宋儒在人类思想发展史上的贡献，就是从'气'中发现作为普遍法则的形上之'理'，而宋学比其他思想优越的地方也就在此'理'的探究和体会。对内田而言，宋儒的穷'理'等于西方哲学的'求'理的态度，也符合今日愈益发展的科学立场。"①

再来看他对"一气""阴阳""五行""天地""万物""人心""鬼神"关系的理解，内田做了如下的整理、归类：

阴阳：一气之变。

五行：阴阳之质。

天地：阴阳之体。

万物：阴阳之形。

人心：阴阳之精。

鬼神：阴阳之用。

可见内田虽有自身的立场坚守，但在分析、归类的基础上，对于概念加以条理化、脉络化，这和哲学家们所追求的目标并无区别，具有科学、理性的精神。经过严密的论证，内田将诸子学的本体论归结为"理气二元一体论"。后世的学者安田二郎在其著作中指出朱子的存在论，在一气、二气（阴阳）、五行（质）上的差异，并非次元上的差异，所有存在终究不外乎一气，从气的次元看，宇宙万物是连续的。②日本当代宋明理学大家对此赞不绝口，认为是朱子研究史上划时代的发现。但在藤井伦明看来，安田二郎这些观点，内田早在明治时代已经详细阐明。藤井伦明认为内田宋学理气论，"分析不仅相当深入，论述的脉络也非常明晰，同时其见解也相当正确"，"较之于当时其他学者的朱子学研究……对宋学的分析与解读可谓卓然超群"。③

---

① 藤井伦明《被遗忘的汉学者：近代日本崎门朱子学者学思探析》，第67页。
② 安田二郎《中国近世思想研究》，东京弘文堂1948年版。
③ 藤井伦明《被遗忘的汉学者：近代日本崎门朱子学者学思探析》，第69页。

エト6G25

文學博士井上哲次郎著

日本陽明學派之哲學

東京

合資

會社 冨山房發兌

井上哲次郎《日本阳明学派之哲学》（1900）

然而，可以获得如此高评价的内田周平，为何又被认为是不"科学"、不"哲学"呢？如前所述，内田周平被井上哲次郎斥责为"长期从事汉学研究的结果是完全陷入了中国人的圈套中"①。这里，我们通过对两人间论战的回顾，来看一下井上哲次郎的指责是否合理。

20世纪初期的日本，在中国哲学界，影响力最大的是从德国回来的东京大学教授井上哲次郎，他的地位可与同时期中国的胡适相比，曾经撰写过德川儒学史三部曲，即《日本阳明学派之哲学》（1900年）、《日本古学派之哲学》（1902年）、《日本朱子学派之哲学》（1906年）等书，虽然一生致力于写出一本《东洋哲学史》而未完成，但在当时学界，是公认的能够运用"科学"思维重新整理中国古代思想的第一人。1903年清末学者宋恕到日本，与当时在中国很有影响的南条文雄见面，请教日本学术界的领军人物，南条就告诉他，在哲学方面，"巽轩（井上哲次郎）学问赅博，颇好议论，久留学于德国，今为文科大学长"，而且"通泰西数国之语，兼通印度古语"。而宋恕也说自己曾经读过他的语录，"持论颇能破门户之见"②。

内田和井上二人曾经在《哲学会杂志》上就朱熹的人性论问题展开论争。③关于这场争论，后世多倾向于肯定井上，例如赤冢忠、金谷治、福永光司、山井涌等所编《思想概论》指出，由于中国思想尤其是儒学思想与日本有着非常密切的关系，因此从传统的儒学

---

① 不过有意思的是，以井上哲次郎为代表的"官学体制学派人士"认为自己从事的也是汉学，他们所建立"东亚学术研究会"的机关刊物名称就是《汉学》。
② 参见胡珠生编《宋恕集》（上册），第360页，中华书局1993年版。
③ 这些论文是：井上哲次郎的《性善恶论》（《哲学会杂志》），内田周平的《井上文学士ノ性善恶論ヲ讀ム》（《哲学会杂志》），井上哲次郎的《再ビ性善恶ヲ論ジ併セテ内田周平君ニ答フ》（《哲学会杂志》），内田周平的《井上博士の朱子者に對する無稽の妄斷》（《东洋文化》）。

向自由冷静的现代学术转换非常困难。"1891—1892 年间，在《哲学会杂志》上围绕朱熹哲学解释展开的、护教立场的内田周平与自由研究立场的井上哲次郎之间的争论，正好反映了这种困难。"[1]同样的说法认为："井上哲次郎在 1891—1892 年间与内田周平在《哲学会杂志》上展开的有关朱熹哲学的争论，在某种程度上，促使日本的中国儒学研究走出了护教的窠臼，同时也促使日本当时的中国思想研究走上了很西方的'哲学史'的道路。"[2]也就是说，后人认为，这场争论最终是井上占了上风，而且大大促进了日本中国哲学史研究的进程。

这里我们先来描述一下此次论战的大致情况。井上哲次郎首先在《哲学会杂志》上发表了《性善恶论》一文，此文对儒学史上关于人性善恶的问题做了全面的梳理，其中一个主要观点是：根据朱熹既讲本然之性又讲气质之性，可以认为朱熹是善恶俱有论者，即本然之性是优等之性，气质之性是劣等之性，主张"朱子修德工夫的要点，就在抑制气质之性而返本然之性"[3]。而内田周平则在《井上文學士ノ性善恶論ヲ讀ム》一文中提出反对意见，认为朱子是纯善论者。他虽然同意朱子是二元论者，但坚持朱子所持二元只是本体论意义上的理气二元，而非人性论意义上的善恶二元。本然之性与气质之性不是两种不同的性，理与气是不离不杂的。人性本善和

[1] 赤冢忠、金谷治、福永光司、山井涌编《思想概论·序论》，第 7 页，东京大修馆书店 1967 年版。中文为笔者所译。
[2] 葛兆光《道统、系谱与历史——关于中国思想史脉络的来源与确立》，注 16。作者说这个结论来自町田三郎的《井上哲次郎及其日本汉学的三部著作》（收入连清吉译《明治的汉学家》，第 259—275 页，台北学生书局 2002 年版），但笔者查町田三郎原文《井上哲次郎と漢学三部作》（收入《明治の漢学者たち》，东京研文 1998 年版）和连清吉译文，均无这样的论述，不知何故。
[3] 井上哲次郎《性善恶论》，《哲学会杂志》第 4 册第 48 号，第 693 页。

现实中有恶的现象，有如目、耳的本性是明是聪，却又有盲者聋者一样。因此，程朱并非善恶混有论者，而是继承了孔孟性为纯善的立场。这里，虽然内田周平坚持的是崎门学派强调性善的传统观点，但就朱子思想本身而言，显然这个由内田再次阐述的传统观点要更为深刻，更符合朱子的原意。后来井上哲次郎又撰写了《再ビ性善恶ヲ論ジ併セテ内田周平君ニ答フ》一文加以反驳，但主要是引用西方思想家的观点来证明善恶混有论的优势。在学理上无法驳倒内田的同时，如前所引，井上在文中以"科学"代言人自居，流露出极为傲慢的情绪，用攻击性的话语，骂内田周平："你长期从事汉学研究的结果是完全陷入了中国人的圈套中"，"诚如吸鸦片的人，渐渐丧失自觉力"。井上还说："内田君因为长期从事汉学，所以不懂逻辑，欲分别事物却理路不清，这点与其他汉学者并无差别。""若在欧洲的学术社会，发表这般见解，则可能会被直接送到医院，岂得不谨慎。""若由抱持像内田君那般见解的人来组成日本学术社会，则日本的学问会有退步的可能性，绝对没有进步的可能性。"①从中可以看出，在井上哲次郎那里，学术观点正确与否的主要标准在于是否符合西方的理论和框架，因此是教条式的思维。明治后期，正是日本大踏步西化的时期，过去被尊崇景仰的中国古典被抛在一边，不仅不再成为学习的对象，反而成为需要批判的对象。而从事西学或以西学方式研究中国的人，则是进步的标志，这有点像中国 20 世纪初期"打倒孔家店"时的情景。因此，那时日本汉学者总体上处于弱势，敢于向"立场正确"的井上哲次郎发起挑战是需要勇气的，而论争的结果，即便是内田在学理上更具合理性，也不易被人认同，

① 井上哲次郎《再ビ性善恶ヲ論ジ併セテ内田周平君ニ答フ》，《哲学会杂志》第 5 册第 53 号。译文转引自藤井伦明《被遗忘的汉学者：近代日本崎门朱子学者学思探析》，第 71 页。

反而成为促使日本的中国哲学研究更加西化的一个契机。一百年后，我们以平常公允之心来评判这场争论，正如藤井伦明所言："内田的论述有条有理，非常清楚，堪称完全发挥程朱性论的本旨。""就内田有关宋学方面的理解而言，内田周平比西学的代言人井上哲次郎，更加深入且正确地理解宋学的知识结构。""其对理气论、心性论的分析，即使是现今的学术界，也仍然具有相当的参考价值。"①陈玮芬也认为内田周平批评的关键在于指出井上哲次郎："其论不过是一种西学知识的夸示，缺乏深度。"②

内田周平和井上哲次郎二人后来又有过一次交集。20 世纪初，日本开始出现反对全盘西化、强调维护日本自身传统以巩固皇权的风潮，借助这一风潮，成立了好几所旨在继承发扬优秀历史文化的大学。大东文化大学（当时称大东文化学院）就是其中的一所，内田周平等一些汉学家成为此校的教授，中国古典和日本古典是这些学校学习的重点。由于井上哲次郎有着崇高的社会地位，同时也热心保皇，有段时间他被任命为校长，然而不久即被迫辞职下台，这就是著名的"井上哲次郎不敬事件"。这场冲突，虽然掺杂了一些个人间或团体间的恩怨，但主要性质还是"科学"教育方式和"传统汉学"教育方式之间的矛盾。例如在课程设置和教员安排等问题上，井上哲次郎与汉学家为主体的教授群发生激烈冲突。如大东文化大学设立时的课程表所示，该校本来重视采用传统（如"轮读""轮讲"）方式花大量时间阅读传统经典，而西式的课程与教学方式则被列入参考科目，可见并不非常受重视。当时的教学宗旨是："如果学生没有任何功底则毫无意思。首先要熟读朱子的注释，以此为基础

---

① 藤井伦明《被遗忘的汉学者：近代日本崎门朱子学者学思探析》，第 72、77 页。
② 陈玮芬《近代日本汉学的"关键词"研究：儒学及相关概念的嬗变》，第 238 页，华东师范大学出版社 2008 年版。

再参考折中各家说法。""要提高读书能力，非轮读不可。必须教给学生涉猎诸注，并加以取舍选择的方法。"①井上哲次郎则想用东京大学出身的熟悉西学的教员，削减主要科目和上课时间，增加"参考科目"中的课程和教学时间，排除《古事记》等不可信的史料，废除"轮读"等汉学教育方式。而内田周平等人则坚持留住汉学出身的教员，重视采用传统方式大量读经，认为井上哲次郎的所谓改革，使学生虽然强化了外语和现代思想，但在汉学上却变得浅薄无根，违背了大东文化大学维护发扬汉学的创立宗旨和理念，抹杀了汉学自身的特性，从根本上讲是违背了天皇旨意。所以他们在《东洋文化》杂志及媒体上连篇累牍地攻击井上哲次郎，弄得井上哲次郎最后只能黯然下台。

内田周平等人的口号是建立与维护"醇化皇道与国体的儒学"，其思想与行动与后来为军国主义服务的国民教育有一定的关联，因而容易被认为是落后和守旧的。②相反，井上哲次郎的改革似乎更有"进步"的意义。然而，从古典学自身的特点来看，井上哲次郎的所作所为恰恰动摇了汉学训练的基础，虽然使学生更为接近时代，但实际上无论西学和汉学都很难有所造诣，所以必然引发以传承汉学为职志的学者们的反感。今天的中国，开始越来越强化国学教育，作为必要的训练，其中重要的一环就是强化符合古典学自身特性的教学方法，增加课程的数量，延长古典学的学习时间，使学生尽可能多、尽可能深地理解古典、消化古典。因此，以内田周平为代表

① 三监熊太《大東文化學院紛擾の真相》，转引自浅沼薫奈《井上哲次郎と大東文化學院紛擾—漢學者養成機關における"皇學"論をめぐって—》，《东京大学史纪要》第27号（2009年3月），第40页。中文为笔者所译。
② 关于日本汉学保守的、右翼的一面，沟口雄三有过明确的论述，他指出这是一个过于强调自我的、"以自己为小宇宙"的世界。（参见沟口雄三《方法としての中国》，第160—162页，东京大学出版会1989年版）

的汉学家的理念毋庸置疑是"科学"的。反观 20 世纪初发生于大东
文化大学的那场争论，可以说内田周平等人的行为更为合理。

总之，一百年后，当我们以一颗平常心回顾内田周平的学术研
究，回顾内田和井上哲次郎之间的冲突与论争，不能不承认，他虽
然有维护、坚守崎门学派立场的倾向，但是他的为学方式和学术观
点，未必是充满偏见而无法接受的，相反，他更加尊重古典自身的
脉络，能更加深入、准确地把握古典的义涵。通过和井上哲次郎的
比较，我们认为，内田周平的观点更加平实、合理，从这个角度讲
有其"科学"的成分。也就是说，虽然井上哲次郎是当时"哲学"
的代表，但未必一定"科学"，内田周平是"汉学"的代表，未必
就是落后、愚昧的。相反，井上哲次郎对于中国古典的理解显得生
吞活剥，态度也显得更为傲慢。①

四、结语

"学案式""护教式""私塾式""不科学""不哲学"，这就是后
世给内田周平贴上的标签，因此他只能被归为汉学家，被视为落伍
的、与时代格格不入的人。然而，按照西方原理、概念、框架塑造
出来的中国哲学就可以被称为"科学"的成果吗？诚然，理性的精
神、冷静的态度、中立的立场、平等的眼光、推理的头脑、严谨的
分析、系统的叙述、清晰的脉络是"科学"的，但内田周平"汉学"
的研究方式中未必不具有"科学"的精神，"汉学"与"科学"未必

---

① 陈玮芬指出："他试图寻绎东方传统思想中，能够对应西欧哲学思想和伦理学
说的内容，作为自我对'西洋伦理、东洋道德'的实践。但是由于他急于求索彼此
之'同'，往往忽视了思想的异质，论述常流于概念的互相代换。"（参见陈玮芬《近
代日本汉学的"关键词"研究：儒学及相关概念的嬗变》，第 242 页）

对立。而强调西学先行，照搬西方的理念、框架，以此对古典做出断章取义、削足适履、乱贴标签、牵强附会式的研究，反而有可能不"科学"。日本的汉学家虽然在明治维新以后遭受打压，出路艰难，但并没有在西学的冲击下溃散，而是作为一股强大的势力，有自己的坚守。他们强烈反对过度西化对汉学的冲击，强烈反对简单的对比与拼凑，遇到合适的历史机遇，他们会重新集结，以图复活和光大。内田周平和井上哲次郎之间的纠葛，正是"汉学"与"哲学"之间势力消长的生动反映。事实上，虽然20世纪前后，日本出现了大量的西学背景下的中国哲学史、思想史，然而，后来这种现象并没有持续下去，那些从事中国哲学研究的人似乎对高度整合的、全面系统的哲学史建构保持高度的警惕，[1]评价较高的狩野直喜的《中国哲学史》，在汉学和哲学两方面都得到认可，他的学术实际上是日本汉学与哲学两大势力融合的产物，是将训诂校勘和西方的科学分析结合得比较好的典范。在他主持京都大学"中国哲学讲座"期间，他把"中国哲学"解释为"中国古典学"。在中国，胡适西学背景下的《中国哲学史大纲》问世之后，马上就出现了钟泰等人回归古典的《中国哲学史》，反对以西式知识论和逻辑法肢解中国古典，反对以西方学术术语"强为比附"中国哲学，在21世纪初，则有"中国哲学合法性"的大讨论。这在某种意义上说，也是"汉学"（在中国，更多称为"国学"或"古典学"）与"哲学"势力消长在中国的反映。当然，这不是对"汉学"的简单回归，对于"汉学"研究方式的局限也必然要加以克服和超越，但既然"强为比附"的"哲学"研究方式不再强势，对过去不那么受重视的"汉学"的

---

[1] 还有一条来自西学的路线，也对"中国哲学"概念持否定的态度。例如持马克思主义立场的小岛佑马就将其书称为《中国思想史》，不用哲学的名称。

价值加以重新考察就显得十分必要。所以。今天我们重新审视和评价内田周平的学术观点以及他和井上哲次郎之间的关系，就有着不同寻常的意义。

刘晓峰

　　男，吉林省吉林市人。清华大学历史系教授，日本京都大学文学博士。中国民俗学会常务理事、副秘书长，中国日本史学会常务理事、古代史专业委员会会长，北京市中日文化交流史研究会副会长。主要从事日本史、中日文化交流史的研究，同时对东亚地区时间文化有精深的研究。著有《古代日本における中国年中行事の受容》《清明节》《东亚的时间——岁时文化的比较研究》《日本的面孔》《端午》等著作。

日本天皇践祚大尝祭与中国文化

一、导语

　　"日本天皇践祚大尝祭与中国文化"是一个当代性很强的话题，因为就在上个月（2019 年 11 月）日本刚刚举行过这个仪式。所谓"践祚大尝祭"（简称"大尝祭"）是每一任日本天皇获得神格和维持神性最为重要的仪式。古代天皇继位要经过三个程序：首先是立即举行的践祚仪式，盖国不可一日无君，践祚以定名分；其次是即位仪式，通过盛大的朝仪来宣示和确认君臣从属关系，此时，在政治层面上新的政治秩序已经形成；一般的朝廷到这里继位也就完成了，但是在日本不行，日本的天皇还拥有一个特殊的身份，他是一个活着的神，日本称之为"现人神"，上一任天皇神的身份要传达至新的天皇，就需要通过最后一个最特殊也最为神圣的环节，也就

大尝祭

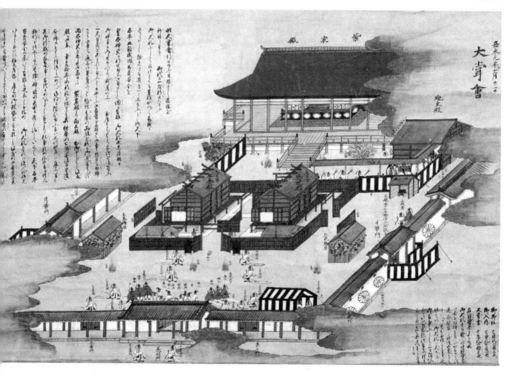

是我今天要讲的赋予天皇神圣属性的践祚大尝祭来完成。

大尝祭作为一代天皇治世最大的盛仪，地位非常特殊。没有经历过这一仪式的天皇如仲恭天皇，甚至被看成是不完整的"半帝"。有关大尝祭的重要性，我们可以从文献上获得依据。如从《延喜式》"四时祭事"条中可以清楚地看到：

> 凡践祚大尝祭为大祀。祈年、月次、神尝、新尝、贺茂等为中祀。大忌、风神、镇花、三枝、相尝、镇魂、镇火、道飨、园韩、松尾、平野、春日、大原野等祭为小祀。

大尝祭在所有祭祀活动中占有突出的特殊地位。关于大尝祭作为国家最高祭祀的描述，还可以参考《养老令·衣服令》。从天皇所着服装看，作为大祀的大尝祭，和每年年初的元日一起被排在最高的地位。

在日本古代，大尝祭不仅地位突出，且性质特殊。《令集解·职员令》"神祇官"条在规定神祇官执掌祭祀时，只具体列举了两个祭祀，即镇魂祭和大尝祭，足见其对于这两个祭祀活动的重视。对镇魂祭和大尝祭，当时的明法师赞在释令时明确指出：

> 既入祭祀之例，然所以别显者，祭祀之中，此祭犹重，故别显耳。

就这两个祭祀的重要性，《令集解》以问答的形式做了解释：

> 问：案《神祇令》，大尝、镇魂既在常典之中，而此重载，其义何如？

答：凡祭祀之兴，祈禳为本，祈禳所科，率土共赖。唯此两祭，是殊为人主，不及群庶，既为有司之慇懃，故别起之。

"殊为人主，不及群庶"是日本律令制时代大尝祭的特殊性所在。大尝祭不同于其他的岁时祭祀活动之处，正在于它是服务于并且只服务于天皇的神圣祭祀活动，是天皇拥有神格和维持与神关系的最为直接的重要仪式，也是我们深入了解日本文化的关节点，具有非常重要的研究意义。

多年来我从事岁时与节日的研究。节日与平常的日子有什么区别呢？从物理学上讲它们并无差别，都是二十四小时。但是节日那一天人们会做一些特殊的事情，以此赋予其特殊的意义。所谓"天地不仁，以万物为刍狗"，人类无法主宰大自然的运转，日升月落并不以人类的意志为转移，但是人可以赋予它们意义。那么根据什么来赋予它们意义呢？一般来讲，是要选择大的自然转换期，找到重要的变化点。譬如过年便是一年的开始、一个月的开始、新的一年里第一天的开始，过年因其代表三个"开始"而成为一个特殊的时间点。大年三十需守岁，就是为了在第一时间进入年的开始、月的开始、日的开始，这样，过年这一天这个区间就被特殊化了，人们在这一天所做的每一件事情，在这个空间和时间里具有了神圣的意味和巨大的象征性，在未来的时间里万事的运转都与这一天息息相关。如此，物理学上完全相等的时间因为人赋予其意义与文化而截然不同。大尝祭的本质，也是创造一个特殊时间与特殊空间的组合。

有关大尝祭的研究，日本有非常深厚的学术积累。相关研究可以 1945 年日本战败为线分为前后两个时期。前期主要代表人物是柳田国男和折口信夫。柳田国男认为大尝祭对日本文化意义重大。他亲身经历了大正和昭和两代天皇的大尝祭，特别关注大尝祭仪式细节的新旧更替。在他看来，郑重地维持古老的祭祀传统固然重要，但各种近代因素融入仪式也是必然的。因为新旧要素的消长将决定未来大尝祭的面貌，所以大尝祭一方面要积极汲取科学的进化论精神，同时应对日本"思想生活的过去、现在、未来有深切同情之研究"。出于对大尝祭秘仪的尊重，他认为不可以随便书写议论具体仪式，所以未做深入分析。折口信夫关于大尝祭的研究则主要集中于昭和天皇即位后举行的大尝祭，所著《大尝祭的本义》最有代表性。折口信夫从日本古代神话和民俗文化传统入手，直接关注大尝祭中"天皇灵"的存在。他以"假说"的形式提出了大尝祭中的"衾被"与古代神话中的"真床覆衾"相关联，从镇魂祭开始的一系列祭祀活动，都是"复活镇魂"，是围绕"天皇灵"如何进入新天皇身体的复活仪式。

二战结束后，日本整个社会思想环境发生了巨大改变，大尝祭研究也出现了新局面。第一是折口信夫学说的正统化和权威化。柳田国男在《稻之产屋》中讨论了大尝祭的本义，认为大尝祭源于新尝祭，并与日本古老的稻作文化传统密切关联，但他对大尝祭的本质并没有深入讨论，因此其影响有限。而折口信夫提出的假说经过近代神道史学权威宫地直一在东京大学讲坛的诠释，战后得到早川庄八和井上光贞等东京大学一派历史学者的赞同，成为解释大尝祭秘仪的正统论述。此外，西乡信纲从日本古代文学领域，宫田登从日本民俗学领域，也对折口信夫的学说进行了深入阐释。时至今日，折口的假说已被视作定论出现在许多学者的论述中，拥有巨大的影响力。第二是以明仁天皇即位为契机，各领域的学者纷纷从自己的研究领域对大尝祭展开研究，取得了非常丰富的成果。例如，泷川政次郎的《律令与大尝祭》以史学方法对天皇即位的相关即位式、大尝祭、仁王会和八十岛祭等进行了研究，谷川健一从神话学与民俗学角度对大尝祭进行了研究，平野孝国利用结构主义方法对大尝祭结构展开分析，这些研究使得大尝祭在不同层次、不同角度获得了深入讨论。第三是大尝祭相关资料的整理和出版方面的成果。鸟越宪三郎依据中臣氏后裔所保存史料对大尝祭仪式进行了复原，神宫文库则编辑出版了大型资料集《即位之礼与大尝祭——资料编》。冈田精司堪称日本学界在大尝祭研究领域最权威的学者，相关著述颇多。他对折口信夫关于"真床覆衾"与"天皇灵"的假说持批判态度，认为大尝祭来自新尝祭，都是以天皇亲祭的形式与神共食，否定折口信夫所称"真床覆衾"秘仪的存在。

中国学者中对大尝祭研究贡献最为突出的是王秀文教授，他发表的《大尝祭的文化背景及其含义》以平实的行文较为全面地介绍了大尝祭产生的历史背景，并以折口信夫的假说为基础对大尝祭与"天皇灵"和日本神话的关联做了比较详细的解说。李红、秦礼君所著《日本天皇即位仪式"大尝祭"的历史演变与社会分析》从新尝祭到大尝祭的历史演变入手，分析了大尝祭在日本的演变过程。上述研究对我们进一步认识大尝祭都有非常重要的意义，但其局限性也是非常明显的。首先，大多数日本学者将大尝祭看成传统日本神道文化的核心，对仪式中存在的中国要素缺乏关注和深入研究；其次，从我长期从事东亚地区时间体系研究的视角来看，对大尝祭仪式内部的时间结构的分析也有待进一步展开。有鉴于此，我尝试结合历史学、神话学、民俗学等多学科知识对日本古神道重要的祭祀仪式"践祚大尝祭"展开研究，重点考察古代日本天皇如何获得作为"现人神"神格的传承，并解读"天羽衣神浴""真床覆衾"和"神共食"等仪式环节，分析仪式内在的时间循环结构与背后的神话学支撑，借此寻找日本文化特质之所在，并探讨中国古代文化对日本古神道的深刻影响。

二、大尝祭的时间结构

关于举行大尝祭的时间，日本古代律令有明确规定。《养老令·杂令》的记载为：

> 正月一日、七日、十六日、三月三日、五月五日、七月七日、十一月大尝日，皆为节日，其普赐，临时听敕。

关于十一月大尝日，《养老令·神祇令》又载：

> 仲冬上卯相尝祭、寅日镇魂祭，下卯大尝祭。

值得注意的是大尝祭于仲冬十一月的卯日举办。按循《大宝令》《养老令》等有关大尝祭的相关条文规定，大尝祭可分为两种，即每位天皇继位后只举行一次的大尝祭（通称"践祚大尝祭"）和每年举行一次的大尝祭。关于举行大尝祭的时间，成书于日本贞观年间（859—877）的《仪式》记载：如果天皇是七月以前继位，即位后只举行一次的大尝祭安排在当年的十一月，如果是七月以后继位的，则安排在第二年的十一月。而每年举行一次的大尝祭，一般安排在十一月的下卯日举行。整个践祚大尝祭是连续举行五天的大型祭祀仪式，主要由寅日的镇魂祭、卯日到辰日的大尝之仪与悠纪节会、巳日的主基节会、午日的丰明节会等组成。《贞观仪式》《延喜式》《江家次第》等记录古代日本仪式的经典书籍对大尝祭的仪式内容均有详细的记录。从天皇即位当年四月开始就进入大型祭祀活动的准备期，四月先要占卜确定使用两个地方的稻米，在祭祀时将分别用于悠纪殿和主基殿，所以称为"悠纪之国"和"主基之国"；

八月要举行大祓以除不净；九月遣使于悠纪之田与主基之田拔穗；十月天皇御禊示敬；十一月营设大尝宫殿毕，进入大尝祭。至于其具体的祭祀内容，大致可概括为三个组成部分：（1）为天皇镇魂：寅日的镇魂祭；（2）大尝仪式：卯日戌刻（晚八点）后到辰日寅刻（晨四点）之间的大尝之仪；（3）盛大的庆祝仪式（由辰日卯刻开始到午日的丰明节会为止）。镇魂祭是为即将到来的大尝祭所做的前期预备仪式。《令集解》对此解释为：

> 镇，殿也。人阳气曰魂，魂，运也。阴气曰魄，魄，白也。然则召复离游之运白，令镇身体之中腹。故曰镇魂。

冬至月是一年中日照时间最短的日子，古人认为这也是太阳力量最弱的阶段。自诩太阳神后裔的天皇的魂魄也处于危机中，镇魂祭正是为此而设。由辰日悠纪节会、巳日的主基节会、午日的丰明节会等组成的盛大庆祝仪式，既有庆祝之意，也是重要的臣服仪式。限于时间，这里不就镇魂祭和庆祝仪式部分展开叙述，只集中分析大尝祭最为核心的部分，即在使用黑木（带皮的圆木）建造的大尝宫中举行的大尝仪式。

大尝宫是专门为举行大尝祭而搭建的宫殿。由东殿悠纪殿和西殿主基殿组成，东西两殿之北设有回立殿，并敷设从回立殿通往悠纪殿和主基殿的回廊。两殿中分别设有神座、御衾、坂枕，新天皇于卯日深夜到辰日早晨在此宫殿之中行大尝祭秘仪。其先后次第为：卯日戌刻天皇进入回立殿，着天羽衣神浴后亥刻进入悠纪殿与神共食，并行"真床覆衾"仪式；子刻前，回御回立殿；子时过后，再度于回立殿着天羽衣神浴后，于丑刻进入主基殿与神共食，并行"真床覆衾"仪式。这里的"天羽衣神浴""神共食"以及"真床覆衾"，无疑是天皇神格传承的三个最关键仪式环节。经过这一仪式之后，已故的天皇神圣的皇灵被认为已经传递给了新任天皇。怎么来更好地理解大尝祭呢？大家可以联想一下日本的公司职员，当他结束一整天繁忙的工作回家以后需要干些什么呢？吃个饭、洗个澡、睡一觉，再开启第二天的战斗对不对？老天皇到新天皇的转化实际上也是这三件事，这三件事也就是大尝祭的核心，这三件事是日常的，但是被赋予特殊的意义之后变得非日常了。

尽管大尝祭这一仪式的许多细节还有待进一步考证，但大尝祭的时间结构依旧为我们理解这一仪式提供了非常重要的启示。大尝祭的时间结构最引人注目的是，第一次卯日戌刻开始从回立殿到悠纪殿举行的仪式与第二次辰日丑刻从回立殿到主基殿举行的仪式之间，间隔着一日阴阳转换的子时。参阅诸家有职故实典籍可知，悠纪殿和主基殿的仪式次第基本类似，但是这其中一日时间的阴阳转换，代表着一日的结束到一日的开始，所以互相重复的两个仪式中蕴含了完全不同的意义。发生在悠纪殿的仪式意味着旧循环的结束，而主基殿的仪式意味着新循环的完成。只有将时间轴放到这个仪式之中去思考，我们才可能看清楚践祚大尝祭的核心所在——用空间的展示形式，模拟宇宙中时间的阴阳转化。

大尝祭是以太阳神信仰为核心，依托中国和日本的古代神话为背景建构起来的神道仪式。在大尝祭这一仪式中，"天羽衣神浴""神共食"和"真床覆衾"等具体的仪式环节，都有很深含义。正如从事仪式学研究的学者们所指出的那样，仪式的神圣性与象征意义，通常来自古老的神话与传说。先民在自己的信仰生活中，会周期性地反复模拟这些神话传说的细节。中国与日本的古代神话，实际上都对大尝祭仪式起了重要的支撑作用。以下分别对"天羽衣神浴""神共食"以及"真床覆衾"等三个仪式环节进行分析。

大尝祭中天皇所着御袍

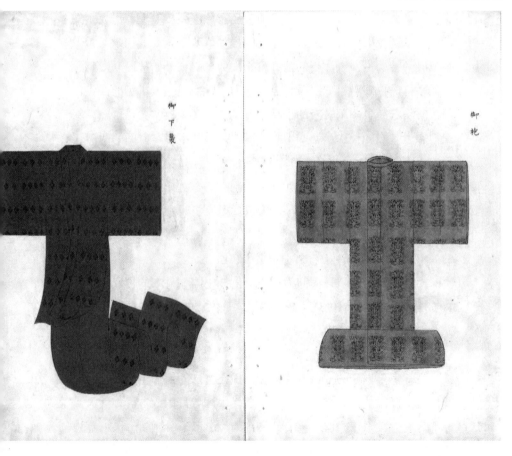

三、"天羽衣神浴"的仪式解读与文化来源

在大尝祭中,天皇进入悠纪殿和主基殿前,都有一个"天羽衣神浴"仪式。对这个仪式的具体过程,《江家次第》十五记载:

> 《仁和记》御东方小床,着天羽衣供御汤了。御中央御帖。次西方供御装束。《治历长元御记》:乍著天羽衣,入令下御桧给,又以一领奉拭云云。

此外,《西宫记》卷十一也有明确记载:

> 主殿供御汤(注云:以大锷沸御汤,两国进船,天皇著天羽衣浴之如常)。

这些记载都描述了一个祭祀环节:在大尝祭祭祀活动中,天皇要着天羽衣而神浴。这是大尝祭仪式中重要而难解的一个部分。这一神浴的仪式过程因为身着女装"天羽衣"而显得非常特殊。民俗学的学者们早就注意到日本流行的"天鹅处女"的传说故事。此类故事在成书非常早的《风土记》中多有记载。

在日本流传的"天羽衣传说"中,《竹取物语》中描述的辉夜姬故事最广为人知。故事中迎接辉夜姬的天人拿了两只箱子,一只盛着天羽衣,另外一只盛着不死的灵药。当天人让辉夜姬饮长生不死药、穿天羽衣时,辉夜姬说穿上这件天羽衣,心情会完全转变,所以要先留信件于人间。关于天羽衣,这里交代得非常明确,即穿上天羽衣就能忘记一切忧患。所以当天人把天羽衣披在辉夜姬身上

后，辉夜姬便不再想起老翁和悲哀等事。这则传说告诉我们：天羽衣与天上世界相连。穿天羽衣是形的变身，且一旦着衣也会带来心意的变化。日本学者围绕《竹取物语》中天羽衣的分析，对我们解读"天羽衣神浴"具有非常重要的参考意义。分析"天羽衣传说"可以推想，在天皇穿上女装天羽衣的瞬间，从仪式意义上，天皇已经进入了一个超脱凡俗的神圣境界。

问题在于新天皇进入悠纪殿和主基殿前，先后要经历两次着天羽衣洗浴仪式，我们应该如何解读这一仪式呢？折口信夫从性的禁忌与开放的角度做过解读。他认为着天羽衣沐浴是一种解除"秽"的仪式。天羽衣和古代的褌（kūn）（兜裆布）是相关的，带有禁欲的意义，而着天羽衣神浴的"解放"过程，一直是处女在身边服务，这是一个打开禁欲且带有"性的解放"意义的过程，是"圣婚仪式"。这就是饱受神道学者批判的著名的"神婚说"。

我认为"天羽衣神浴"仪式，存在着可以利用中国古代神话的文化资源进行再解读的空间。古代中国广为流传着太阳与汤谷的神话传说，这很可能是"天羽衣神浴"仪式制定者曾参考过的文化资源。

汤谷，传说为羲和浴日之所。《山海经·海外东经》载：

> 下有汤谷。汤谷上有扶桑，十日所浴，在黑齿北。

这条汤谷，被认为是太阳沉落并经过洗浴后重新升起的地方。在中国古代神话中，太阳入浴又和神鸟有直接联系。《山海经·大荒东经》载：

> 大荒之中，有山名曰孽摇頵（jūn）羝，上有扶木，柱三百里，其叶如芥。有谷曰温源谷。汤谷上有扶木，一日方至，一

日方出，皆载于乌。

这是东亚地区最早对太阳神话的记载。关于太阳神话传说，相关的异闻还掺杂见于他处。如《山海经·大荒南经》云："东南海之外，甘水之间，有羲和之国，有女子名曰羲和，方浴日于甘渊。羲和者，帝俊之妻，生十日。"据此可知日有十日，为帝俊之妻羲和所生。又比如《尚书·尧典》记载羲和寓于嵎夷："乃命羲和，钦若昊天，历象日月星辰，敬授人时。分命羲仲，宅嵎夷，曰旸谷。"孔安国对此加注"东夷之地称嵎夷"，是古人认为汤谷乃东夷之地。将上述史料记载排列展开比对，从任何一个角度都可以看出，大尝祭着天羽衣神浴、太阳与汤谷的神话传说体系中的太阳、鸟、洗浴以及太阳的复活等内容若合符节。

大尝祭的本质包含了三个层面的时间循环。其一是新老太阳的交替循环，表现为以太阳新旧转换为背景的太阳死亡与复活的模拟仪式。仲冬月是冬至月，而冬至是一年之中太阳变化最为重要的节点。对以冬至为节点的太阳的新旧转换，古人很早就清楚地认识到它所蕴含的阴气之至之时、阳气初至之时和阴阳转换之时的三层含义。今天我们用南回归线和北回归线做出科学解释的冬至，在古代人看来却是充满神秘力量的重大事件，它意味着一个老太阳的死去和一个新太阳的诞生，意味着新旧转换的契机。整个大尝祭仪式，都以太阳死亡与复活为核心点。悠纪殿和主基殿以空间展示方式模拟的正是太阳一死一生的转化。

如果刚刚所讲对"天羽衣神浴"的分析是成立的，那么对整个践祚大尝祭的认识就有一个重新深入讨论的可能。柳田国男认为践祚大尝祭源于新尝祭而重视"神共食"，折口信夫强调"天皇灵"的传递而重视"真床覆衾"的解读。但是我认为践祚大尝祭仪式中的

"天羽衣神浴"才是关键点。因为天皇的太阳神之神性，获得的重要途径就是"天羽衣神浴"。"天羽衣神浴"所模拟的就是"日浴汤谷"，是太阳为了获得力量而回到本初的状态。正因如此，两度"天羽衣神浴"都被安排在整个仪式的起点。经过"天羽衣神浴"从回立殿走出来的天皇，已经具备了神圣的属性。从回立殿走向悠纪殿的道路铺上了白布，天皇走过时，白布上还会随着他的步伐铺下叶荐（菰草席）。天皇走过后，这些用过的叶荐会被马上卷起，并在仪式结束后与大尝宫的其他物品一起烧掉。因为经过"天羽衣神浴"的天皇，已是足不履世尘的神身。至于"神共食"和"真床覆衾"，则是从食与寝两个方面加强了天皇的神性。

四、"真床覆衾"的多重解读

"真床覆衾"在践祚大尝祭仪式中，是最核心的一个环节，也是大尝祭中至今仍没有完全公开的秘仪部分。神座、御衾、坂枕，为"真床覆衾"所设置。这些寝具的存在，让人们对"真床覆衾"产生诸多联想。

折口信夫的"天皇灵传递说"对"真床覆衾"仪式环节做了最有想象力的分析。这一学说集中体现在 1930 年他所发表的《大尝祭的本义》中。他猜想"真床覆衾"仪式存在以衾被卷着新天皇的操作细节，并认为这是对日本"天孙降临"神话中琼琼杵尊被衾被卷着降临人世间的模拟。"天皇灵"是折口信夫学说的核心观念。他认为天皇的神圣在于他的内部被植入"天皇灵"。新天皇接受了"天皇灵"，他才真的完全成为天皇，天皇作为"现人神"才获得真正的复活。"真床覆衾"还包含与"先帝同衾"的观念。新天皇的身体因为与已故天皇覆盖了同一个被衾，所以完成了与"先帝同衾"的接触。这种解释实际上暗含着另一层含义：天皇家世系的传递依靠的并不是血缘，而是超越肉体的灵魂渡越。折口信夫对"真床覆衾"的解读非常富有想象力，对学界产生了非常强大的刺激，其影响至今仍旧存在。

折口信夫之外，还有许多学者从"天孙降临"的神话来解读"真床覆衾"。在日本古代神话中，大国主神让国于来自高天原的神的子孙，此即"天孙降临"。在这个故事中，一开始准备降临的是天照大神的儿子忍穗耳。但在其准备降临的时候，忍穗耳的儿子出生了。于是忍穗耳请求让他的儿子降临。

《日本书纪》的"一书"记载说，忍穗耳的妻子是在降临途中生育了儿子番能迩迩艺命。《日本书纪》还记载说："于时，高皇产灵尊以真床追衾覆盖于皇孙天津彦彦火琼琼杵尊，使降之。"阪下圭八认为这里的"衾"指的应当是包裹胎儿的羊膜，而这个故事是以新王的诞生来模仿新生命的诞生。

我比较赞同古文字学家白川静的观点。他通过对中国古代《周书·顾命》的解读论证，指出古代王的即位仪式就是"授灵继体"的仪式，并特别重视《周书·顾命》中出现的"兹既受命，还出缀衣于庭"这一细节。如《闵予小子》一诗中"念兹皇祖，陟降庭止"所言，王灵的承继就在庭中。他不同意过去将缀衣解释为小敛大敛之衣或帷幄、帷帐，而认为"出缀衣于庭"的次日周成王去世，所以他的王灵应当已经存于衣中。七日癸酉，将此衣与黼扆（fǔ yǐ）共同陈设而出，正是为了王灵的承继。日本古代大尝祭的"真床覆衾"与此是同等性质的。"真床覆衾"的衾是死去天皇的旧物，其上寄宿着皇灵。大尝祭的仪式，是将新尝新谷的仪式和天皇授灵继体叠加到一起。大尝祭的悠纪殿和主基殿之所以在仪式结束后就要撤掉，就是因为这两个殿是先皇和新皇之间皇灵授受的临时场所，与《周书·顾命》中的黼扆具有同样的意义。可以说大尝祭的皇灵授受，与中国西周时代的王位继承是一脉相承的。

上述是学界围绕"真床覆衾"比较具有代表性的三种观点。必须指出的是，围绕这一问题的讨论还有很多。"真床覆衾"环节是大尝祭的核心，直接关乎"现人神"的天皇个体生命的循环——在已故的天皇和新继位的天皇之间，实现新老循环转换是根本所在。尽管我们没有办法知道这一仪式中的更多具体细节，但其被置于皇灵传递的核心地位给我们提供了非常重要的提示。"真床覆衾"环节与古人对睡眠的认识也有关联。在今后的研究中，除了沿着弗雷泽《金枝》中所阐释的"触染律"视角对这一问题进行探究之外，古人如何认识清醒与沉睡以及两者之间的转换也应当放入研究视野。因为入睡和醒来，实际上是一个进与出的过程。这与日本古代神话"天石窟传说"中天照大神躲到天之岩屋中和从岩屋中走出的过程有相似性，其本质依然是太阳死亡与复活的模拟仪式。作为"现人神"的天皇，正是经过了一进一出的过程才完成了个体生命的神圣循环。

五、"神共食"的仪式分析

"神共食"也是大尝祭仪式中重要的三个环节之一。《宫主秘事口传》记载：

> 大尝会者，神膳之供进之第一之大事也。秘事也。

在大尝祭仪式中，卯日在悠纪殿经过"天羽衣神浴"仪式后，辰日在主基殿经过"天羽衣神浴"仪式后，天皇都要与神共食。按照古代记录，这两度进食仪式中，都要为天皇和冥冥之中的神灵准备好三副筷子。

在这两度名副其实的"神共食"的仪式中，神膳的核心，是前述为践祚大尝祭用龟卜法确定下的悠纪之国和主基之国专门用来祭祀的斋田里栽培养育的祭祀用新稻。不仅整个祭祀过程中食用的米使用新稻，而且在神事到来之前准备的神酒，其酿制原料也是这种特殊的新稻。那么，这些特殊的稻米，究竟在仪式中被赋予了怎样的意义，稻米对于日本又有着怎样的意义？

在日本古代神话中，水稻本非人间所有。《古事记》记载，须佐之男命从高天原被驱出之时，曾向大气都比卖神讨要食物。见到大气都比卖神从鼻孔和肛门里抠出食物，须佐之男命非常愤怒，杀掉了大气都比卖神。被杀死的大气都比卖神"于头生蚕，于二目生稻种，于二耳生粟，于鼻生小豆，于阴生麦，于尻生大豆"。《日本书纪》则明确记载水稻乃是来自高天原：

伊奘诺尊敕任三子曰："天照太神者，可以御高天之原也。月夜见尊者，可以配日而知天事也。素戋鸣尊者，可以御沧海之原也。"既而天照大神在于天上曰："闻苇原中国有保食神，宜尔月夜见尊就候之。"月夜见尊受敕而降，已到于保食神许。保食神乃回首向国，则自口出饭；又向海，则鳍广鳍狭亦自口出；又向山，则毛粗毛柔亦自口出。夫品物悉备，贮之百机而飨之。是时月夜见尊忿然作色曰："秽哉。鄙矣。宁可以口吐之物敢养我乎。"乃拔剑击杀，然后复命。具言其事。时天照大神怒甚之曰："汝是恶神，不须相见。"乃与月夜见尊一日一夜隔离而住。是后天照大神复遣天熊人往看之。是时保食神实已死矣。唯有其神之顶，化为牛马。颅上生粟，眉上生蚕，眼中生稗，腹中生稻。阴生麦及大豆小豆。天熊人悉取持去而奉进之。于时天照大神喜之曰："是物者则显见苍生可食而活之也。"乃以粟稗麦豆为陆田种子。以稻为水田种子。又因定天邑君。即以其稻种始殖于天狭田及长田。其秋垂颖八握，莫莫然，甚快也。又口里含蚕，便得抽丝。自此始有养蚕之道焉。

这段神话传说，是日本神话对日月分见于白日与黑夜的解释，也是关于播种五谷与养蚕种桑起源的说明。其中保食神死后化物云云，明显受到盘古神话记事的影响，这已成为神话学研究领域的常识。后来天照大神的孙子下降人世统治苇原中国，稻种被赐给天孙带下人间：

高皇产灵尊因敕曰："吾则起树天津神篱及天津磐境。当为吾孙奉斋矣。汝天儿屋命、太玉命宜持天津神篱。降于苇原中国，亦为吾孙奉斋焉。"乃使二神陪从天忍穗耳尊以降之。是时天照大神手持宝镜，授天忍穗耳尊而祝之曰："吾儿视此宝镜当犹视吾，可与同床共殿以为斋镜。"复敕天儿屋命、太玉命："惟尔二神亦同侍殿内，善为防护。"又敕曰："以吾高天原所御斋庭之穗，亦当御于吾儿。"

正如《日本书纪》中记载水稻出自保食神腹中，与日本人的灵魂认识密切相关一样，天照大神出自伊弉诺尊眼中，而水稻按照《古事记》记载也出生于地母神大气都比卖神双目中，这应该是一个很有意义的巧合。思考为什么从众多的农作物品种中选出水稻作为神膳的核心，除了考虑到水稻种植是弥生时代日本人最主要的农业生产内容的历史背景之外，神话传说为我们提供了理解这一仪式的重要路径——水稻是与日本古代太阳神话关系密切的作物。

要理解"神共食"的意义，我们还需要走进古代世界去理解古人的思维逻辑。巡行和饮馔的行为，在上古都有宣示主权、领有其地的意义。例如成书于 8 世纪前期的《风土记》的记载：

> 粒丘，所以号粒丘者，天日枪命从韩国度来，到于宇头川底，而乞宿处于苇原志举乎，命曰："汝为国主，欲得吾所宿之处。"志举即许海中。尔时客神以剑搅海水而宿之，主神即畏客神之盛行，而先欲占国，巡上到于粒山丘而飧之。于此自口落粒，故号粒丘。其丘小石，皆能似粒。又以杖剌地，即从杖处，寒泉涌出。遂通南北。北寒南温。

这是有名的占国神话。面对新来的外族势力的天日枪命，苇原志举乎采取的应对手段，就是巡行经过和于其处饮馔。所以，这两个行为都有占有其地的意义。大尝祭使用何地的稻米，要经过特殊占卜选出东方的悠纪之国和西方的主基之国。查考天武天皇以来 85 次大尝祭，为占卜选中的悠纪之国和主基之国的所在地基本上是以山城国（今京都南部）为中心分为东西两部，所涉及的悠纪之国和主基之国包括播磨、尾张、远江、备前、备中、三河、越前、伊势、近江、甲斐、丹波、因幡、美浓、但马、美作、安防。这种决定方式最早实际上就是一种以划定食国来确认统治界线的做法。占卜确定了的田地，是这些国所有的田地，所以最后确认下来的斋田里收获的稻米本身就蕴含着代表诸国所产稻米的象征意义。

使用特别栽种的新稻，是大尝祭祭祀活动中最重要的条件，这与古代日本的谷灵信仰密切相关，因此大尝祭实际上也拥有以"新尝"祭神的新尝祭的一面。从时间文化的角度看，践祚大尝祭中使用的新稻，与一年里大地上的春种秋收、时间季节的循环有着直接关系。《仪式》一书中关于天皇践祚大尝祭的时间安排，规定七月以前继位安排在当年的十一月，七月以后继位安排在第二年的十一月。依据我的研究，七月前后的区别，就在于六月与七月之间所存在的界线，一月至六月前半年为阳，七月至十二月后半年为阴。七月以前继位，稻米获得阳气尚盛的太阳照射，所产足可为祭祀所用。七月以后新天皇继位，当年太阳的阳气已衰，所产之稻米，已不足为祭祀所用。践祚大尝祭要在诸国中用龟卜法定下悠纪之国和主基之国，选定斋田并栽培养育好祭祀用的新稻，到了收获季节，还要专门卜定拔穗使收稻归京，用以制作祭品。所有这些规定，都是要保证所使用的来自悠纪之国和主基之国的稻米拥有足够的神圣性质，而这一性质与太阳的循环密切相关。必须使用阳气充足的稻米举行"神共食"仪式，展现了大尝祭与大地四季转换的关联。这看上去是简单的时间划分，实际上是中国古代的阴阳观念进入了这些仪式之中，并对整个仪式的框架结构产生了巨大的影响。

综上所述，大尝祭特别在什么地方呢？首先，是神性，与常人不同，天皇与神同浴、与神同寝、与神同食，整个仪式过程都是充满神性的。其次，是循环，在世界上所有国家举行的传统的神圣仪式中，很少像日本这样，相同一套行为进行两遍，这一点非常特别。为何要做两遍？我认为最关键的就在于"循环"二字，循环是大尝祭最核心的观念。冬至是太阳循环的一个关键点，《孝经》说："至有三义，一者阴极之至，二者阳气始至，三者日行南至，故谓之冬至也。"古代人认为在这一天，老的太阳在死去，新的太阳在诞生，这点在前面也讲到过。当这样一种观念折射到信仰太阳神也就是天照大神的日本一族，他们便十分重视十一月，所以他们选择这个月份举行大尝祭并非偶然，他们看到了大自然循环的一个重要的时间点，这是第一个时间的循环。第二个循环是作为"现人神"的天皇生命的循环。人类生存在这个世界上面临的最大困惑就是，我们每一个人的生命都是一张单程客票，你经历了童年，便永远回不去童年，你走过了青年时代，便再也回不去青年时代，人类从古到今都笼罩在这种悲伤之中，但是大自然一年四季都在循环，天皇虽然被想象为活着的神，但是他拥有人的肉体，因此也同样拥有人的悲哀，要使他超越这种悲哀，使他神圣的生命得以复活，就必须经历老的天皇死去、新的天皇诞生这样一个肉体的循环，而整个大尝祭就是为了实现这种循环所构筑的过渡仪式。第三个循环是大地四季的循环。这一点集中表现在水稻上，从占卜稻田至培育稻米再到收获用作祭祀活动，这整个过程是与春耕秋收、时间季节有直接联系的。所以我认为循环是理解大尝祭最核心的要点，在这之中蕴含了三个层面的循环：太阳的循环、人的循环、大自然的循环。大尝祭的正祭包含了一个循环的结束与一个循环的开始，是宇宙时间的迁移，是阴阳变化的一个空间的展示，这是我最核心的观点。

六、结语

本文主要从大尝祭的"天羽衣神浴""真床覆衾"和"神共食"等三个核心环节入手，分析了大尝祭内含的三种时间循环转换，即以冬至为节点的太阳的新生、大地四季转换中稻米（谷灵）的新生和作为现人神的天皇的个体生命的生死循环，并讨论了三个仪式环节背后的古代文化支撑之所在，从中不仅可以看到日本祭祀习俗与观念在日本古代神话影响下如何具体展开，同时还能看到中国古代神话、阴阳观念、祭祀传统对日本古代祭祀活动的重要影响。如众所知，日本神道是日本民族特有的宗教信仰，是日本文化的重要组成部分。而在历史上，神道的神事不论从内容还是形式上都对日本文化的发展产生过实质性影响。正因如此，很多人都认为神道是日本的国粹，是日本民族固有的宗教信仰。但是，正如今天考察所见，即便是日本神道最为核心的祭祀活动，也同样与中国古代文化有着至深的联系。日本神道与中国文化，无疑是中日文化交流史今后研究的重要课题。

陈泳超

男，江苏常州人。北京大学中文系教授、博士生导师，中国民俗学会副会长。主要研究方向为中国民间文学史、俗文学现代学术史及吴语地区民间文学。发表论文数十篇，有《尧舜传说研究》《中国民间文学研究的现代轨辙》《背过身去的大娘娘：地方民间传说生息的动力学研究》《声教所及》等专著。

"舜子变型"故事在中日两地的流传变异

一、释名

舜孝故事在中国历史上有着非常悠久的传承记录，从其情节结构来说，大致可以分为两大类型。其一以《史记》为代表，记录舜在经历焚廪、淘井等家庭迫害之后，就直接被尧选拔到中央政府开始其政治生涯；另一种则以敦煌《舜子变》为代表，在记述舜经历焚廪、淘井（有时还不止这两次迫害）之后，增加了舜逃离家庭去历山耕作，后来家乡遭灾，舜却在异乡丰收，遂回乡粜米并与父亲相认的情节段落。相对于《史记》的政治关怀，《舜子变》显然更关注舜的家庭生活，具有更充沛的民间文学色彩。本文将重点研究以《舜子变》为代表的这一故事类型。

日本对舜孝故事的研究也很丰富，有些学者习惯将舜孝故事分

帝舜

《历代君臣图像》：舜

为"史记型"和"孝子传型"两类①，后者即指以《舜子变》为代表的类型。日本学者之所以愿意用"孝子传型"来命名，主要是因为在日本发现了两种汉文版本《孝子传》，分别被命名为"阳明本"和"船桥本"，经过吉川幸次郎、西野贞治、黑田彰等学者的研究，大多认为应是中国六朝到唐代流行的《孝子传》的抄本。②而这一时期，各种古本《孝子传》在中国早已失传，现在学者所据读本，是清人茆泮林辑佚的《古孝子传》残本。因此，日本保存至今的这两种《孝子传》版本，就显得非常珍贵，成为很多学者讨论的焦点。

虽然笔者非常尊重日本学者的研究，本文的写作也主要缘于日本汉学成果的激发，但出于敦煌文献本身的题名事实，笔者以为还是采用"舜子变型"比较恰当。

关于敦煌《舜子变》和《孝子传》中舜孝故事的研究，除了敦煌学共有的文献校读基础工作之外，大多数学者都愿意将之与此前典籍中有关舜的事迹勾连起来，进行文献学、主题学等方面的探讨③，其中偏重于民间文学理论背景的论文，则热衷于该故事的神话遗留④、从神话到传说到故事的演变历程⑤以及该故事文本所反

① "史记型"与"孝子传型"的分类命名，缘于增田欣《〈太平记〉的比较文学的研究》一书中《虞舜至孝说话的传承》部分。后多被沿用，如黑田彰《孝子传の研究》一书中《重华外传》部分。
② 参见赵超《日本流传的两种古代〈孝子传〉》，《中国典籍与文化》。
③ 如程毅中《〈舜子变〉与舜子故事的演化》（《程毅中文存》）、张贞海《〈史记·舜本纪〉与敦煌〈舜子变〉之比较研究》（《民俗曲艺》第72期）、贾文鹤《〈舜子变〉故事演变考》（《乐山师范学院学报》第18卷第1期，2003年）等。
④ 如袁珂《关于舜象斗争神话的演变》（《神话论文集》，上海古籍出版社1982年版）、伊藤清司《尧舜禅让传说的真象》（《神与神话》，台北联经出版公司，1988年版）、刘惠萍《敦煌写本〈舜子变〉与舜神话》（台湾《中国古典文学研究》第七期，2002年）等。
⑤ 如刘守华《试论敦煌变文舜子至孝故事的形态演变》（《华中师范大学学报》1991年第4期）、谢明勋《舜子故事源流考论》（台湾《第五届唐代文化学术研讨会论文集》，2000年）、伊藤清司《中国古代典籍与民间故事》（《中国、日本民间文学比较研究》，辽宁大学科研处，1983年）等。

映的口头文学特征①等。它们的共同点是将"舜子变型"故事置于整个舜孝故事甚至虞舜一生事迹的系列中考察，从形态学的立场而言，这些研究是把"舜孝故事"当作一个主题叙事来对待的。本文则将"舜子变型"故事提取出来，设定为一个独立的故事类型，进而研究这一类型在敦煌文献之外的前生后世以及中日传播情况。

二、形态分析

"舜子变型"这一类型故事，以敦煌文献《舜子变》最为详尽，辅以敦煌文书中目前发现的多种抄本《孝子传》我们来概括一个最简单的情节单元表：

> 一、舜父娶后母。
>
> 二、后母设计淘井，父母填以巨石，舜赖神灵救助从东家井中出。
>
> 三、舜去耕种历山，获得丰收。
>
> 四、舜回本州粜米，遇母来籴，舜置钱谷中，暗中资助。
>
> 五、舜父疑之，入市，辨声认舜。
>
> 六、舜舐父目明，母亦聪慧，弟复能言。
>
> 七、全家团圆。

而从类型学的角度，我们还可以将重心放置在其情节基干上，则可以将上述情节单元简化为如下的情节结构：

---

① 如张鸿勋《神圣与世俗：〈舜子变〉的叙事学解读——兼论敦煌变文与口承故事的关系》（《敦煌学》第 25 辑）、刘惠萍《在书面与口头之间——以敦煌写本〈舜子变〉的口承故事性为探讨对象》（《民俗研究》2005 年第 3 期）。

一、舜父在后妻的诱惑下迫害舜，但都没成功。

二、舜逃离家庭，获得意外的福报。父母等遭恶报处于困境中。

三、舜以德报怨解救了父母，家人团聚。

这样一简化，我们就不难发现，即便是最简单的文本，也完全符合这一情节结构，这才是我们将之视为同一故事类型的根本理由。

我们再来将"史记型"的舜故事做一个情节单元表：

一、舜家庭成员（二见）。

二、杀之不得，求之在侧（二见）。

三、耕、陶、渔、作器、就时。

四、尧试以二女九男，皆成。

五、耕、陶、渔之成功与"三年三成"之说。

六、焚廪。

七、掩井。

八、被尧征用，从大臣到摄政直至禅让天下。

九、见父封弟。

将之与"舜子变型"故事比较，明显可以看出其中的差异："史记型"讲述的是舜的个人政治履历，严格说来几乎没有太多的叙事性，家庭故事只是其中的一小部分，是其政治生涯的起点；而"舜子变型"故事是一个完整的家庭故事，其政治生涯可有可无，即便有，也只是最后作为好人好报的奖励事项，这在民间故事的大团圆结局中，是很常见的。二者最让人记住的情节相似点，仅仅是焚廪和淘井两次迫害单元罢了。

三、敦煌文献之外的文献和考古资料

事实上，"舜子变型"故事不是只存在于敦煌文献之中，在此之前已经有很多的片段流传，但过去很长时间里，它们一直被当作"史记型"事迹的异文，而没有被看作一个特殊的故事类型予以关注。拙作《尧舜传说研究》分别从文献和考古两方面钩稽了这一类型故事在敦煌文献之外的相关记录。类似的工作，笔者最近发现日本学者也多有涉及，比如在 1970 年川口久雄发表的《敦煌本舜子变文·董永变文と我が国说话文学》[①]就已经开始关注考古图像资料，可惜那时候一些重要的考古成果还没有面世。黑田彰的《孝子传の研究》《孝子传图の研究》[②]中则有较拙作更为齐备而细致的研究。当然他的工作是面向全部《孝子传》故事而进行的，单就舜孝故事而言，尚未有更新颖的资料出现。本文不再一一罗列这些资料，仅对其中呈现出来的明显与"舜子变型"舜孝故事相关的形态，做进一步的分析。

本文前列"舜子变型"舜孝故事的情节结构有三项，其中第一项是"史记型"和"舜子变型"共有的，不再分说。而第二项，尽管先秦亦多有说舜耕历山、淘河滨、渔雷泽的记载，但只是一个简历式的交代，看不到相应情节，可置不论。故目前所知最早应可上溯到《越绝书》的记载："舜有不孝之行。舜亲父假母，母常杀舜。舜去，耕历山，三年大熟，身自外养，父母皆饥。舜父顽、母嚚（yín）、兄狂、弟傲，舜求为变心易志。舜为瞽瞍子也，瞽瞍欲杀舜，未尝可得；呼而使之，未尝不在侧。"[③]同时，在东汉武梁祠画像中

---

① 日本东方学会编《东方学》第 40 辑，1970 年。
② 黑田彰《孝子传图的研究》，日本汲古书院 2007 年版。
③ 见《越绝书·越绝吴内传》，第 25 页，上海古籍出版社 1985 年版。

舜的题词为："帝舜名重华，耕于历山，外养三年。"[①]这里的"外养三年"一句，似也可以视为《越绝书》所述的相似内容。可见，"舜子变型"故事的第二项情节结构"舜逃离家庭，获得意外的福报。父母等遭恶报处于困境中"，至迟在东汉时期就已经出现了。

再看第三项"舜以德报怨解救了父母，家人团聚"。目前所知最早的记录是宁夏固原北魏墓木棺漆画。据固原县文物工作站《宁夏固原北魏墓清理简报》[②]说，此墓无明确纪年，按其形制等断其时间为北魏，墓中木棺右侧漆画为孝子故事，舜子故事表现尤多，开始部分已毁，现存八幅，均有榜题，依次是：

> 舜后母将火烧屋欲煞（杀）舜时
>
> 使舜□井灌德（得）金钱一枚钱赐□石田（填）时
>
> 舜德（得）急从东家井里出去
>
> 舜父朗萌（盲）去
>
> 舜后母负□□□市上卖
>
> 舜来卖□　应（？）宜米一斗倍德（得）二十
>
> □母父欲□见舜　市上相见
>
> 舜父共舜语　父明即闻时

虽然图文都有残毁不清，但大致已经可以看出，非但情节结构的第三项已经出现，甚至全部故事也已经很明晰了，如果加上奔耕历山的情节，几乎可以等同于上述敦煌文献的《孝子传》原卷。可见，最迟在北魏时期，"舜子变型"故事一定已经完整流传于世了。黑

---

① 容庚《汉武梁祠画像录》，燕京大学考古学社 1936 年版。
② 载《文物》1984 年第 6 期。

田彰在《孝子传图の研究》中也认为"易米开眼"的情节应该形成于 5 世纪以前。[1]

需要说明的是，传为刘向所作《孝子传》有如下文字：

> 舜父有目失，始时微微，至后妻之言，舜有井穴乏。舜父在家贫厄，邑市而居。舜父夜卧，梦见一凤凰，自名为鸡，口衔米以哺己，言鸡为子孙。视之，是凤凰。《黄帝梦书》言之，此子孙当有贵者，舜占犹也。比年籴稻，谷中有钱，舜也。乃三日三夜，仰天自告过，因至是听，常与市者声故二人。舜前舐之，目霍然开，见舜，感伤市人。大圣至孝道所神明矣。[2]

虽然简单，却也基本满足了"舜子变型"故事的全部情节结构。不过因为刘向所著《孝子传》，早期的史志书目均无载，只在《法苑珠林》《太平广记》等书中有所引用[3]，到底是不是刘向所著，现在还不能断定，所以本文并不将它看作是西汉的文字存留。这一文本中的"凤凰梦占"情节非常特殊，在以后的"舜子变型"故事中未再见过。

又，唐代袁天罡所著《真源赋》中，也记到这一类型，据清人李锴《尚史》卷二引录：

---

[1] 黑田彰《孝子传图の研究》，第 730 页。
[2] 见唐代道世所集《法苑珠林》卷四十九《忠孝篇》中"舜子有事父之感"，第 361 页，上海古籍出版社 1991 年版。
[3] 参见熊明《刘向〈列士〉〈列女〉〈孝子〉三传考论》，载《锦州师范学院学报》第 25 卷第 3 期，2003 年 5 月。本文结论与之不尽相同。

舜棠于平阳中，父认之，乃舐其目，目以光明。①

这里的情节没有什么变化，但是将认父的地点坐实在传为尧都的平阳，也是仅此一见的。

上述诸文本中出现了一些敦煌文献中没有的情节，比如《越绝书》中的"兄狂"，似乎多了一个跟象一样因迫害舜而得到恶报的兄长；再比如刘向《孝子传》中的"凤凰梦占"等。其实，即便是敦煌《舜子变》里的一些情节，将之放在整个舜孝故事文献序列里看，也是非常少见的：比如第一次被迫害摘果伤足、舜的妹妹劝阻瞽叟填井、瞽叟觉悟后要杀后母而被舜阻止等，这些都充分证明"舜子变型"故事具有明显的口头传播特征，因为口传叙事文学在情节结构稳定的基础上，各种细节的增添和失落是经常发生的。

最后需要说明的是，这一时期"舜子变型"故事的广泛流传既如上言，但并不表示"史记型"的流传就被淹没取代了，两者应该是并行不悖的。

四、这一类型故事在日本的文献流传

值得关注的是，"舜子变型"故事在日本古代文献中也有大量的记载。这里首先得提到日本现存两种古老的汉文《孝子传》，它们因其收藏之处而被简称为"阳明本"和"船桥本"。这两种《孝子传》各收 45 名孝子，大多为中国唐前人物，日本学者对其传抄年代多有研究，有早到六朝的，也有说中唐以前的，最晚有人认为传抄于日本平安时代末期，即相当于两宋之交。两者之间孰先孰后，也有

---

① 《四库全书》本。

明·仇英《二十四孝图·孝感动天》

争议，详情可参德田进①、川口久雄、增田欣、黑田彰等人的研究，姑不论，且列其原文如下

（甲）"阳明本"

帝舜重花，至孝也。其父瞽瞍，顽愚不别圣贤。用后妇之言而欲煞舜。便使上屋，于下烧之。乃飞下，供养如故。又使治井没井，又欲煞舜。舜乃密知，便作傍穴。父毕以大石填之。舜乃泣东家井出。因投历山，以躬耕种谷。天下大旱，民无收者，唯舜种者大丰。其父填井之后，两目清盲，至市就舜籴米。舜乃以钱还置米中，如是非一。父疑是重花，借人看朽井，子无所见。后又籴米，对在舜前，论贾为毕，父曰："君是何人，而见给鄙，将非我子重花耶？"舜曰："是也。"其来父前，相抱号泣。舜以衣拭父两眼，即开明。所谓为孝之至。尧闻之，妻以二女，授之天子。故《孝经》曰："事父母孝，天地明察，感动乾灵也。"②

（乙）"船桥本"

舜字重华，至孝也。其父瞽叟，愚顽不知凡圣。爰用后妇言，欲杀圣子。舜或上屋，圣取桥。舜直而落如鸟飞。或使堀深井出。舜知其心，先掘傍穴，通之邻家。父以大石填井。舜出傍穴，入游历山。时父填石之后，两目精盲也。舜自耕为

---

① 德田进《孝子说话集の研究——二十四孝を为中心に—》（中世篇），井上书房 1963 年版。
② 幼学の会所编《孝子传注解》，第 285—286 页，东京汲古书院平成十五年（2003）版。有原版照相件。此书展示了阳明本影印件，该书第 24—25 页并附编者之释文。本文先录其释文，再参考原件予以校订，标点符号则为笔者根据本文的体例自改。

事。于时天下大旱，黎庶饥馑，舜稼独茂。于是粜米，之者如市。舜后母来买，然而不知舜。舜不取其直，每度返也。父奇而所引后妇，来至舜所，问曰："君降恩再三，未知有故旧耶？"舜答云："是子舜也。"时父伏地，流涕如雨，高声悔叫，且奇且耻。爰舜以袖拭父涕，而两目即开明也。舜起拜贺。父执子手，千哀千谢。孝养如故，终无变心。天下闻之，莫不嗟叹。圣德无匮，遂践帝位也。①

此后，日本流传关于这一类型舜孝故事的文本还很多，汉文和日文的都有，从故事学的角度来看，形态差异也不甚明显，所以本文仅选取比较重要的几种汉文记录以作例证，也是对自己日文水平的藏拙之举。

（丙）《三教指归》（成安注）所引逸名《孝子传》

《孝子传》云：虞舜字重花，父名瞽叟。叟更娶后妻生象，象敖。舜有孝行，后母疾之，语叟曰："与我杀舜。"叟用后妻之言，遣舜登仓。舜知其心，手持两笠而登。叟等从下放火烧仓。舜开笠飞下。又使舜涛井。舜带银钱五百文，入井中穿泥，取钱上之。父母共拾之。舜于井底凿匿孔，遂通东家井。便仰告父母云："井底钱已尽，愿得出。"爰父下土填井，以一磐石覆之，驱牛践平之。舜从东井出。父坐填井，以两眼失明。亦母顽愚【1】，弟复失音。如此经十余年，家弥贫穷无极。后母负薪、（诣）市易米，值舜粜米于市。舜见之，便以米与之，以钱纳母贷【2】米中而去。叟怪之曰："非我子

---

① 原版见《孝子传注解》，第344—345页，释文见第25—26页。体例同上注。

舜乎？"妻曰："百大【3】井底，大石覆至，以土填之，岂有
活乎？"叟曰："卿将我至市中。"妻牵叟手诣市，见粜米年
少。叟曰："君是何贤人，数见饶益？"舜曰："翁年老故，
以相饶耳。"父识其声，曰："此正似吾子重花声。"舜曰：
"是也。"即前揽父头，失声悲号。以手拭父眼，两目即开。
母亦聪耳，弟复能言。市人见之，莫不悲叹也。《史记》云：
尧老，令舜摄行天子之政。尧知子丹朱不肖，不足授天下。于
是权授舜，则天下得其利，而丹朱病。授丹朱，则天下病，而
丹朱得其利。卒授舜以天下。舜践天子位，是为虞舜。廿以孝
闻，年卅尧举之。在位卅九年也。①

案：【1】"亦母顽愚"，当作"母亦顽愚"。【2】"贷"，理当为"袋"。
【3】"大"，有旁注"丈欤"二字，理当为"丈"。这个文本在前面两
个《孝子传》的基础上，还增加了淘井得银钱、驱牛践踏、舜在外
十年等细节，更加接近敦煌写本《孝子传》原卷。又，黑田彰《孝
子传の研究》中又录《三教指归》觉明注所引《孝子传》的舜孝故
事，正文与此本只有个别词句的差异，只是最后多加了几段古书引
文而已，应该录自同一版本。不过觉明注似乎被认为晚于下文所引
书《普通唱导集》。②

① 《三教指归》（成安注）下卷，"虞舜周文，行之登位"注所引逸名《孝子传》，
该书为大谷大学藏，宽治二年（1088）序，长承二至三年（1133—1134）写。本文
对此文本的介绍和引用，均根据黑田彰《孝子传の研究》一书中《重华外传》部分，
标点为笔者根据本文体例自改。
② 黑田彰《孝子传の研究》一书中《重华外传》，第378—379页。

（丁）《注好选集》上卷"舜父盲明第四十六"

《史记》云：昔吴【1】舜父因后处【2】言，井堕入舜欲杀，以大石埋井。舜兼得其意，从东家井中潜出去，于历山耕。即父母埋井，故两目清盲，母后【3】病【4】痖。经十年，舜从山出来，居市物货。于此舜后母易钱，舜钱返令得直物，即三度时。母怪而报父。父曰："若吾子舜哉。汝将吾可向市。"妻遂将行。舜见父年孝【5】，泣揽子【6】泣。即舜以手拭父渡【7】，两目明。后母能言语也。（《续群书类从》本）①

案：【1】"吴"，原文旁注"虞"，当从。【2】"处"，原文旁注"妇"，当从。【3】"母后"，原文旁注"后母"，不必，原文可通。【4】"病"，原文旁注"瘖"，不必，原文可通。【5】"孝"，原文旁注"老"，当从。【6】"子"，原文旁注"手"，或可从。【7】"渡"，原文旁注"泪"，当从。这个文本词句有点别扭，内容上少了焚廪事，其他与前引诸《孝子传》无甚差别。

（戊）《普通唱导集》孝父篇第一话"重化廪位"

舜帝重花，至孝也。瞽瞍顽愚，不列【1】圣贤。用后妇之意，而欲杀舜。便便【2】上屋，于下烧之。舜乃飞下，供养如故。又使淘井，杀舜。舜已密知，带银钱五百文，作傍穴。父

---

① 本文录自增田欣《〈太平记〉の比较文学的研究》，第137页。据原书介绍，《注好选集》大约成书于正嘉元年（1257）前后。顷承黑田彰先生面告，袁琛博士襄助，得阅今野达《东寺观智院本〈注好选〉管见》，该文据东寺观智院本考证，书名实应为《注好选》，成书年代应早于仁平二年（1152）。见《今野达说话文学论集》，第357页，2008年版。

果以大石填之。舜乃从东家井出。因殁【3】历山，以躬耕种谷。天下大早【4】，民无收者，唯舜种者大丰。其父填井之后，两眼精盲。至市就舜籴米，舜乃以钱还米中，如是非一。父疑是重花，借人看朽井，子无所见。又籴米，对在舜前。论贾未毕，父曰："君是何人，见给墙【5】，时【6】非我子重花乎？"舜："是也。"即来父前，相抱号泣。舜以衣拭两眼，即开明。所谓为孝子之至。尧闻之，妻以二女，授之天子位。《史记》弟【7】一云：虞舜名重花。舜父瞽瞍顽，母嚚，弟象敖，皆欲杀舜。舜顺适不失子道。兄弟孝道。欲杀不可得，即求【8】常在测【9】。①

案：【1】"列"，当为"别"。【2】"便"，原文旁注"使"，当从。【3】"殁"，原文旁注"投"，当从。【4】"早"，原文旁注"旱"，当从。【5】"墙"，原文旁注"鄙"，当从。【6】"时"，疑当作"将"。【7】"弟"，原文旁注"第"，当从。【8】"求"，原文旁注"永"，误，《史记》原文即"求"，改后反不通了。或是原文与旁注反植？【9】"测"，原文旁注"侧"，当从。这个文本基本同于甲种"阳明本"，只有个别字词有差，最明显的是多加了一句"带银钱五百文"，有点游离原文，引起日本学者很多讨论。其实正说明淘井得银钱事，在当时也是流传很广，所以会在没有顾及上下文义的情况下就直接加入此句。

---

① 录自黑田彰《孝子传の研究》，第370页。标点为笔者自改。据该书介绍，《普通唱导集》有永仁五年（1297）的序。

（己）《纂图附音本注千字文》23、24 "推位让国、有虞陶唐"注

　　尧号陶唐氏，让位与舜，号有虞氏，让位与禹。尧治天下五十二载，遭洪水九载，自知无德。生子丹朱不肖，不堪治国。闻舜有孝行，召之，妻以二女。大女名娥皇，小女名女英。舜姓姚，字重华。少丧母，父名瞽叟，更娶后母生象。后母常行恶心，言害舜。瞽叟信后母谗言，共象弟等，谋欲杀舜，乃令盖屋。舜知其意，遂持【1】大席上屋。父放火烧屋。舜以席裹身跳下。叟见不死，复【2】使陶井，欲埋之。时邻家知其意，语舜曰："父母当令君陶井，必有恶心，何不避之？"舜曰："我只可顺父母而死为孝，不可逆父母而走为不孝。"亲友闵之，与舜钱五百，使为方便，预作计，向东家井中，穿作穴相透。明日果令陶井。舜腰著钱五百，入井中。父母挽镬【3】上看，舜【4】乃见银钱一文，欢喜未有填意。井深暗黑，视不见底。舜乃于东家井傍穿成孔，相通讫，报父母曰："钱尽也。"父母及弟，见镬中无钱，遂将石填之。其父两目即盲，母便耳聋，弟遂口恶。后贫困，又遭天火烧其屋。舜已从东家井中出，投诸历山耕田，岁收二百石粟。改名易姓，入市籴米。见其母卖薪饥寒，常倍与薪价。籴米钱私安于米袋中，更与饼肉，令负担而归。到家开袋，米中得钱者数度皆如此。瞽叟怪问之。妻曰："市中有一少年，见贫困，每为怜恤，常倍与我薪价。"叟曰："此非是吾舜子乎？"妻曰："舜今在百尺井底，以石填之，自非圣人，岂能更生？""来日将吾入市，与其人相见。"妻遂扶叟至市，见昨日少年来。叟曰："为吾唤至，报谢其恩。"妻便唤得少年至。叟问曰："君是何人，相怜过厚？孝【5】弊不善，两目失明，贫苦饥

寒，无以相报。"少年曰："我是忠孝之人，见翁贫困，时相
悯念，何必言报？"叟闻其应声响曰："非吾舜子乎？音声相
似。"舜曰："是也。"于是父子相抱悲哭，哀声盈于道路。
市人见之，莫不凄惨。舜将衣襟拭父目，即开朗明。母亦能听
声，象即便能语。舜再拜曰："为子不孝，违于旷野。自今已
后，更不如此。"父亦大悔言："今后不敢举意向吾圣子。"
市朝人民，见舜孝行，莫不流涕。因此孝顺，声闻四海。帝
【6】闻其聪明，禅位与之，是为帝舜。舜垂拱无为，万邦归
化。在位八十二载。生子商均不肖，又禅位与司空伯禹，是为
夏後【7】氏，三王之祖也。①

案：【1】"持"，原文旁注"被"，不必，原文可通。【2】"复"，原
文旁注"后"，不必，原文可通。【3】"鑵"，当作"罐"。【4】"舜"，
原文旁注"なし"（无），当为衍文。【5】"孝"，原文旁注"老"，
当从。【6】"帝"，原文旁注"帝尧"，当为注解，原文不误。【7】
"後"，原文旁注"后"，当从。这篇长文从内容上虽然也很接近敦
煌《孝子传》原卷，但语句更加浅俗接近白话口语，并且叙述从容
细致，故篇幅加长了很多。其中有些情节是很少见的，比如焚廪事，
通常都是说用笠跳下避害，此文本说是用席子；另外，淘井得银钱
事，竟先有邻人告知凶讯，又由亲友资以银钱五百文，也是前所未
见的。更重要的是，这个文本是唯一将淘井得银钱的原委说得最合
理的：淘井得银钱，是为了延缓时间，以便舜在井中挖横穴，从东
家井中出来逃生。此前的中日流传诸本，都未说明确，《舜子变》

---

① 录自黑田彰《孝子传の研究》，第354—355页。增田欣《〈太平记〉的比较文学的研究》（第139页）中认为此"古注千字文"当早于永正七年（1510）成立的《慈元抄》。

中是大致有这个意思的，但它后来还是安排帝释化作黄龙来带舜逃出东家井中，这就不必要银钱来延缓时间。可见，此本具有特殊的合理性。另外，此文本还出现后母"负薪买米"的情节，最后非但舜父后悔，连舜子也有忏悔自责之举。上述种种，可见此文本是一个相当完整且细致的本子。不过这些新鲜的细节是中国原有的异文还是日本本土化的结果，无法判断。就像舜以席子逃避火灾，虽然此前罗列的中国各种文本都没记载，但在文渊阁四库全书本《太平御览》卷一百九十上却有这样一段不见于通行本的《史记》轶文："《史记》曰：舜母嫉舜。舜父使舜涂仓，下放火而烧舜。舜垂席而下，得无伤。"

从上列六种日本所传的"舜子变型"故事汉文文献中，可以发现，其情节特征最明显的是几乎不见神佛干预人事的身影，所有的迫害难题，都用接近现实的方法来处理，"己种"材料中叙述淘井得银钱的前前后后，即是最好的证明。另外，它似乎也不喜欢用舔舐的方式让舜父复明，而都是说以衣拭泪使之复明，这就难怪它不会引用敦煌《孝子传》及《舜子变》中经常提及的那两首诗了，因为那诗里明明白白写着"以舌舔眼再还明"。综合这些因素来看，从情节上考虑，这些汉文文献似乎主要承续的是敦煌材料中的散文体《孝子传》，即上述"丙种"《孝子传》原卷，并在此基础上有所增益变异。

最后要说的是，正如增田欣论文里已经涉及的那样，上述资料中还可以看出"舜子变型"与"史记型"合流的倾向。比如"丁种"记录的明明是"舜子变型"故事，却一开头就说《史记》曰。再比如，一般"舜子变型"故事在结尾处会加上一点尧妻以二女、禅让帝位之类的话，以表示对舜孝的福报，但"己种"非但在末尾有之，而且在开头处就加上了很多史传文字，其中包括了妻以二女，但二女却并未参与家庭迫害故事，还是游离于故事之外的，可能是因循《史记》的记事顺序吧。这些似乎可以说明，"舜子变型"舜孝故事已经越来越深入人心[1]，以致人们有时会不自觉地将它当作史传文字对待。比如成立于镰仓（1185—1333）末期的小林本《内外因缘集》末卷专门记录43个孝子故事，其中第38事为"舜王至孝"，文曰：

> 舜王行幸父家，父盲不能拜面，舜仰天愁时，其目忽开，奉见袭（龙）颜，亲子心无喻也。[2]

舜登帝位后行幸父家，正统的史书上有记载，可父盲忽然复明，却又陷入野史传说了。

以上列举的还只是日本流传的古代汉文资料，如果我们更多关注一下日文资料，就会发现，"舜子变型"与"史记型"故事的合流现象越加分明。比如被许多日本学者关注讨论的、成书于14世纪后期的著名军记物语《太平记》，其第三十二卷叙述到舜的事迹，基本按照《史记》的叙述框架，很多词句都是沿袭《史记》的，但在说到淘井迫害情节时，忽然插进了一段：

> 坚牢地神哀悯舜的孝行之志，故意把金子放在井泥里，使

---

① 成书于建长四年（1252）的《十训抄》就说：（那些包括舜在内的中国孝子事迹）是众人口中经常传诵的故事，不必书籍来详细记述了。（《新编日本古典文学全集51·十训抄》，第240页，小学馆1997年版）本文所有日文译文均由笔者根据原文意译，非逐字翻译，其间也请教了一些日本大学老师的意见，恐文字疏漏难免，出于文责自负的考虑，恕不一一列举这些日本学者的姓名。下同。
② 引自德田进《孝子说话集的研究——二十四孝为中心—》（中世篇），第60页。标点为笔者所加。

父亲瞽叟和弟象在每次扬土时尽想着争抢金子而忘掉了所有事情。①

成立于室町时代（1338—1573）的谣曲《尧舜》，用戏剧的形式直接表现尧舜事迹，通篇都是"史记型"的，却也如《太平记》一样加入了一段上述细节。②

这样的合流还有更直观的图像记载。在中野幸一所编《奈良绘本绘卷集》之第十本中，收有《尧舜》绘卷一种，③据中野幸一推断，应当是宽文（1661—1672）、延宝（1673—1681）的作品，分上下两卷，每卷各七段文字六幅画面，上卷从尧的谱系开始说起，介绍尧的各种善政、尧与丹朱、伐四凶、射日、发洪水、访许由等，一一画来，到了下卷第三幅，开始介绍舜的家世以及鸟兽助耕的故事，第四幅为舜耕、陶、渔故事而使万民丰阜，舜父前来籴米，第五幅则是画舜父母与舜市中相认、父目复明，第六幅也就是全部的最后一幅，说舜孝被尧知道后一路提拔终于禅让天下故事。毫无疑问，这是将尧舜事迹总括介绍的，其中大部分都是《史记》的原有面貌，只有下卷的第四五幅，加入了"舜子变型"故事。④显然，在一般人的眼里，这一类型的故事，已经不容易跟史传文字区分开来了，大约正像《三国演义》之于《三国志》的关系吧。

① 转引自增田欣《〈太平记〉の比较文学的研究》，第143页，笔者自译。
② 芳贺矢一、佐佐木信纲编《谣曲丛书》，第666—670页，博文馆1914年版。
③ 中野幸一编《奈良绘本绘卷集·尧舜》，东京早稻田大学出版部1988年版。
④ 参见中野幸一《资料绍介〈尧舜绘卷〉》，载奈良大学国文学研究室编《铃木弘道教授退任纪念 国文学论集》。

五、这一故事类型在五代以后中国主流文献中的缺失

然而，相对于日本各类文献的丰富记载，中国自五代以后的主流文献中，无论是高雅的经史子集还是通俗的小说戏曲，除了一些书籍引用到五代前的文献记录之外（比如《绎史》引用刘向《孝子传》），却再也看不到这一故事的身影。要不是 20 世纪初敦煌文献的公布，学界几乎已经不知道有这样一种故事类型的存在了，个中原委颇耐寻味。拙作《尧舜传说研究》认为：

> 其间原由，很大程度上应当归结于尧舜传说的高度史实化，而且它的史实化还同时带有政治与道德的典范意义。尤其在宋明理学昌盛之后，尧舜事迹更成为了集内在心性与外在事功为一体的文化标志，它那难以企及的崇高与可以想见的家喻户晓，使得各种异说都可能在权威文本的灼照下难以容身，尽管这些异说的主旨与权威文本其实并无冲突。①

现在看来，这样的解说尚无大错，只是稍嫌抽象简略了些，这里不妨再作一些补充说明。

宋代以后的史学界，合理主义的思想渐趋主流，对于传世久远的上古史，照样要用儒学的理性予以审核，哪怕牵涉到《孟子》《史记》这样的名著，也毫不留情。司马光《传家集》②卷七十三中有一篇《史剡》，专门质疑汉代之前的一些著名史事，欲削之而后快，他在《序言》中说：

---

① 陈泳超《尧舜传说研究》，第 242 页，师范大学出版社 2000 年版。
② 文渊阁四库全书本。

　　愚观前世之史，有存之不如其亡者，故作《史剡》。其细琐繁芜，固不可悉数，此言其卓卓为士大夫所信者云。

《史剡》开首第一篇即讨论虞舜的反迫害故事：

　　尧以二女妻舜，百官牛羊事舜于畎亩之中。瞽叟与象犹欲杀之，使舜涂廪而纵火，舜以两笠自扞而下。又使舜穿井而实以土，舜为匿空出它人井。

　　《剡》曰：顽嚚之人，不入德义则有矣，其好利而畏害则与众不殊也。或者舜未为尧知而瞽叟欲杀之则可矣，尧已知之，四岳举之，妻以二女，养以百官，方且试以百揆而禅天下焉，则瞽叟之心岂得不利其子之为天子而尚欲杀之乎？虽欲杀之，亦不可得已。藉使得而杀之，瞽叟与象将随踵而诛，虽甚愚人，必不为之。此特间父里妪之言，而孟子信之过矣。后世又承以为实，岂不过甚矣哉。

司马光以湛明的理性分辨出焚廪、淘井之事其实只是民间传说，《孟子》等书据为史实，违背了史学的客观真实性。青木正儿在《尧舜传说の构成》[①]一文里，就专门指出《孟子》所记录的舜的那些家庭迫害故事，含有大量齐鲁民间传说的成分。不过，司马光虽然在史学范畴内坚持客观理性，可在道德教化上，还是愿意使用这些著名事迹的，他在作为家训的《家范》一书中，照样引用《孟子》关于此类迫害故事的原文，以为孝悌之道垂范。朱熹的道德教化书《小

---

① 青木正儿《中国文学艺术考》，第 117—146 页，弘文堂书房 1942 年版。

学》也引用过家人常欲杀舜的事迹。①由此可见这些卓有影响的史学家和思想家，基于不同目的对这类传说抱持不同的态度，但无论如何，他们总要依从于经史典籍，而"舜子变型"这样的民间传闻，是不会被他们垂顾的。

这样的理念，非但约束了后世的史学，还很大程度上影响了小说、戏曲这类广泛传播的通俗文艺，因为小说之类，向来有以"稗史"自任的传统。明清时期有四部涉及尧舜故事的上古史通俗小说，分别是钟惺所辑《按鉴演义帝王御世盘古至唐虞传》、余象斗所辑《新刻按鉴通俗演义列国前编十二朝》、周游所辑《新刻按鉴编纂开辟衍绎通俗志传》和吕安世辑《精订纲鉴廿一史通俗衍义》，它们都以"按鉴""纲鉴"相标榜，《精订纲鉴廿一史通俗衍义》的凡例开首更说"是书悉遵纲鉴，半是纲鉴旧文"②，可知以《资治通鉴》为核心的主流历史观念对通俗文艺界的巨大影响力了。因此这些小说写到舜的家庭故事时，最多加些狐狸精救护舜逃出井埋之类的神异细节，大的情节框架，只能循规蹈矩地按照《孟子》和《史记》的记载，不敢有所发挥，所以一定是"史记型"而非"舜子变型"了。而存世的杂剧、传奇等主流戏曲作品中涉及尧舜事迹的，我们仅能看到吕天成的一部《齐东绝倒》，却是借题发挥的调侃讽世之作，并不关注舜孝迫害故事。

还有一点要补充的是那些道德教化类读物。本来，《孝子传》系列就是这类通俗读物，宋代以后，据日本学者德田进所著《孝子说话集の研究——二十四孝を为中心に一》，这类读物大致分为"全相二十四孝诗选""日记故事"和"孝行录"三个系统，其中关于舜孝

---

① 见司马光《家范》卷五、卷七。朱熹《小学》卷四。均为文渊阁四库全书本。
② 《古本小说集成》本。

事迹的记录都差不多，笔者以传播久远的明代"温陵张瑞图校"本《日记故事大全》为例，其卷一"二十四孝"开篇第一例即是：

> 孝感动天
>
> 　虞舜，瞽瞍之子，性至孝，父顽，母嚚，弟象傲。舜耕于历山，有象为之耕，鸟为之芸，其孝感如此。帝尧闻之，事以九男，妻以二女，遂以天下让焉。诗曰：
>
> 　队队耕春象，纷纷芸草禽。嗣尧登宝位，孝感动天心。[①]

该书卷二"孝行类"中又录舜孝事迹：

> 大孝登庸
>
> 　虞舜母握登蚤丧，父瞽瞍再娶生象，咸御舜以不道。舜号泣于旻天。年二十，孝友闻四海。耕于历山，有象为之耕，鸟为之耘。帝闻其潜德，妻以娥皇女英二女，又使九男百官事舜与畎亩之中。三十征庸，授以天子位。舜为不顺于父母，如穷人无所归。《孟子》称之曰："大孝终身慕父母。"[②]

可见，它们以"孝感动天"和"象耕鸟耘"为核心，显然不是本文所说的"舜子变型"故事，甚至连叙事性都很微弱。德田进的著作分"中世篇""近世篇"和"明治期"[③]，搜集了大量中日韩三国的孝子类通俗读物，可见日本也跟中国一样，在当时盛行着这些孝子

[①]　长泽规矩也编《和刻本类书集成》（第三辑），第 250 页，汲古书院 1977 年版。
[②]　长泽规矩也编《和刻本类书集成》（第三辑），第 265 页，汲古书院 1977 年版。
[③]　德田进《孝子说话集の研究——二十四孝を为中心に—》，井上书房 1963—1964 年版。

类善书。不过正如前文介绍，"舜子变型"故事照样可以在日本继续传播，可在中国，这类故事在这些通俗教化类书中完全绝迹了，甚至连宋代以后大量的考古实物中体现的舜孝故事，也都改换成上述"二十四孝"的叙事模式了。这恐怕还得归因于上文所说的理学主流的巨大控制力。

其实，中国明清以来流传的记载有孝行故事的善书，远不止德田进所说的三类（因为它的书是以二十四孝为中心的，所以未及其余），有些善书里还可看到很长的白话的舜孝故事，比如笔者所见早稻田大学图书馆藏《宣讲摘要》，题"光绪戊申春月经元书室重刻"，其开篇第一则即为"至孝格亲"，据说采集自《渡人舟》，以韵散相间的形式演述舜孝故事，说舜渔雷泽、陶河滨、耕历山，都被弟象调唆而遭到后娘毒打，后因有白象代耕的奇异，被尧征用，妻以二女，再演焚廪、淘井故事，最后舜登帝位，父母、弟象等也都被感化。整个故事洋洋洒洒 7000 余字，比《舜子变》还要长出数倍，但仔细分析其情节，也不过是不断增加迫害与反迫害的情节罢了，其结构却完全是"史记型"而非"舜子变型"，至多加上象耕这一"二十四孝"系列的中心词而已。从这个立场上看，有学者认为舜孝故事"当可与孟姜、白蛇、梁祝及牛郎织女等四大传说齐誉相当"[1]，笔者期期以为不可。

六、当代中国口传文艺中的"舜子变型"舜孝故事

值得关注的是，"舜子变型"故事虽然于五代以后就在通行文献

---

[1] 谢明勋《舜子故事源流考论》，台湾《第五届唐代文化学术研讨会论文集》，第 340 页。

中基本绝迹了，但这并不表明该故事在中国就不再流传。跳出通行文献之外，假如我们留意那些小范围流传的地方戏曲、说唱以及口传文学的话，就会发现这一类型的故事在某些地区至今还非常流行。为了叙述方便，本文把这些资料通称为"口传文艺"，因为它们都需要口头演述，尽管我们得到的还是书面文本。

拙作《尧舜传说研究》中就曾经发现这一类型的三个口传文本，均流传于广西桂平地区，即师公戏印本《唱舜儿》、采茶戏抄本《舜儿记》以及《广西桂平县民间故事集》中的《乞儿皇帝》，并以《乞儿皇帝》为核心对这一类型的当代流传形态做了一番分析。这些分析如今看来似乎尚可成立，只是当时搜集的范围太小。最近，笔者翻阅了"民间文学三套集成"和"中国戏曲志""中国曲艺志"等大型丛书，为这一类型在当代口传文艺中找到更多的文本。除了《尧舜传说研究》已经公布的三种之外，另有七种，都来自广西和福建（包括台湾）两个地区，它们是：

    1.《舜儿》（师公调，广西宾阳）[1]

    2.《后娘和舜儿》（广西横县）[2]

    3.《舜儿》（广西上林县，壮族、汉族）[3]

    4.《舜》（广西龙州县）[4]

    5.《舜的传说》（广西崇左县）[5]

---

[1] 《中国民间文学三套集成·宾阳县歌谣卷（下）》，第305—317页。非公开出版物。
[2] 《中国民间文学三套集成·横县故事集》，第37—40页。非公开出版物。
[3] 黄寿才编《中国民间文学三套集成·上林县民间故事集·大龙洞的传说》，第80—83页。非公开出版物。
[4] 《中国民间文学三套集成·龙州县故事集（第一集）》，第30—31页。非公开出版物。
[5] 《崇左民间故事（第一集）》，第15—16页。非公开出版物。

6.《舜哥的传说》（福建大田县）①

7.《大舜耕田·坐天歌》（歌仔册，福建厦门）②

我们先来看广西地区的文本，且以第一种为例介绍情节如下：

一、母逝娘来

父名姚古叟，生母蒋氏，有亲妹名崔娇，后娘是寡妇杨婆。

二、苦折舜儿

父亲出外谋生，后娘有象儿，折磨打骂舜和妹妹。

三、上树移梯

后娘命舜后园摘果，上树移梯，下布刺，仙翁派白鹤驮舜下来，舜献桃给后娘。

四、纵火烧舜

焚廪，仙翁降雨并化成风将舜刮到山里，回家被杨婆打。

五、挖井下石

后娘说后园有埋藏金银，叫舜去挖，舜挖一横窿，上面土石抛下来，仙翁化麒麟载舜出。遇邻居大娘，赠银劝去扬州谋生。

六、历山耕耘

舜被刘公收留放牛，后去历山耕耘，仙翁化牛助耕，龙王

---

① 《中国民间文学集成·福建卷·大田县分卷》，第78—83页。非公开出版物。

② 《俗文学丛刊》第362辑。此本为厦门博文斋出版发行，从挂在"中研院"汉籍全文资料库页面上王顺隆先生制作的闽南语俗曲唱本《歌仔册》全文资料库中可以发现这一版本流传翻刻甚多，大略相同，本文不再列举。唯有台湾新竹竹林书局出版的《大舜出世歌·耕田歌》，比此版本长度增加不少。但细察可知，它只是添加了大量习俗细节，其余部分与博文斋版本全同，应当是从福建流传到台湾之后的衍化，从类型学角度而言，本文仍然将它们视为同一种文本。

降雨，神童仙女夜里助耕。获得丰收，去扬州卖米公道，大得人心。

七、众叛亲离

后娘带象出走，丢下妹妹由大娘收养。古叟在外生意不好还得病，回来领回妹妹，眼睛哭瞎，生计贫乏。妹妹扬州买米，遇到善待之人，疑是舜。

八、百里寻亲

妹妹带古叟千辛万苦来到扬州认舜，舜一见亲爹就相认，带父亲妹妹上历山过好日子，喊医生为父亲治疗眼疾。杨婆和象穷困潦倒，投奔历山，见舜大窘。舜痛骂不收留，杨婆赖着不走，象也好言跪求，舜只好收留了。

九、天诛地灭

杨婆装老实，做毒糍，但被狗吃了；贪舜金手镯，夜持刀来杀，正好象戴了舜的金手镯，被杨婆误杀。冤报仙翁，雷公历数其罪而劈杀之。尸体变成山蜞、蚊子和蚂蟥。

十、合家安乐

舜与父、妹妹过上幸福生活。

上引各段标题为原文所有，内容是笔者概括的。一个非常明显的现象是，上述其他各种广西文本，加上拙作《尧舜传说研究》原来搜集的三个广西文本，都与这个情节构成非常相似，甚至后娘的名字都叫"杨婆"（桂平）或"杨婆七"（上林），很可能都是受到师公戏和采茶戏的影响，所以本文可以合而论之。

在人物上，广西的口传文本除了常见的舜、父亲、后母和弟象之外，还多出一个舜的亲妹妹来，并且负担着较多的叙事功能，比如帮助舜逃避迫害、买米认舜等。这一人物其实在敦煌《舜子变》

里就已经出现，不过她是后母所生，其唯一表现是在舜父落井下石时曾经有过劝阻行为而已，没有实质性的叙事功能。不仅如此，在横县故事里，她也成了后娘迫害的对象，专门有一个情节是后娘叫她挑水，却让她用尖底桶，不给她歇担，老百姓可怜她，在沿途挖了很多坑可供歇担。更有意思的是，横县这篇还为舜妹设置了一个对立项叫"象女"，后娘曾经用开水浇舜妹，结果非但没烫伤，还变白变漂亮了，于是也去浇象女，却烫死了。这显然是舜与象对立关系的平行投射，是民间故事丰富情节的常用办法。

从情节上说，迫害与反迫害仍然是故事的重点，也是可以不断增减的情节组合。在这些文本里，除了焚廪、淘井这两个必备情节之外，还有一个常见的情节是后园摘果，后娘埋刺，舜在神异援助下躲避了，后娘反而由于各种原因被刺（横县、上林、桂平）。这一情节尤其珍贵，此前除了敦煌《舜子变》里出现之外，中日两国现存的所有记录"舜子变型"的历史文献中，都没再出现过。即便在《舜子变》里，正好到这个情节关键处，《舜子变》残缺了，而《舜子至孝变文》开始接续时，已经跳过了摘果部分，因此我们看到敦煌文献中的这个情节单元是不完整的。也许广西的这些情节，正可当作该情节的传承参考。至于这些迫害故事中的神异援助者，更是充分发挥了当地神巫文化的特色，玉皇大帝、仙翁、鲁班、土地甚至推屎虫等都可以大肆发挥，很少是按照生活逻辑去解决的。

这些故事与《舜子变》在情节上一个最大的不同是，当舜认父团圆之后，原本故事可以结束了，但又平添出一段后娘继续迫害的情节，最终是让后娘遭雷劈，以达成恶有恶报的目的。上林、桂平诸本更是说舜家庭团圆之后被尧王禅让帝位，后娘阴谋篡位而害死了自己和象。宾阳和横县在后娘被雷劈死后还不解恨，要让她变成

"山蜞、蚊子和蚂蟥"这些讨厌的生物，使人在生活中总不能忘记其罪过，这与敦煌以来文献中基本都说舜原谅了后娘，感情色彩就完全不同了。

现在，让我们再来看一下福建的两个文本，通过情节比对，我们发现这两个文本故事情节几乎全同，连一些具体的迫害招数也都一样，而且提到的神异援助者也是太白金星，考虑到歌仔册的广泛流传，笔者猜测大田县的这个文本，很可能也受到歌仔册的影响，所以可以合而论之。相比于广西故事增加舜妹角色，有后园摘果的迫害情节、后娘遭雷劈等这些要素，在福建的文本里竟然也表现得非常充分。它们之间的不同，只是表现在福建地区文本中的神异援助人经常只靠太白金星一人，不像广西那么从神到虫无一不可。

尤其值得关注的是，所有这些民间口传文艺里的舜孝故事，似乎与尧的关系也越来越消淡：有的故事结尾根本不要舜得帝位，只是全家欢聚（宾阳）；有的讲到舜做皇帝，但没说是尧禅让的（大田、横县），其中横县的更说是土司见舜良善，请他做了舜帝，完全地方化了；还有的连舜的妻子都变成了别人而非尧之二女（歌仔册），可见它们越来越摆脱史传的影响力，正逐渐向独立的家庭故事转变。

福建与广西文本的深度相似性，让笔者怀疑它们或许可以归属于同一系统，而从舜妹与后园摘果这两方面与《舜子变》相同来看，它们应该有比较古老的传承。至于后娘遭惩罚的一致性，则是它们与古代记载最明显的差别。那么，这些口传文艺形式到底有多古老呢？歌仔册通行于清代末年，本歌册的结尾处有"伏羲至明崇祯止共计四五八六年"的文字，也可证明出于清代。当然该类型故事的实际情况可能要复杂得多，金文京在《敦煌本〈舜子至孝变文〉与广西壮族师公戏〈舜儿〉》一文中发现师公戏《舜儿》与敦煌本《舜子变》很相似，于是考证师公戏的历史，认为很多古老的剧目是从唐代以来北方军队南下该地移屯时将北方故事遗留在当地的地方戏之中的。①由于民间口传文艺严重缺少历史记录，所以这个问题目前也只能点到为止了。

七、"舜子变型"舜孝故事在日本本土以及冲绳地区②的口头流传

在日本，这一类型的故事非但有众多文献记录如前文所述，而且还有口头流传。关敬吾等所编《日本昔话大成》第十一"资料篇"中将此类型命名为"继子和井"，并进行了情节概括：

1. 继母让继子掘井。

2. 邻居阿爷给继子钱，让他把钱混在泥土中送上去。

3. 继母看见钱很高兴，继子乘机挖掘横穴，在阿爷的帮助下逃生。

4. 继子逃出去后获得成功，归来报答邻居阿爷，继母得知非常后悔。③

《日本昔话大成》中列于这一类型下的故事有 10 例，分别来自鹿儿岛（4 例）、广岛（2 例）、新潟（1 例）、山形县（2 例）、岩手县

① 见《庆应义塾大学言语文化研究所纪要》第 26 号，1994 年 12 月。
② 鉴于冲绳地区特殊的历史，本文在文化层面上将冲绳地区当作独立的单元，故后文将以"冲绳地区"与"日本本土"作为对等的文化地域指称。
③ 关敬吾、野村纯一、大岛广志《日本昔话大成》第 11 卷《资料篇》，第 50 页，角川书店 1980 年版。

（1 例），其故事类型是以山形县最上郡故事为标准概括的。虽然掘井逃生的故事情节与本文讨论的类型相同，但逃生之后到结尾就很不一样了。事实上，关敬吾概括的故事类型最核心的相似点只是掘井逃生（其中大多有掘井时得银钱的母题），但逃生之后就各有不同，有的直接结束，有的以继子获得成功结束，有的则有父母贫乏、负薪买米乃至父子相认、吸目复明的后段情节，最后一种显然与我们关心的类型很接近了，也有好几篇，其中以鹿儿岛奄美的一例最完整：

> 父亲不在家时，继母欲毒杀继子，未果。又叫继子掘井，掘出的井砂中有钱，继母拾钱的时候，继子逃走到山里，遇到正在种金萝卜的白发阿爷。一只乌鸦鸣叫，阿爷听懂它说此地种田会长出稻米来，就告诉了继子。继子开垦致富。其父回家，听说儿子死讯而目盲，用竹子做些物事，由继母出去变卖，正好卖给继子，继子多给她资助。父亲前来行礼，子报名并抱父哭，父目复明，继母则咬舌而死。[①]

关于"继子和井"故事，《日本昔话大成》并没有涵括冲绳地区的民间口传作品。后出的《日本昔话通观》将此型故事命名为"继子掘井型"，除了《日本昔话大成》已有的基本被收录外，还增加了第 26 卷《冲绳》，搜集到了此型故事的另外 17 个例子，并将之分为 5 个亚类型，分别叫："出世型"（8 例）、"脱出型"（4 例）、"离岛脱出型"（2 例）、"亡母援助型"（2 例）和"炭烧长者型"（1 例）。

---

① 关敬吾《日本昔话大成》第 5 卷，第 287—288 页，角川书店 1981 年版。此故事同时被《日本昔话通观》第 25 卷第 270—271 页转录，情节相似，作为主人公的继子名字叫しゅん。见稻田浩二、小泽俊夫著《日本昔话通观》第 25 卷《鹿儿岛》，株式会社同朋社 1980 年版。

其中"出世型"尤其与本文讨论的"舜子变型"舜孝故事非常相似，
兹举采自宫古郡伊良部村的为例：

> 父亲出门，继母憎恶继子，叫继子每日挖穴。生母化成白
> 鸟梦中现身，指教儿子在继母不见时挖一横穴，二三日后要被
> 埋在穴里，横穴可以躲避灾难。儿子照着做，所以逃避了被掩
> 埋的迫害。继母又设计要烧屋仓，生母又教儿子带上雨伞，继
> 母放火时，他用伞飞降，逃避迫害后，降到一片水田。继子在
> 白鸟的指示下在水田过上了富足的生活。父亲回来不见儿子，
> 变成了瞎子。夫妇贫乏，到儿子店里买东西，儿子供给他们
> 米。夫妇思量可能是自己的儿子，就在店里相认，父目复明，
> 继母变成了山羊，父子二人饲养它。①

对照前文归纳的"舜子变型"故事情节结构，可说是密合无间。《日
本昔话通观》第 28 卷正是基于这些故事对"继子掘井型"故事做了
如下的情节概括：

　　1. 继母命令继子掘井，继子在神异的指点下带着银钱下
井，乘继母捡钱的时候挖掘横穴，继母抛下石头时在横穴里躲
过迫害。

　　2. 继母叫继子修屋子，从下放火，继子在邻人的指点下预
先带伞，飞降下来没被烧死。

　　3. 继子飞降到一片广野，遇到阿爷，教他开拓广野并获得
成功。

---

① 稻田浩二、小泽俊夫《日本昔话通观》第 26 卷《冲绳》，第 234 页，株式会社
同朋社 1983 年版。

4.变成瞎子的父亲与继子相认并复明,父子过上了幸福生活。①

被《日本昔话通观》命名为"继子掘井型"的故事类型,明显与《日本昔话大成》的"继子和井"所概括的故事基干大有差别,反与本文概括的"舜子变型"情节结构非常近似,只多列出了一个焚廪的情节单元。而焚廪之事,原本就广为流传,况且继母迫害舜的情节,还可以大量增加,常见的有下毒、摘果刺足等,这个都是同类叠加,不具备结构意义。但在冲绳的这批故事里,一个特出的现象是,既然命名为"继子掘井型",显然掘井是最多篇幅的情节单元,但假如出现焚廪情节的话,它一定被安排在掩井故事之后,并靠伞等工具的飞行离家来到另外的地方,以此作为转折点,改变主人公命运,接续下面的故事情节。这与中国同类故事多以淘井作为情节转折点不同,所以将焚廪列为故事基本结构,也有它自身的道理。

在日本本土和冲绳地区的这些"继子掘井型"故事里,当然也有很多细节和母题上的变化,比如迫害次数有多有少,方式也还有下毒等几种;逃避迫害的方式虽然都差不多,但援助人很多样化,有邻家阿爷、邻家阿婆、生母托梦、神或者没有援助人;逃离家庭后过上富足生活的方式也不一样,有说开荒,有说得到了一个店,还有娶上了妻子的;指点成功方式的援助者也有很多差别,甚至还有禽兽出来指点和帮助的。大林太良根据前引奄美故事中,在阿爷听懂鸟鸣示意继子在某地开荒种田之后,还出现一段"鹫鸟衔来稻穗丢落下来,主人公将之播种,获得丰收因而致富"的情节,推断

---

① 稻田浩二、小泽俊夫《日本昔话通观》第28卷《昔话类型索引》,第314—315页。株式会社同朋社1988年版。

可能和《法苑珠林》记录的刘向《孝子传》中所谓的"舜父夜卧，梦见一凤凰，自名为鸡，口衔米以哺己"有关。①笔者以为这个推断有点想象过度了，虽然都是鸟衔来稻种，但接受者一是继子，一是父亲，其间情节和意义上的差别很大。如果一定要说相似，笔者以为或许与《舜子变》里的"天知至孝，自有群猪与豭耕地开垄，百鸟衔子抛田，天雨浇溉"相似度还更大些。

最关键的是，日本学者大多认为，这些故事的主人公的名字多被叫作しゅん、しゃいん、すん，或者"泰信""太春"，显然是"舜"和"大舜"的音转。②所以这个"继子掘井型"故事，可以肯定是舜孝故事的口头传播和演变。当然，如前文所述，"舜子变型"故事在日本大约从唐代开始就有文献流传，之后绵延传播不绝，所以这些故事到底是日本本土的流传变异，还是后来又受到中国故事的影响呢？这是一个很难解答的问题。伊藤清司在《昔话传说の谱系》中介绍阿波根初枝的调查报告，说冲绳地区由于历史上曾经长期附属于中国政府，所以当地流传着很多被叫作"唐话"的中国传说故事，比如关于孔子、孟子、秦始皇以及二十四孝的故事等。③这提醒我们，上述"继子掘井型"故事在数量上和情节一致性上看，都相对集中于冲绳以及日本本土靠近冲绳较近的鹿儿岛一带，是否表明这一故事有可能后来又受到中国故事的影响呢？尤其是故事的结尾，从前文中我们已经知道，敦煌前后留下来的文献，结尾都是一家和睦，没有处罚后娘的。而中国现存的口头流传却大多是对后娘进行惩罚的，几无例外。据此，本文假定"舜子变型"故事的惩罚型结尾是从前期和睦型结尾衍化而来的后期形态。反观日本本土

---

① 转引自伊藤清司《昔话传说の谱系》，第298—299页，第一书房1991年版。
② 参见伊藤清司《昔话传说の谱系》，第301页，第一书房1991年版。
③ 参见伊藤清司《昔话传说の谱系》，第286页，第一书房1991年版。

和冲绳地区流传的"舜子变型",明确说到后娘最后结局的有 10 例,其中只有 1 例即采自岛尻郡南风原町宫城的是说继子宽恕继母共度好日子,其他 9 例都以咬舌死、被马踏死、倒毙路边、变为山羊、瞎眼等方式让她受到惩罚。从这点上看,似乎也可能受到中国后期故事的影响,至少冲绳地区附近的口头传播,这种可能性较大。

虽然有这么多相似之处,但是日本本土和冲绳地区的这类"继子掘井型"故事有一点非常明确:它已经由历史人物传说转变成独立的家庭故事,那些音转的姓名,更是去掉了汉语语境下"舜"的文化含义,由专名变成了通名,与历史人物舜没有关系;至于尧或者尧之二女,更完全不见了踪影。所以,它比较容易跟其他一些故事类型嫁接串联,形成新的故事亚类型,像《日本昔话通观》里列举的"炭烧长者型",就是"继子掘井型"和"炭烧长者型"两个类型串联而成的。同时,它还可以较为自由地带上本土的特色,比如被《日本昔话通观》归为"离岛脱出型"的一个采自冲绳石垣市大浜的故事,就说主人公太春在经历了掘井、焚廪的迫害之后,借助伞飞降到南边小岛,雀衔穗来做种子,太春耕种后过上了好日子,但他非常思念故乡,就在菊叶上写上"太春"字样放在海里漂流。菊叶被人拾到送给父亲,父亲拜托鹰会见了太春。太春带着芋、粟回乡,人人欢乐幸福。从此之后,这一地区就有九月九日供芋和菊酒,并在酒杯中浮上菊叶表示祝贺的习俗。而九月的鹰都飞向南岛,也是由此典故而来的。[1]民间故事这样的地方化演绎,是很常见且变化多样的,此不赘述。

---

[1] 稻田浩二、小泽俊夫《日本昔话通观》第 26 卷《冲绳》,第 236 页。

八、结论

  "舜子变型"舜孝故事作为一个故事类型，是与"史记型"舜孝故事相区别的一个新生形态，它不再以讲述舜的政治履历为目标，而将重心放置在以德报怨的家庭伦理上，是一个典型的后母型的故事，带有强烈的民间色彩。这一类型至迟在东汉年间已经可以看到文字记录，在魏晋南北朝直至唐五代，借助于《孝子传》之类道德教化读本以及像变文这样的通俗文艺，它在社会上流行非常广泛，以至于很多墓葬中都可以发现这一类型故事的图像和文字。但是五代以后，随着道德教化类书籍转到以"二十四孝"为主的另外一个舜孝叙事系列，尤其是随着理性主义历史观的发达，尧舜被定格为真实的古代帝王和道德楷模之后，关于舜孝的各类叙事都逐渐为"史记型"所覆盖，连通行的通俗文艺也不例外，一度丰富而活跃的"舜子变型"故事，竟然看不到任何踪迹。但是在民间，这一故事类型却一直在流传着。从本文列举的广西和福建两地搜集到的口传文艺情况来看，它们非但在情节结构上完全一致，甚至在后园摘果这样的情节单元上，也有着非常古老的渊源（焚廪、淘井因为"史记型"舜孝故事也有，所以不足以说明问题），将它们看作古代传说故事的活化石，恐怕一点也不为过。这就再次回应了笔者强调在民间文学史的书写过程中，必须严格区分"记录史"和"生命史"两个不同的概念①："舜子变型"故事如果不是敦煌文献的发现，我们根本不知道东汉到五代之间曾经活跃着这样一个故事类型；如果没有各地方口传文艺越来越多的公布，我们或许还以为这一类型故

---

① 陈泳超《民间故事的记录史和生命史》，《中国社会科学院院报》，2008 年 7 月 31 日。

事在五代之后就绝迹了呢。所以，民间文学史永远只能在"记录史"上具有某种自足的体态，至于透过"记录史"去探讨"生命史"，就会有很多陷阱，需要根据情况谨慎对待。

这一故事类型在日本也有着源远流长的记载和传播，从两本古老的汉文《孝子传》开始，日本古代文献对于这一类型不绝于书，它们似乎主要传承的是敦煌《孝子传》原卷，即散文体的《孝了传》文本系列。在中国的中古以前《孝子传》尽皆失传的情况下，这些传世文献就显得尤其珍贵了。不光如此，在日本流传的这些记载，非但从道德课本到通俗小说乃至谣曲绘卷等都有表现，而且还显示出这一类型故事有向正史混杂的倾向，这在中国宋元以后的各类文献中，是难以想象的。同样，日本本土以及冲绳地区的口传文艺中也可以找出很多这一类型故事，由于情节的相似尤其是主人公名字的音转，它们应该是源自舜孝故事。它们在日本本州岛也有流传，或许可以被看作是唐代以来就在日本流传的"舜子变型"故事的自然承续和演变，但更明显的是，这些故事主要集中在冲绳地区以及日本靠近冲绳的鹿儿岛地区。鉴于冲绳地区特殊的历史渊源以及该地区"唐话"的盛行，它们更可能后来又受到中国本土演化后的该型故事的影响，这一观点是从结尾处后娘受罚在冲绳地区以及日本本土民间故事中占绝大多数的情形中推测的。

该型故事的传播，有一个地域性特点非常引人注目：五代之前它似乎无处不在，所以远在西北的敦煌和远在东瀛的日本都有很多流传。而从现在的流布范围来看，它在中国仅集中于广西和福建（包括台湾），其他地区虽然也有很多尧舜传说故事，但都不符合这一类型。相对于中国文化的传统核心区域来说，日本本土以及冲绳地区和福建、广西一样，是远离中心的周缘边区，因此它们可以较少受到宋元以来中国主流文化的压制，继续传承着这一古老的传说故事。这再次证明了"礼失而求诸野"是一种常见的文化传播现象。不过，这样的边缘传承，也不是一成不变的化石，而是有其生命力的，它们越来越摆脱舜孝故事本身负载的深重的历史性和道德感，在福建和广西，可以明确感知这些故事跟尧和尧之二女已经很少关联了，而在冲绳地区以及日本本土，则彻底转变成独立的家庭故事，种种"舜"的音转只是一种唤醒记忆的历史"遗留物"，不再具备专名的特性，变得跟阿大、阿二也差不多了。至于它们的结尾，各地流传大多选择惩罚后娘而非原先的宽恕，可以见出民众感情的时代变化。

附录：补充最新进展

《中国民间宝卷文献集成·江苏无锡卷》第 4 册《舜哥宝卷》完全是"舜子变型"，并且与东南沿海的情节、格调一致。舜在家庭团聚后被尧王提拔，后母却要让弟象平分江山，最后被雷公雷婆捉到东海，变为"母野猪"和"水蛇"。但此抄本末署"2002 年无锡杨桥朱文超据黄一鸣提供的抄本改编"，究竟是民间一直有流传，还是敦煌文书公布后的民间创编？暂时还无法判定。

万明

　　女，江西九江人。历史学硕士，中国社会科学院历史所二级研究员，中国中外关系史学会会长，中国郑和研究会副会长，中国明史学会首席顾问，国际郑和学会顾问。长期从事明史和中外关系史研究。主要著作有《中国融入世界的步履：明与清前期海外政策比较研究》《中葡早期关系史》，合著《古代中西文化交流史话》。

全球史视野下的明代青花瓷：崛起与传播

　　青花瓷作为中国瓷器的代表享誉世界。关于青花瓷的研究，中外学界已有丰硕成果。一般说来，青花瓷产生于唐，成熟于元，而它的全盛期是在明清，这已成为史界的共识。然而，笼统概言明清，则无法使青花瓷的发展脉络清晰地显现出来。在这里，我们选取这样一个论点：始于唐、成于元的青花瓷，为什么在明代才盛行于世，从而确立了中国瓷器的主流地位？对于这一问题的探讨，也有助于我们对中外文明交融现象做出新的思考和诠释。

　　明代青花瓷的崛起，是中外文明互动与交融的产物，也是跨文化交流的绝佳例证。因此，明代青花瓷的历史，是一部中外文明交融的历史，也是一部贸易改变了传统工艺品发展走向的历史，更是一部市场引领了时尚的历史。对此，海内外瓷器遗存为我们提供了最好的证明。

一、青花瓷输出的海外遗存证明

缎匹与瓷器是古代中国与域外文明交流最重要的物品。丝绸、缎匹不易长久保存，而瓷器则因其特性而在域外大量传世，成为中华文明与域外各种文明交流的历史见证。

谈到明代瓷器，人们会立即想到青花瓷，想到景德镇。随着洪武二年（1369）明朝政府在江西景德镇建立御器厂，使得景德镇迅速崛起为一代瓷都。青花瓷成就了景德镇，这是得到公认的事实。一般认为，明朝洪武年间采取了一系列恢复和发展社会生产的政策和措施，放弃了元朝奴隶制的工匠管理方式，放宽了对于工匠的管制，实行轮班制，有着解放生产力的作用。应该说以上这些因素对于青花瓷发展都是很重要的条件。然而，仅此并不足以说明青花瓷为什么会发展成为中国瓷器的主流。根据中外学者研究，青花瓷最早产生于唐代，到元代烧造成熟。那么，这种中国创制烧造的带有阿拉伯—波斯或者说伊斯兰风格的瓷器新品种，为什么在创烧几百年之久后的明代才凸显出来，并一跃成为中国瓷器的代表，在世界陶瓷中占有一席之地？

20世纪在亚洲和非洲广阔地区的考古发掘与调查，揭开了这一谜底的一角。

明代景德镇在竞争中胜过了其他窑系。明朝对于御器厂大力投入，但宫廷用瓷毕竟是少量的，因此烧制的瓷器满足宫廷对外交换的需求，迎合异国情调时尚并畅销海外，是一个极为重要的因素。

根据日本学者三上次男的考察，在埃及的福斯塔特遗址、苏丹的阿伊札布遗址、阿拉伯半岛上也门的亚丁一带，都有中国15世纪初青花瓷的发现。进入波斯湾港口，凡是船只停泊之地，处处都发现了中国陶瓷。值得注意的是，这一带的遗迹从东面开始，包括

青花缠枝花纹天球瓶　故宫博物院藏

与巴基斯坦接壤处附近的提兹、提兹以北的旁遮普及其附近的瓜拉提·詹希德，进入内陆后则有哈利勒河谷地中的吉拉夫特及其附近的谢里·达吉亚努斯等。英国考古学家斯坦因就是在巴基斯坦印度河口上游的旁遮普地区发现了 15 世纪前后的青花瓷片。中国瓷器沿阿拉伯海西运，到达伊朗各港口和内陆地区。在北非，曾在开罗进行过调查的霍布森说，"在开罗周围到处散布着青花瓷片"，好像中国瓷器当时已普及到了开罗的千家万户。在苏伊士南约 550 公里的红海海岸的库赛尔，自法老时代以来便是埃及红海沿岸唯一稍具规模的港口城市，长期以来不断出土中国古瓷片，其中就有元末明初景德镇的青花瓷。

根据中国学者马文宽、孟凡人《中国古瓷在非洲的发现》一书统计，在非洲约有 17 个国家和地区的 200 多个地点发现了中国古瓷，散布的地域广阔，数量惊人，瓷器种类丰富，延续时间很长。因此，他们断言："可以认为非洲是一座中国古瓷的巨大宝库。"而在非洲出土的中国古陶瓷各遗址中，几乎都发现有明代青花瓷。在东非，索马里、肯尼亚、坦桑尼亚等地，也都有青花瓷的发现。肯尼亚的安哥瓦纳位于塔纳河口之北，是东非最有代表性的古城遗址。遗址内有两座大清真寺，还有小清真寺和一些墓葬。1953—1954 年柯克曼在这里发掘出土许多元明时期的青瓷和明代青花瓷，特别是在清真寺八号柱墓附近发现有一件明永乐时期的青花瓷碗。他还在马林迪发现了两座 15 世纪时的柱墓，墓壁上镶嵌着青瓷、青白瓷和青花瓷碗，是 14—16 世纪的产品。在肯尼亚戈提古城的一些遗址中，也发现了一批元末明初的瓷器残片，其中有两件完好的永乐时期的盘和碗。

英国的弗里曼·格伦维尔（F. Genvill）在《坦葛尼喀海岸中世纪史》中记载，根据 20 世纪 50 年代的考古发掘发现，坦桑尼亚海岸有 46 处中国陶瓷的遗址。坦桑尼亚基尔瓦岛"大清真寺"遗址是出土中国古瓷最多的地方，出土的古瓷年代主要集中在 12—15 世纪，其中的景德镇青花瓷有元代碗沿残片以及明初连珠纹口沿残片。马库丹尼遗址出土的景德镇青花瓷，有明代早期锦地纹碗、缠枝花纹碗残片以及笔筒口沿残片等。索马里北部的遗址说明，15 世纪前期中国瓷器输出仍然以青瓷为主，青花瓷相对少，但是多为优质品。

根据考古报告，在东南亚马来西亚沙捞越东北的弥利发现的墓葬里，出土了完整的青花瓷。在北部的哥达峡答都海港的拉瓦斯及林邦，发现大量的明初、明中期的瓷器。在柔佛甘榜发现了一个中国贸易瓷器窖藏，里面主要是明代青花瓷和白瓷。柔佛的哥打丁宜出土的全部是明代青花瓷，有盘、碗及压手杯三大类。压手杯是永乐朝特有的器物。根据调查过菲律宾吕宋岛西南部加洛他干半岛诸遗迹的菲律宾国立博物馆福克斯博士的报告，从 505 个墓葬里，也发掘出 410 件 14—15 世纪的陶瓷，也就是元末至明前期的中国瓷器。在吕宋岛庇那格巴雅兰村的庇拉部落的 100 多座中世纪墓地中，发现人头骨旁随葬有菲律宾陶器，脚下随葬有中国元末及明初的陶瓷，其中有各种各样的青瓷、白瓷、青白瓷、黑瓷及青花瓷，数量极其丰富，出土范围达 8.5 公顷。这样的墓地在菲律宾群岛各岛屿地带已经发现了 100 多处。

三上次男的调查研究显示，在伊朗东北部的大城市马什哈德（麦什特）的博物馆、德黑兰考古博物馆、大不里士的阿塞拜疆博物馆、阿富汗喀布尔的商店、印度孟买和海德拉巴的博物馆以及斯里兰卡科伦坡博物馆、马来西亚沙捞越古晋博物馆、印度尼西亚雅加达国立博物馆以及土耳其伊斯坦布尔托普卡普博物馆，都有约 15 世纪初的中国青花瓷收藏。而在马来西亚马六甲博物馆也有明初青花瓷的收藏。如此众多的国度和地区，都留下了 15 世纪初中国青花瓷流动的印记。

在对亚非的中国瓷器遗存做了大量考察研究之后，三上次男指出："国外发现的中国陶瓷，当然是通过贸易形式运到那里的。虽然其中有一些也可能是中国政府对外国国王或显贵们的馈赠，但是这种数量是极其有限的，更何况馈赠实际上也是一种贸易的形式。"这个论断无疑是正确的。

航海技术的发展为瓷器运输提供了前所未有的便利。然而从某种意义上说，景德镇没有像龙泉窑、德化窑那样的沿海地理优势，明初景德镇青花瓷在海外大量出现这种现象，只有对照明朝活跃的对外交往盛况，使团的四出活动，特别是下西洋随行人员马欢《瀛涯胜览》、费信《星槎胜览》以及《郑和航海图》等史籍，才能得到合理的解释。

文献与实物相互印证，在当时输出的大量瓷器中，青花瓷是重要的一种。除了少部分作为给予当地上层的礼物外，大部分青花瓷是在海外作贸易之用的。当年下西洋经历亚非大约 30 多个国家和地区，所到之处大都是港口，包括占城（今越南南部）、爪哇（今印度尼西亚）、暹罗（今泰国）、满剌加（今马来西亚马六甲）、苏门答剌（今印度尼西亚）、锡兰（今斯里兰卡）、柯枝（今印度科钦）、古里（今印度卡里卡特）、溜山（今马尔代夫）、祖法儿（今阿曼佐法儿）、阿丹（今也门亚丁）、榜葛剌（今孟加拉国）、忽鲁谟斯（今伊朗霍尔木兹）、天方（今沙特阿拉伯麦加）、木骨都束（今索马里摩加迪沙）、卜剌哇（今索马里布拉瓦）、麻林（今肯尼亚马林迪）、比剌（今莫桑比克）以及孙剌（今莫桑比克索法拉河口）等。这些地方大都有青花瓷的踪迹。跟随郑和下西洋的马欢在《瀛涯胜览》中记载爪哇"国人最喜中国青花磁器"，并记录与所到五国进行了瓷器贸易。同样跟随下西洋亲历海外的费信，更加留意海外的青花瓷贸易。他在《星槎胜览》中记载瓷器 28 处，其中旧港（今印尼苏门答腊）记录有青、白瓷和大小瓷器 2 处。明确指出用青花瓷交易的国家有 9 处：暹罗、锡兰山、柯枝、古里、忽鲁漠斯、榜葛剌、大惧喃、阿丹和天方，这约占总数的 1/3；用青、白瓷交易的国家有 4 处：旧港、满剌加、苏门答剌和龙牙犀角；以其他瓷器交易的地方 15 处：交栏山、旧港、花面国、剌撒、淡洋、吉里地闷、琉球、三岛、苏禄、佐法儿、竹步、木骨都束、溜洋、卜剌哇和阿鲁。现在我们知道至少半数以上的亚非国家有 15 世纪初青花瓷遗存。关于郑和远洋船队的贸易活动，在埃及马穆鲁克王朝史料中也有记载。马格里兹在他的《道程志》中记述了宣德七年（1432）郑和第七次远航船队的数艘船到达印度海岸，其中两艘到达阿丹港时，明确有用"（载来的）陶器、丝绸、麝香等商品"进行交易的记载。"那两艘戎克的首领便向麦加的埃米尔希拉夫、伯拉克特·本·哈桑·本·艾兰和秩达的纳兹尔、沙特丁·易卜拉欣·本·姆拉呈递了书信，要求准许他们前往秩达。于是，伯拉克特和沙特丁二人便请求（马穆鲁克朝）苏丹（巴鲁士贝）俯允，并说，他们（中国船）到来时将会获得很大的利润。因此苏丹回答说，让他们来航，并殷勤地接待他们。"伊本·哈吉·阿斯格兰接下去做了记述："1432 年，数艘中国戎克船载着不计其数的奢侈品到达麦加，并在麦加卖掉了那些货物。"

海外遗存是中外经济文化交流发展繁盛的真实写照，同时呈现出明代青花瓷在海外拥有的广阔市场。

更重要的是，郑和七下西洋，中国人以前所未有的规模走向海外，走向外部世界，成为举世闻名的海上壮举。航海使团不仅发挥了沟通域外所至之处各种文明的重要作用，更引发了中外文明交流高潮的到来。永乐二十一年（1423），出现了南浡利、苏门答剌、阿鲁及满剌加等 16 国派遣使节 1200 多人到北京朝贡的盛况。伴随文明对话进入一个全盛期，通过礼品交换与贸易，中华文明与东亚、东南亚、南亚、西亚、中亚和非洲等多种文明的汇聚和交流，清晰地反映出文明交流发展的历程。青花瓷在这一历程中占有重要地位。

元末青花瓷的烧造已经开始成熟，根据近年来中外学者的研究，在西亚伊朗以及土耳其等国保存有一些质地精良、器形硕大、纹饰精美的元青花珍品，在东南亚地区也有一些青花瓷器，而在中国各地出土元青花的元代墓葬和窖藏不下几十处，其精美程度不亚于各国藏品。蒙古人统治下元朝生产的青花瓷流播到蒙古四大汗国等处不会没有外销的因素，但近年的研究表明，以往认为元青花主要用于外销的观点似乎不能成立。总而言之，元代青花瓷在海外遗存不多，在国内即使是元代高档次的墓葬中也比较罕见，据此可知青花瓷在当时尚不可能成为与大量生产的青、白瓷抗衡的瓷器品种。1976 年韩国新安沉船出水的中国瓷器中，元代龙泉窑的青瓷在数量上占有明显优势，在近 17000 件瓷器中，龙泉系青瓷多达 9639件，占总数的 57.4% 还多，景德镇系青白瓷、白瓷达 4813 件，约占总数的 28.69%，两项共 14452 件，占总数的 86.09%，但青花瓷完全没有发现。于是一个历史事实呈现在我们面前：龙泉窑青瓷在元代外销中占据主流地位。正因为如此，明初外交发展到鼎盛，15世纪初郑和下西洋凸显了中国与西洋文明交流的意义，下西洋本身涵盖了政治外交与经济贸易的内涵，产生的直接后果是大量迎合海外需求的瓷器外销，扩大了海外贸易，开拓了海外市场。在这样一个中外贸易繁盛的大背景下，迎合海外风尚的青花瓷迅速发展并流行海外。

值得注意的是，对海外考古遗址发掘与传世品的调查证明，13—14 世纪中国出口的瓷器以青、白瓷为主；15 世纪以后，明早期青瓷仍是瓷器出口的主要品种，青花瓷逐渐增多；到 16 世纪，青花瓷占据了主要地位。

二、外销推动了瓷器发展走向的改变：景德镇珠山御器厂遗址的证明

自唐代以后，中国瓷器"南青北白"的格局已经形成，成为中国瓷器发展的主要特征。青花瓷虽然在唐代产生，但直到元代后期才烧制成熟，并不是大量生产的瓷器品种，也不足以动摇传统青瓷、白瓷的主流地位。

中国瓷器的生产格局和发展走向以青花瓷为主，在元末已经露出端倪，而最终转变是在明代永乐、宣德时期。

景德镇在宋元时期还不能算是全国瓷业的中心。景德镇成为全国瓷业的中心，是在明代御器厂建立的基础上，伴随着制瓷业的高度集中才实现的。御器厂是明朝宫廷为了获得精美华贵的御用瓷器而设立的，青花瓷是应宫廷对外交往需要而兴起的瓷器新品种。青花瓷在郑和下西洋时期大量输出海外，与当时景德镇制瓷业的发展是分不开的——内外因彼此促进。我们也可以说，正是国内瓷器生产的创新发展，推动了瓷器在海外的交流与贸易。

值得注意的是，当时世界处于伊斯兰文化传播的一个高潮期，在这一时代背景下，郑和下西洋持续了近 30 年，所到之处，大多是伊斯兰文明流行的区域。下西洋随行的通事（翻译），选择通晓阿拉伯语的马欢、哈三等人，可以说明这一点。马欢在《瀛涯胜览》中记述了下西洋时的见闻，所至爪哇、旧港、苏门答剌、南浡里、那孤儿及黎代，均已伊斯兰化。满剌加"国王、国人皆依回回教门，持斋受戒"。哑鲁国"国王、国人皆是回人"。柯枝国国人有回族人

一等，古里大头目是回族人，"国人皆奉回回教门"。溜山国碟翰国王、头目、民庶皆是回族人。祖法儿国、阿丹国"国王、国人皆奉回回教门"。榜葛剌国"举国皆是回人"。忽鲁漠厮国"国王、国人皆奉回回教门"。天方国就更不用说了。总计所至 20 国，有 4/5 是伊斯兰国家。至于下西洋所至的东非，伊斯兰教的传播更早，可以追溯到穆罕默德时代。因此，下西洋近 30 年间，走了亚非 30 多个国家与地区，本身也极大地促进了伊斯兰文明在这些地区的广泛交流。远航有如穿针引线，织就了亚非繁盛的贸易网络，更重要的是，各国文明凭借着这一网络而建立起稳定的交流途径。中外文明的交融，青花瓷成为典型一例。基于上述时代背景，这种带有伊斯兰风格的瓷器品种在海外流行发展的趋势是可以想见的。众所周知，下西洋给景德镇带回了"苏麻离青"。这种海外钴料，使得景德镇烧制的青花瓷达到了烧造的高峰。

根据陶瓷专家研究，进口钴料使永乐青花特别是宣德青花，达到了炉火纯青的地步，这是后来大量仿制所难以企及的。在造型上，永乐、宣德朝青花瓷不仅有传统的盘、碗、梅瓶等，更出现了许多新增的器形，如八角烛台、花浇、筒形花座、扁瓶、扁壶、长颈方口折壶、天球瓶、仰钟式碗等，明显具有浓厚的伊斯兰风格，有些是受西亚金、银、铜器的影响，或仿西亚的金属等器皿器形生产的。以至有学者通过对比研究认为，"百分之八十的永、宣青花瓷在造型方面可以在西亚地区古代金银器、铜器、玻璃器、陶器中溯源到范本"。除了造型的域外风格以外，纹饰上也有很多采用了带有域外偏好的花卉植物等。中国悠久的手工艺传统获得了更新，取得了骄人成绩。

在郑和下西洋的宏大背景下，从扩大的航海贸易、扩大的海外市场，再到扩大的瓷器生产，贸易、市场、异文化交流紧密联系在一起。强劲的海外市场支撑了景德镇青花瓷的生产，也刺激了瓷器新品种的生产和改进。有明一代，以景德镇为中心烧制的青花瓷，其生产在永乐、宣德年间有了飞速的发展，被后人称为黄金时期，为此后青花瓷最终取代传统的青瓷与白瓷，成为中国瓷器的主流，奠定了坚实的基础。

吴仁敬、辛安潮在《中国陶瓷史》中曾评论："明人对于瓷业，无论在意匠上、形式上，其技术均渐臻至完成之顶点。而永乐以降，因波斯、阿拉伯艺术之东渐，与我国原有之艺术相融合，于瓷业上，更发生一种异样之精彩。"永乐以降，所谓"异样之精彩"，无疑是指青花瓷。探求瓷器"异样之精彩"的发展原因，一方面永乐、宣德年间重视瓷器的烧造，宫廷有对外交往需要；另一方面郑和下西洋持续近 30 年，所到之处，大多是伊斯兰文明流行的区域，下西洋进行了大量海外贸易活动，给景德镇带回了"苏麻离青"，这种钴料使得景德镇烧制的青花瓷达到了炉火纯青的地步，与此同时，伊斯兰风格也为景德镇的青花瓷增加了更多的域外情调。这种相得益彰的现象反映在当时亚非的广大交往区域，青花瓷成为一种深受当地人们喜爱的流行时尚出现，并拥有一个不断扩大的市场是合乎逻辑的。

在郑和下西洋近 30 年时间里，外国使臣纷至沓来，外交与贸易交往中青花瓷器大量流向海外。具体说来，明初的朝贡贸易有互惠交换和市场交易两部分，大致可分为四种类型：第一种，朝贡给赐贸易；第二种，由各国国王或使团附带而来的商品贸易；第三种，遣使出洋直接进行的国际贸易；第四种，民间的私人贸易。在京师，对外贸易主要集中在会同馆进行。《礼部志稿》卷三六《会同馆》云："洪武二十六年规定：凡远夷之人，或有长行头匹，及诸般物货，不系贡献之数，附带到京，愿入官者，照依官例具奏，关给钞锭，酬其价值。"官方给价收买外，会同馆内还举行定期的贸易活动。《大明会典》记载："各处夷人朝贡领赏之后，许于会同馆开市三日或五日，惟朝鲜、琉球不拘期限。俱主客司出给告示，于馆门首张挂，禁戢收买史书及玄黄、紫皂、大花、西番莲、段匹，并一应违禁器物。各铺行人等将物入馆，两平交易。"在地方，明朝设市舶提举司，并有牙行："始设于永乐之初，四夷来朝，上许顺带土产互市，而恐奸民欺骗，有失远人向化之心。遵照国初事例，于浙江、福建、广东各设市舶提举司，以隶各布政使司，随设正副提举、吏目之官，部颁行人，专主贡夷交易。"因此，明初特别是永乐年间对外贸易的特点是"贡"与"市"结合的朝贡贸易。明人所用的名称"贡市"，反映了明朝现实，是很准确的。而明人所总结的"有贡即有市"，说明"贡市"包含进贡朝廷和民间互市两方面，表明朝贡贸易不仅是朝贡与给赐，也包括民间互市部分。实际上，"贡"在贸易中只是小部分，而"市"是朝贡贸易的主体，明初"市"依附于"贡"，极大地发展繁盛。永乐、宣德年间海外贸易发达，随着下西洋中外交往的扩大发展，大量带到海外的青花瓷深受当地人们喜爱，如上述马欢记载爪哇国时就用"最喜"一词，瓷器成为重要的对外赏赐和外销物品，无疑刺激了其生产发展与技术更新。主要依托于对外交往，景德镇御器厂生产规模进一步扩大，官窑从洪武时的20座扩大到宣德时的58座。一般而言，瓷器变化在宣德年间开始显著起来，后人云"诸料悉精，青花最贵"，"此明窑极盛时也"，说明在宣德时青花瓷已后来居上，青花瓷的数量和质量都得到了提升，成为重要的瓷器品种之一。

值得注意的是，宣德五年（1430）皇帝敕书曰："今命太监郑和等往西洋忽鲁漠斯等国公干，大小船六十一只，该关领后交南京入库各衙门一应正钱粮，并赏赐番王、头目人等彩帛等物，及原阿丹

234 / 国学要义精讲读 2

等六国进贡方物给赐价买到纻丝等件，并原下西洋官军买到瓷器、铁锅、人情物件，及随船合用军火器、纸机、油烛、柴炭并内官内使年例酒、油烛等物，敕至，尔等照敕放支。"说明下西洋船队携往海外的物品数量惊人，其中包括瓷器，而且因为官窑生产的瓷器尚不足出洋之用，还有部分购买自民间。由于敕书中所云"西洋忽鲁漠斯等国"可以确定是伊斯兰教国家，所以，我们有理由推测敕书中的瓷器是有青花瓷在内的，并且宣德年间民窑烧制的青花瓷已是官窑的补充。

文献记载可与考古文物相互印证。20 世纪 80 年代开始，景德镇珠山明代御器厂遗址相继发现和发掘了洪武、永乐、宣德、正统、成化、弘治及正德等年代的大批瓷器和瓷器碎片。此后历次发掘，都大大拓宽了人们的眼界。1982—1994 年，景德镇市陶瓷考古研究所对御窑遗址进行发掘，出土了明代洪武至嘉靖时期的落选御用瓷片"竟有十数吨，若干亿片"，并修复了洪武、永乐、宣德、正统及成化时期的大量落选御用瓷器，为研究明代御窑瓷器提供了珍贵的实物资料。90 年代，冯先铭先生指出："从景德镇御器厂发掘情况来看，永乐地层出白釉器物，宣德地层出青花，这为两朝的断代提供了科学的依据。"据介绍，自 1982 年在珠山东段发现大量永乐甜白瓷以后，1983—1984 年又在那里出土了永乐、宣德的各种瓷器碎片，包括有青花、釉里红、红釉、甜白和彩瓷等。1988 年在中华路明御器厂遗址发现并出土了永乐青花和宣德天青釉等瓷器；同年，在东司岭出土了宣德青花填红花钵、青花孔雀绿釉盘碗。后来1993 年，于御器厂遗址东门附近出土的宣德瓷器有青花蟋蟀罐等。考古发掘结果说明，"品类有青花，青花填红、填黄和斗彩，低温红彩，低温黄釉彩（浇黄），绿釉和孔雀绿釉，低温洒蓝釉，低温孔雀绿釉地青花，低温黄地绿釉彩，高温红釉，甜白釉，宝石蓝釉，天青釉，白釉铁红彩"等。斗彩是宣德官窑独创，是将釉下青花与釉上红、黄、绿、紫诸色巧妙组合的新品种，被称誉"为中国釉上彩瓷的发展开辟了一条新路"。2002—2004 年景德镇的发掘进入一个新阶段。根据发掘简报，出土瓷器中以明代永乐、宣德、成化、弘治及正德时期的数量较多，内涵丰富，均属于落选的御用瓷器。专家认定第五层是明代宣德时期御窑的原生堆积，在那里"出土有明代宣德御窑瓷器和瓷片及大量的窑具。瓷器（含瓷片）的品种主要有白釉瓷器、仿哥釉瓷器、仿龙泉青釉瓷器，另有少量的青花瓷器等，器形主要有碗、盘、把盏、果盘、罐、炉、爵等，有些器物的外底刻'大明宣德年制'双圈楷书六字款。窑具主要有匣钵、套钵和垫饼"。值得注意的是，最后总结说："永乐时期绝大多数为釉里红、红釉瓷器，少数为紫金釉瓷器，个别为青花釉里红、黑釉瓷器等；宣德时期以白釉、红釉瓷器为多，洒蓝釉、孔雀绿釉、仿哥釉、仿龙泉青釉瓷器次之，另有少量的蓝釉、青花瓷器等；成化时期主要是斗彩、斗彩半成品、仿宋官青釉瓷器，另有青花、白釉瓷器等；弘治时期基本是黄釉、白釉绿彩、白釉绿彩半成品瓷器；正德时期主要是青花瓷器。"

根据上述所引述发掘报告，我们发现出土实物呈现出百花齐放的局面。

2007 年 4 月，当我们步入首都博物馆与景德镇陶瓷考古研究所合作主办的"景德镇珠山出土永乐官窑展"时，发现御器厂遗址出土的永乐年间烧造的器物中，釉里红、青瓷、白瓷、青花瓷等都有一席之地。这种情况说明，青花瓷当时还只是与其他瓷器并列的一个品种，没有胜出于其他种类之上。这一点在景德镇官窑发掘报告中进一步得到了证实。青花瓷在永乐、宣德年间虽然得到了发展，但还不能说已经成为当时瓷器的主流。所谓永乐、宣德朝是青花瓷

青花海水白龙纹八方梅瓶　故宫博物院藏

的黄金时代，是指这一时期官窑创新烧造的青花瓷，胎质细腻、釉层晶莹、青色浓艳，以品质精良、造型多样和纹饰优美而负有盛名，成为后世的标本。确切地说，郑和下西洋的功绩在于推动青花瓷发展为瓷器的重要品种，并吸收外来文化，推陈出新，为此后青花瓷成为主流瓷器奠定基础。

值得注意的是，上述景德镇珠山明代御器厂遗址发掘报告，向人们展示出自永乐至正德年间瓷器生产发展的真实轨迹。出土实物显示，自成化年间开始，民窑青花瓷烧制已开始出现繁盛的景象。报告中多处说明出土于明代成化时期的"青花、仿宋官青釉、白釉、斗彩及斗彩半成品瓷片，另有匣钵等"，其中有被专家鉴定为民窑的烧造品。弘治时则基本上延续了成化年间白釉、青花瓷烧造的状况，出土物中有弘治年间的青花云龙纹大盘等。根据简报，在发掘出的正德时期实物中，有御窑瓷片和较多的民窑瓷片，"以青花和白釉瓷片为主"，这表明到了正德年间，青花瓷生产呈现出绝对优势。后人记载正德窑："有大珰镇云南，得外国回青，价倍黄金，知其可烧窑器，命用之。其色古菁，故正窑青花多有佳品。"说明在这一时期制瓷原料有了新的来源，有利于青花瓷生产的发展。此后的嘉靖窑，"惟回青盛作，幽菁可爱，故嘉器青花亦著"。青花瓷的发展一直延续下去，在出土的晚明民窑青花瓷器类中，有碗、盘、杯等，以碗为主。青花颜色浅淡，纹饰内容丰富，有人物和花草、果品、动物等，这已为大量出土器物所证明，不再赘述。

根据《大明会典》记载，"宣德八年尚膳监题准烧造龙凤纹瓷器"，当年烧造了各样瓷器443500件。可见当时瓷器烧造数量之大。可是，我们又如何解释御器厂遗址发掘的宣德时期实物中青花瓷并不多的事实呢？或许可以这样来看：第一，发掘的实物主要是当时落选的御用瓷器，所以不能反映烧造的全貌，青花瓷的烧造在宣德时达到了炉火纯青的地步，也许不会有太多的落选品。第二，主要用于外销的青花瓷，也许不必如御用那样要求苛刻。当然，这只是推测，还有待于专家进一步研究。

重要的是，景德镇珠山御器厂的发掘结果，与海外考古发掘和传世品的调查结果是一致的：15 世纪以前瓷器以青、白瓷为主，15世纪前期青花瓷逐渐增多，到 16 世纪，青花瓷占据了主要地位。

清人评论说，"自有明以来，惟饶州之景德镇独以窑著"，并指出，古窑一直崇尚青瓷，到明代流行纯白瓷，已经没有秘色瓷了，明朝人在白瓷上或绘青花，或加五彩；明代瓷器发展的主要特征，是以青花和在青花基础上出现的五彩取代了传统的青瓷。我认为这还有更为重要的意义。青花瓷在明代脱颖而出，有天时、地利与人和的条件。海外市场推动了景德镇青花瓷的生产与创新，同时也推动了中国瓷器发展走向的改变。这样一种与传统瓷器风格不同、颇有特色的中国瓷器新品种，在明代步入了黄金时代，这意味了什么？意味着在陶瓷史上彩色釉取代了传统的单色釉，也意味着中国传统瓷器发展走向的转变。这无疑在中国陶瓷史上具有里程碑的意义。

商业逻辑最终决定了青花瓷的命运，青花瓷带有大航海时代的深刻印记。永乐至宣德时期，正是在海外风格与时尚的影响下，生产青花瓷使用的是进口钴料，其器形与纹饰具有明显的域外风格，且大量行销海外。这种中外文明交融的产物，成为景德镇瓷器生产的重要品种之一，自此进一步推动了中国瓷器发展走向的转变。青花瓷与中国传统主流瓷器青瓷、白瓷的地位开始发生了变化，青瓷等逐渐跌入了低谷，不见了昔日的辉煌，而青花瓷则成长为中国瓷器的主流。伴随传统青瓷被具有外来风格的青花瓷所取代，一种在海外流行的时尚逐渐成为中国本土的时尚，这只是一个时间问题。

三、商业化使青花瓷从宫廷走向社会时尚：北京出土瓷器的证明

从北京瓷器出土遗址来看，青花瓷并不是一出现就进入了中国时尚的行列。尽管精美的元代青花瓷器在各国博物馆里耀眼夺目，但不能说当时青花瓷已成为中国的时尚。只是进入明代以后，青花瓷才引领了时尚潮流。

英国学者哈里·加纳（Harry Garner）对于中国青花瓷卓有研究，在他的专著《东方的青花瓷器》（*Oriental Blue and White*）中，系统阐述了中国青花瓷的历史。基于对大量公私收藏青花瓷器的研究，他对元代青花瓷做了下面的论断："青花瓷在 14 世纪上半叶仍在早期发展中，还没有达到举国一致喜爱的阶段。"这无疑是准确的。元青花瓷影响不大，元大都遗址出土的瓷器中，以磁州窑白瓷、龙泉窑青瓷、景德镇影青瓷以及钧瓷为多，青花瓷很少，就是一个很好的印证。

曲永建先生在《残片映照的历史：北京出土景德镇瓷器探析》一书的《总论》中开宗明义："根据北京出土的大量实物，证明景德镇瓷器自明代以后成为中国瓷器的主流是当之无愧的。而其中绝大部分是民窑青花瓷。它之所以能够集历代陶瓷绘画、工艺之大成，除依靠得天独厚的资源优势以外，究竟靠什么，在残酷的商品竞争中战胜甚至于淘汰了不少历史悠久的其他窑系同行，进而取得霸主地位，这个问题的本身便值得我们去思考和探讨。"

我们知道，明初景德镇继承了元青花瓷的烧造，但是，根据成书于洪武年间的曹昭《格古要论》记载，"青花及五色花者俗甚"，可见青花瓷在当时人眼里并非上品，也不可能流行于世。

《大明会典》记述："洪武二十六年定：凡烧造供用器皿等物，

须要定夺制样，计算人工物料。如果数多，起取人匠赴京，置窑兴工；或数少，行移饶、处等府烧造。"说明了明初的景德镇瓷与龙泉青瓷并列，龙泉青瓷仍在烧造之中。这一点也为北京出土瓷器所证明。北京出土的明早期瓷器数量上显示，明初龙泉窑和磁州窑的销量大约与景德镇旗鼓相当，说明当时是一种"三分天下"的状况。

上文论述了郑和下西洋与青花瓷外销的直接联系及其影响。然而，青花瓷并不是一蹴而就，成为瓷器生产的主流的。永、宣以后，青花瓷从诸多品种之中胜出，独占鳌头，从外销和宫廷需求为主发展为社会普遍消费需求，从海外流行到成为中国本土社会的时尚，还有一个过程。

如果说郑和下西洋在海外为青花瓷崛起带来了第一个契机的话，那么，第二个契机发生在国内。从某种意义上说，这个契机就是从使用进口钴料到国产钴料的成功转变。这一转变在成化年间完成，于是为民窑青花瓷的大量生产带来了可能性，青花瓷才真正有了为社会普遍所接受并成为社会时尚的可能。以下史料可以证明成化年间的这种转变。

晚明王士性云："应之本朝，以宣、成二窑为佳，宣窑以青花胜，成窑以五彩，宣窑之青，真苏浡泥青也。成窑时皆用尽，故成不及宣。成窑五彩堆垛深厚，而成窑用色浅淡，颇成画意，故宣不及成。"重要的是，他指出了"宣窑以青花胜"，成窑不能与之相比，就是因为"宣窑之青，真苏浡泥青也"。而王氏认为"成窑时皆用尽"，所以"用色浅淡，颇成画意"成为成化青花的特点，也有宣德青花不及之处。他提到"成窑五彩"，成化时斗彩又称为"成化五彩"或"青花装五色"，是在青花瓷基础上，加五彩创烧出的新品种，是成化瓷器中具有很高声誉的品种。

清人朱琰《陶说》中云宣德窑："此明窑极盛时也。选料、制样、画器、题款，无一不精。青花用苏泥浡青，至成化，其青已尽，只用平等青料。故论青花，宣窑为最。"这里所说的是宣德时期的青花瓷在后世公认达到了烧造的巅峰，也说明了成化时期进口钴料用尽，转而全面使用国产钴料这样一个事实。

还有一条史料可以佐证。在《明实录》中，我们见到成化七年（1471）库藏的海外胡椒、苏木不足以再给官员折俸的记载，这说明至成化时海外进口物资出现了库藏枯竭的状况。

实际上，这一事实已为成化年间大量青花瓷传世品所证明。成化青花瓷改用国产钴料，纹饰纤细，青料淡雅，别具风致。这绝不仅是青花瓷风格的变化，重要的是，钴料的本土化，为此后青花瓷器为国内各阶层普遍接受，器形扩大到家庭日用的各个方面，成为瓷器生产的主流，提供了重要的前提条件。

在明初，带有明显外来文明印记的青花瓷，应伊斯兰文明为主的广大地区的需要，做工精美、工艺考究、风格独特，主要供给海外贸易之用；在海外流行的同时，在中国本土供给宫廷消费，成为皇家、贵族必不可少的奢侈品。如今天故宫所保存的三个永乐时期的压手杯，就是绝代精品。而那时民窑基本上被禁止烧制官窑样式。然而，明初的"新"与"异"，如果仅仅停留在为宫廷和外销生产，对于百姓来说就只能如同"藏在深闺人未识"。换言之，钴料是青花瓷器烧制工艺的基本原料，如果钴料一直依赖进口，成本昂贵，那么青花瓷普及全社会就只能是空想。当时民窑的青花瓷要实现大发展，就必须解决钴料这一关键因素。

胡雁溪先生认为，青花瓷真正成为我国瓷器生产的主流是在明代，而生产的主体是民窑："明代瓷都景德镇，陶瓷业兴盛时估计民窑约达 900 座，年产瓷器约 18 万担，大小搭配，每担以 200 件计，产量达 3600 万件。而据记载，明代御器厂产量最大的 1547 年（嘉

242 / 国学要义精讲读 2

靖二十六年），也不过 12 万件，只相当于民窑产量的千分之三，一般年景不过数千到数万件，尚不及民窑产量的千分之一。可见'行于九域'的景德镇瓷器基本上是民窑产品。"

因此，明清时人所言及的成化以后其青已尽的变故，实际上指出了在成化以后完成了钴料的本土化，意义非同寻常，可以认为民窑由此突破了发展的瓶颈。从北京出土的瓷片来看，以景德镇民窑瓷器为大宗，又以碗、盘等日常生活用品为最多，反映了成化以后民窑青花瓷发展形成社会时尚的轨迹。

人们审美观念的变化与社会变迁有着千丝万缕的联系。民窑想获得发展，除了钴料自给以外，还要冲破仿造官窑样式和纹饰的禁令，如以龙凤纹为例，《大明律·服舍违式》条规定：

> 凡官民房舍、车服、器物之类，各有等第。若违式僭用，有官者，杖一百，罢职不叙。无官者，笞五十，罪坐家长。工匠并笞五十。
>
> 凡僭用违禁龙凤纹者，官民各杖一百，徒三年。工匠杖一百，连当房家小，起发赴京，籍充局匠。违禁之物并入官。首告者，官给赏银五十两，若工匠年自首者，免罪，一体给赏。

由此可见，明初的法律规定是非常严厉的，器物不得违禁使用。

根据北京出土实物，曲永建先生注意到，至成化早期，凤纹和狮纹均有较长时间中断，而民窑青花瓷高足杯的把手多了一道棱，他认为那是因为正统三年（1438）曾禁止民窑仿造官窑式样，以至于其后民窑生产的青花瓷有了这样的变化。而这一样式后来竟为成化官窑所采纳。他还注意到在成化前后的民窑瓷器上，出现了发人深省的现象："经过二十年左右的沉默，以历代文人所崇尚的松、竹、梅组合开始（此前为官窑纹样），群起违禁，从纹饰上突破了这一藩篱，颇有法不责众的味道。"甚至龙的形象，自成化以后也几乎是偷偷摸摸地在民窑器物上出现了。曲永建先生总结道："天、成之交有飞龙，并盛行于正德。直到嘉靖以后，龙纹才堂而皇之地真正出现在民窑器上，这应归功于'官搭民窑'的结果。"

实际上，随着成化年间商品经济的发展，白银货币化进程加速，特别是赋役改革在全国推行，社会发生了重大变化，从根本上加速了经济活动，促进了生产，也促进了消费，更促成了等级社会旧秩序的瓦解。手工业者即工匠的以银代役，始于成化年间。成化二十一年（1485），奏准轮班工匠有愿出银者可代工役，当时南北工匠出银各不相同。此后，雇佣匠制逐步全面推行。到嘉靖四十一年（1562）一律以银代役，"班匠通行折价类解"。明代赋役折银，是商品货币经济迅速发展的表征。从某种意义上说，对于手工业者而言，与国家的人身依附关系通过白银得到解绑，隶属关系减轻了，匠户有向自由雇佣劳动者过渡的趋势。一方面，工匠摆脱了劳役，成为独立的手工业者，获得了独立经营手工业的条件，对提高生产积极性、扩大生产规模大有好处，工匠的技术和产品可以更多地投向市场，这引发了民营手工业的快速发展。另一方面，以银代役，也促使官营手工业不可避免地走向衰落，相应地，民营手工业蓬勃发展起来。这是一个此消彼长的过程。根据文献记载，景德镇御器厂在正德时雇募工匠，嘉靖到万历时雇役匠已经及于各作，采用了计日受值的方式，如"画役令各作募人，日给工食银二分五厘。各匠募役龙缸匠、敲青匠日给银三分五厘"。与此同时，镇上民窑发展迅速，嘉靖间"聚佣至万余人"，到万历时"每日不下数万人"，已经具备了手工工场的规模。从此，"器成天下走"，景德镇瓷器"所被自燕云而北，南交趾，东际海，西被蜀，无所不至"。由于民窑的发展扩大，景德镇这一"瓷都"，名副其实地进入了当时商人所称都会之列："大之而两京、江、浙、闽、广诸省。次之而为苏、松、淮扬诸府，临清、济宁诸州，仪真、芜湖诸县，瓜州、景德诸镇。"宋宋应星在《天工开物》中记载："合并数郡，不敌江西饶郡产。……若夫中华四裔，驰名猎取者，皆饶郡浮梁景德镇之产也。"明代景德镇所产瓷器，以青花瓷为主，以各种彩瓷相辅，不仅引领了全国瓷器生产的潮流，而且达到了中国古代制瓷史上的高峰，集中反映了中国古代制瓷业的高度成就。

当民窑崛起，完成了原料由进口向国产的成功转变，并且冲破了种种禁约时，一种流行海外的时尚也迅速变成了中国本土的时尚。随着市场需求不断扩大，青花瓷的生产也呈现出扩张趋势。当官窑无法满足市场需求时，嘉靖年间出现了"官搭民烧"的形式，嘉靖以后许多民窑制品纹饰已与官窑同步，也就毫不奇怪了。继之，民窑合乎情理地蓬勃兴起，直至极大发展，最终取代了官窑。

从北京出土的青花瓷来看，在成化以后，民窑极大地发展起来，青花瓷从官窑产品到民窑产品，从宫廷与海外精品转变成民间的日常生活用品。在商品化加速发展中，青花瓷在品种和造型方面都有变化，日常用品明显增多，生活功用性青花瓷产品确立了主流地位。"官民竞市"中青花瓷的主导地位表明，一种带有外来风格、曾经与海外生活方式相关的流行时尚，已为中国百姓所接受，得到了中国社会的认同，人们的审美观念也变化了，这在民窑瓷工手中直观地显现了出来。从碗的造型变化轨迹也可以看出，稳定、实用的功能变得越来越突出。这从一个特定侧面反映了晚明审美观念日趋实用的主流态势。青花瓷得到社会普遍喜爱，有如"旧时王谢堂前燕，飞入寻常百姓家"，越来越多地进入了平民百姓之家，成为人们生活中必不可少的组成部分，于是，青花瓷取代青瓷、白瓷，占据了绝对优势地位，名副其实成了社会时尚。这种情况经历几百年持久不衰，到清代仍在继续。市场扩大，生产扩大，消费群扩大，曾流行于外国、流行于上层的青花瓷，自然而然地成为民间社会普通人的时尚。这种现象不仅在北京出现，全国各地窑场以宣、成窑的瓷品为范本，大量仿造，青花瓷成了人们日常生活中主要使用的瓷器。根据研究，民窑青花的主要产区有江西、福建、广东、云南、湖南、浙江、香港等，此外，自明代后期至民国，四川、广西、山东、河南、河北等地都曾烧制日用青花瓷。

晚明是一个变革的时代，巨大的变化同样在瓷器发展中表现了出来。晚明民窑的制瓷水平大幅提高，瓷画的艺术表现力活跃，显示出自由奔放的风格，表现了普通人的生活情趣，与晚明社会思想解放潮流同步出现。青花瓷纹饰特征有明显的时代风格，在明后期的青花瓷上，呈现出大量人物、山水、花鸟等中国传统绘画风格，自然奔放、生活气息浓厚的写实图案十分突出，这些与人们日常生活息息相关的生活用具，充分展示了明人富于创意、勇于求新的审美心态。不少学者指出青花瓷画与晚明文人画的联系，这里不再赘述。明代青花瓷，由此达到了陶瓷工艺的一个高峰。

晚明传统瓷业随着社会发展进入大调整、大重组和全面优胜劣汰的境地，景德镇青花瓷胜出龙泉、磁州等传统青白瓷窑系，一枝独秀，真正成为中国瓷器的代表。实际上，景德镇青花瓷不仅在中国成为瓷器的主流，晚明欧美市场对青花瓷的大量需求，给青花瓷带来更为广阔的海外市场，促使青花瓷为适应欧洲需要而设计出新品种，青花瓷进一步成为中西文化融会的典型，远销欧洲和美洲，进而独步世界，享誉全球。国内从清代康雍乾时期直至民国都有大量仿造品，域外也纷起仿制。归根结底，域外风采与中土风格的结合，构成了青花瓷独步世界的魅力。

青花瓷原是为满足宫廷特殊需要生产的瓷器。宫廷用瓷包括宫中所用器皿，对内、对外赏赐用瓷，以及对外交换用瓷三部分。作为商品，主要是外销。成化以后，伴随着商品货币经济的变化，市场极大地发展，民窑在以往基础上更加蓬勃兴起，青花瓷作为商品，广泛地参与了社会经济生活和文化生活，获得了广大社会群体的青睐。其中仅碗一项就有数十种之多，充分说明这种工艺品深得人心。重要的是，这种开始为外销而生产的商品，转而纳入了国内商品化的轨道，为国内市场需求而生产，加之社会经济发展，人们生活环境变了，人们的消费观、审美观也随之变化。晚明时人们不仅仅追求实用，更是在追求一种更加开放的新生活，从这个意义上说，青花瓷成为时尚，也是一种社会进步的表征。

四、结语

从海外遗存、景德镇明代御窑厂遗址再到北京出土景德镇瓷器，种种证据都表明，青花瓷在明代的崛起，是郑和下西洋的伟大功绩之一。

以往有关瓷器的研究，多关注的是器物，较少注意到青花瓷在明代发展的过程。青花瓷在明代成为时尚瓷器，始于外销的繁盛，终于商品化的发展。根据我们前面提到的，明初虽然继承元代烧制青花瓷，但其并没有从诸多瓷器品种中凸显出来。由此，明代青花瓷的发展并非一蹴而就，大致可分为两个阶段：

第一阶段，永乐至宣德时期，是青花瓷发展的第一个重要时期。以郑和下西洋为契机，中外文明成功交融，是青花瓷器创新发展达到高峰的黄金时期。

第二阶段，成化至万历时期。以成化年间使用进口钴料向国产钴料的转变为契机，是青花瓷发展的第二个重要时期。对内青花瓷得到社会普遍认同，成为中国瓷器主流；对外大量外销，成为中国瓷器代表，进而中西文明成功交融，瓷器创新发展达到又一高峰。

具体来说，青花瓷崛起的两个阶段具有不同之处，形成了递进的关系：

第一，从需求来看，第一阶段主要是供给宫廷与外销；而第二阶段则主要是满足社会各阶层需求，进而走向了世界。

第二，从生产和供给看，需求是生产发展的原动力。第一阶段官窑生产是主体，主要依靠进口原料，依托于对外交往的扩大，外销为生产提供了动力，创造了有利条件；第二阶段民窑生产是主体，原料的本土化为生产的扩大发展和社会普及提供了前提。

第三，从消费来看，第一阶段消费群体主要是宫廷和海外各国上层，宫廷消费不可能有太大规模，而海外存在最大的消费群体，也可以说消费市场主要在海外；第二阶段从宫廷走向社会，从奢侈品走向百姓生活日常用品，消费市场主要在国内，消费群体主要是国内社会各阶层。

第四，从发展趋势看，第一阶段扩大外销，推动了国内手工业的商品化和专业化发展；第二阶段商业化加速进行，民窑规模扩大，生产与消费同步增长，进而畅销海内外，独步世界。

第五，从观念上看，第一阶段主要是汲取海外异文化因素，中外文明交融，产生瓷器新品种，流行于海外，随之，中国瓷器发展方向发生了重大转变；第二阶段是中外文明交融产生的瓷器新品种被社会普遍认同，一种海外时尚成为中国本土的时尚，反映了人们审美观念的更新，同时，也反映了晚明社会求新、求异的变化特征。

综上所述，跨文化的"结晶"——青花瓷取代中国传统的青、白瓷，成为中国瓷器的代表，经历了两个发展契机和中外文明交融的发展历程。时尚指引了消费，引导了生产，影响了整个社会和整个世界，这一切都与大航海时代中外文明交流密不可分。

由此，我们可以回答本文最初的那个问题了。

第一，青花瓷为什么会在明代崛起？结合时代特征，明初景德镇御器厂建立，使得青花瓷工艺创新，技术提高。郑和下西洋为青花瓷迅速崛起提供了历史契机。在下西洋经历近 30 年以后，青花瓷达到了瓷器新工艺的顶峰。航海推动了青花瓷作为商品大量生产和外销，不仅促进了技术创新，而且改变了中国瓷器发展的走向，同时也带来了人们审美观念的更新。因此，青花瓷崛起是大航海时代技术创新与文化交融的硕果，中外交往的繁盛推动了文明的大交融和生产技术与文化艺术的创新发展。

第二，青花瓷为什么会成为瓷器的主流？结合时代特征，明成化时原料本土化，为民窑青花瓷崛起提供了条件，民窑青花瓷遍地开花，商业化使青花瓷几乎形成一统天下的局面。以青花瓷为标志，彩瓷逐渐成为中国瓷器的时尚，反映了中国瓷器史上彩瓷取代传统青、白等单色瓷的划时代变迁。一种海外流行的时尚也成了中国本土的时尚，中国传统的人物、花鸟、山水，与外来的伊斯兰风格融为一体，青花瓷成为中国陶瓷的代表，进而走向世界，最终万里同风，成了世界时尚。时尚兴盛是社会快速变化的标志，瓷器的演变与社会变迁有着千丝万缕的联系。一个时代有一个时代的文化，瓷器的演变之所以引人注目，还在于它见证了中国传统社会从单一向多元社会的转型。

张隆溪

男，出生于四川成都。哈佛大学比较文学博士，香港城市大学比较文学与翻译讲座教授，瑞典皇家人文、历史及考古学院外籍院士，欧洲科学院外籍院士，2016—2019 年作为第一位华裔学者担任国际比较文学学会主席。有《道与逻各斯》《强力的对峙：从两分法到差异性的中国比较研究》《不期的契合：跨文化阅读》《中西文化研究十论》等著作。

中西文化中的"镜子"意象

中西比较研究不仅需要理论的阐述，更需要具体文本的实例来阐明和论证文学与文化的可比性，达到不同文化传统的沟通与契合。由于中西历史、文化都有很大差异，什么是中西文学比较的基础，便成为颇具挑战性的问题。没有丰富的具体文本为例证，理论的比较就往往成为从概念到概念、充满理论术语、抽象而空洞的话语，甚至故弄玄虚，以晦涩冒充深刻，或按着别人的理论模式依样画葫芦，而毫无自己的见解。

一、钱锺书著作的启示

如何比较在语言、历史和文化传统方面都很不相同的中西文学，使这种比较具有说服力，能够激发我们的研究兴趣，启发我们进一

汉代铜镜　大英博物馆藏

步去思考？在这方面，钱锺书的著作可以说为我们提供了很好的典范。例如收在《七缀集》里的《诗可以怨》一文，指出文学创作中一种普遍现象，也是批评理论中一个具普遍意义的观念，即"苦痛比快乐更能产生诗歌，好诗主要是不愉快、烦恼或'穷愁'的表现和发泄"[①]。钱锺书引用了司马迁《报任安书》和钟嵘《诗品·序》以来大量的中国古代文献材料为例证，对"诗可以怨"做出极有说服力的论证。在他引用的文献中，令人印象尤其深刻的是刘勰《文心雕龙·才略》评冯衍的一句话："敬通雅好辞说，而坎壈盛世；显志自序，亦蚌病成珠矣。"[②]

《才略》篇列举古来众多作家，不可能各尽其详，所以评冯衍也只是一句话轻轻带过，但"蚌病成珠"四字却大可玩味。此话来自《淮南子·说林训》："明月之珠，蚌之病而我之利；虎爪象牙，禽兽之利而我之害。"[③]这是说换个角度看，所谓利与害都有相对性。在《淮南子》原文里，珍珠与虎爪、象牙并列，并未特出。在《文心雕龙》里，刘勰也是一句话带过。在文学批评中，似乎也没有特别引人注意。然而钱锺书指出刘勰拣出珍珠这个意象，以"蚌病成珠"讲冯衍因为"坎壈盛世"才在文学上有如此创造，就以牡蛎害病产生珍珠比喻作者遭逢不幸而创作好的文学作品，正好说出了"诗可以怨"的道理。这样一来，我们对刘勰这句话便不能不特别注意。不仅刘勰有"蚌病成珠"的妙喻，北朝的刘昼在《刘子·激通》里也说："梗柟郁蹙以成缛锦之瘤，蚌蛤结疴而衔明月之珠。"苏东坡《答李端叔书》有句："木有瘿，石有晕，犀有通，以取妍于人，皆物之病。"钱锺书指出，东坡"虽不把'蚌蛤衔珠'来比，而'木有

① 钱锺书《诗可以怨》，《七缀集》，第102页，上海古籍出版社1985年版。
② 范文澜《文心雕龙注》，第699页，人民文学出版社1958年版。
③ 高诱《淮南子注》，第300页，上海书店1986年版。

瘿'正是'梗楠成瘤'"。接下来，钱锺书又从西方文学中征引性质
相同的文本例证：

> 西洋人谈起文学创作，取譬巧合得很。格里巴尔泽说诗好
> 比害病不作声的贝壳动物所产生的珠子；福楼拜以为珠子是牡
> 蛎生病所结成，作者的文笔却是更深沉的痛苦的流露。海涅发
> 问：诗之于人，是否像珠子之于可怜的牡蛎，是使它苦痛的病
> 料。豪斯门说诗是一种分泌，不管是自然的分泌，像松杉的树
> 脂，还是病态的分泌，像牡蛎的珠子。看来这个比喻很通行。
> 大家不约而同地采用它，正因为它非常贴切"诗可以怨""发
> 愤所为作"。①

钱锺书举出古今中外许多文学作品具体文本的例子，使我们看
到，《文心雕龙》里"蚌病成珠"这个具体意象，不仅出现在中国的
诗文评里，而且也出现在英、法、德文的诗歌传统里，这就不仅使
我们对刘勰这句话刮目相看，有更深入的理解，也使得"诗可以怨"
这个观念，在中西比较和世界文学的广阔领域里，有了极具说服力
的论证。孔子说诗，提出诗有兴、观、群、怨四种功用，而钱锺书
特别拣出"诗可以怨"，认为无论从创作还是从批评的实践来看，这
都是最具普遍意义的观念。他论述的特点，就是在中西比较中，有
大量的文本例证为支撑，于是理论的阐述就极具说服力而不会抽象、
空洞，也因此而显出理论的普遍意义。

---

① 钱锺书《诗可以怨》，《七缀集》，第 104 页，上海古籍出版社 1985 年版。

二、"镜"与"灯"之喻

以下即通过具体文本，从比较的角度讨论镜或鉴这一具体意象在中西文学和文化中的意义。美国文论家艾布拉姆斯（M. H. Abrams）著有《镜与灯》（*The Mirror and the Lamp*）一书，论述西方文学批评到 19 世纪浪漫主义时代产生了一个重大转折，由强调文艺为摹仿自然，转而主张文艺为艺术家心灵之独创。卷首题词引用了爱尔兰著名诗人叶兹（W. B. Yeats）的诗句："必须更进一步：灵魂必须变成 / 自己的背叛者，自己的解救者，那同一 / 活动，镜变而为灯。"这里的镜与灯都是心灵的象征，镜的比喻将心的活动理解为反映事物，可以代表从柏拉图至 18 世纪之摹仿观念；而灯的比喻则以心为光之来源，向外发射而映照事物，可以代表 19 世纪之浪漫派理论。由镜变而为灯，则可比拟西方文论由摹仿到表现的转折。

中国也早有镜与灯之比喻。宋人范温《潜溪诗眼》正是用此比喻来谈论文学："古人形似之语，如镜取形、灯取影也。"[①]镜取形即应物象形，摹写自然，灯取影则感物吟志，抒发心声，所以镜与灯正是摹写与表现之比喻。《坛经·行由品》讲六祖惠能故事，尤其强调内心而不注重外物，关键也在镜的比喻。这个有名的故事说神秀半夜秉烛作偈，题写在墙上，其辞曰："身是菩提树，心如明镜台。时时勤拂拭，勿使惹尘埃。"然而悟性更高的惠能却另作一偈，意谓领悟佛性全在本心，不假外物。偈曰："菩提本无树，明镜亦非台，本来无一物，何处惹尘埃。"[②]这是说佛性空无，不必如明镜之须随时拂拭。此处虽未用灯之比喻，但佛教说传佛法正是"传灯"。

---

① 转引自周振甫《诗词例话》，第 253 页，中国青年出版社 1962 年版。
② 《坛经·行由品第一》，冯国超主编《中国传统文化读本·坛经》，第 38 页、第 41—42 页，吉林人民出版社 2006 年版。

例如,《维摩诘经·菩萨品》即用燃灯来比喻教化弟子,以千百灯相燃喻传承佛法:"汝等当学,无尽灯者,譬如一灯燃百千灯,冥者皆明,日月终不尽。"[①]这里的比喻正是镜变而为灯,其含义也正是由外物转而注重内心。禅宗对中国文学艺术产生不小的影响,或者从镜与灯的比喻中,我们能看出一点道理来。

然而镜子并非只是被动摹写自然,也有各种功用。玻璃能照人,平滑的金属表面也能照人,而镜之为物从来就使人着迷,并激发人的想象。对于博尔赫斯(Jorge Luis Borges)这位感觉敏锐、想象力极为丰富的作家来说,镜子是含义非常丰厚的象征,使人不仅想到肉眼所见,而且联想到心智所见,即物理意义上和心理意义上的看与理解的问题,联想到人之存在的复杂问题或存在之困惑。博尔赫斯说,人的行动都在"上演上帝预先决定和周密思考过的一部秘密的戏剧",人的一生直到其细枝末节都"有无法算清楚的象征价值"。镜子可以是人的工具,用来看清世间万物并理解上帝的"秘密戏剧",但这个工具又并不完美,因为镜子既可照人,又可能扭曲所照的影像。保罗在《新约·哥林多前书》第 13 章第 12 节就说过:"我们如今仿佛对着镜子观看,模糊不清。"博尔赫斯认为这句话是极具权威性的论断,说明人的理解力很有限,起码在人的现世生活中,人的认识和理解能力都相当有限。法国作家列昂·布洛瓦(Léon Bloy)受到保罗这句话的刺激,去探讨和思考人世间的各种问题,最后得出结论:"人并不知道自己是谁。"博尔赫斯认为这个结论最明白地说出了人"深沉的无知"。他在晚年写的一首诗里,又用镜子这个意象来象征人之渺小和谦卑:

---

① 《维摩诘经·菩萨品第四》,冯国超主编《中国传统文化读本·维摩诘经》,第 94 页,吉林人民出版社 2006 年版。

上帝造出黑夜，又辅以梦

和镜子，使人认识到

他不过是幻影，是虚妄，

也就明白上帝发出的警告。

在这里上帝造出镜子，使人意识到人生就如镜中之影，或如黑夜中之梦，都不过是空幻和虚妄。这似乎是从宗教的观点出发，对人生一种虚无主义的否定。可是博尔赫斯往往描述人如何做出英勇不懈的努力去探索上帝的秘密，哪怕那是最终不可能成功的努力，他也正是通过这种描述来表现人之尊严和价值。在这种描述中，博尔赫斯最喜欢使用的就是镜子和图书馆的比喻。图书馆有分类系统，象征人决心把秩序强加于变化而且多元的世界之上，但世界之复杂与精微又似乎非人所能控制，也非人所能完全了解。镜子和图书馆或书籍的关联，在欧洲有很久远的历史，可以追溯到流行于中世纪的"自然之书"的比喻。恩斯特·罗伯特·库尔述斯（Ernst Robert Curtius）就曾引用很多文本例证来讨论"自然之书"，其中第一个例子就是中世纪作家里尔之阿兰（Alan of Lille）说的话："世间万物对我们 / 都像是一本书和一幅画 / 或是一面镜子。"这里"书"和"镜子"相连，就为博尔赫斯另一篇故事《巴别的图书馆》的复杂结构奠定了基础。这篇故事一开头就说："宇宙（也有人称之为图书馆）是由数不清的甚至是无限量的八角形陈列馆构成的。"这图书馆结构宏伟，宽敞的大厅里有无数书架，排列得井然有序，上面放满了书籍，贮藏着人类智能的结晶。接下来就出现了我们已经熟悉的意象："在廊道里有一面镜子，忠实地复制出一切面相。"博尔赫斯说："人们往往由这面镜子推论说，这图书馆并不是无限的（如果真是无限，那又何须这样虚幻的复制呢？）；然而我却宁愿梦想那打磨得很光滑的镜面再现的是无限，或者让人觉得是无限的。"知识的无限可能性及复杂性，和图书馆陈列出来的不计其数且分类整齐的书籍之井然有序，就形成一种张力，甚至是一种对立，在这当中，人的智力不断努力把宇宙系统化，但无论怎样努力，人们都只能获得有限度的成功，却永远不可能达到完全理解的目的。值得注意的是，这不是一般的图书馆，甚至不是古代亚历山大里亚那传奇式的图书馆，而是巴别（Babel）的图书馆，而巴别正是圣经中野心勃勃的人类想要建造直通天庭的高塔，却最终受到上帝诅咒产生混乱而失败的象征。图书馆当然是把人类已经获得的全部知识都整理得有条不紊，如果像图书馆那样的宇宙复杂而令人困惑，就像一个迷宫（"迷宫"也正是博尔赫斯喜欢采用的又一个比喻），那么，"那是人设计的迷宫，也是注定要让人去破解的迷宫"。

图书馆里对着无数陈列的书架的那面镜子，把所有书籍中贮藏的内容都摄入镜中，也把镜前的一切都变成反面的镜中之像。在这里，镜子是一个意义十分丰富的象征，一方面代表人类通过追求知识认识世间万物，鉴照一切，另一方面又具有无限可能，代表人类认识既有限又具有无限发展的可能。

三、"魔镜""殷鉴"与"风月宝鉴"

镜子复制它面对的一切，但所复制的却不是真实的。正由于这个原因，柏拉图反对画家或诗人的摹仿。他说："如果你拿起一面镜子，到处走动"，你可以产生出世上一切事物的图像，但那只是"事物的外表，并非实际，并非真实"。在古希腊哲学与诗，或哲学与荷马的权威之争当中，作为哲学家的柏拉图当然站在哲学的立场上，对诗抱有偏见，于是他否认镜子或再现有象征的功能。但诗人的看法完全不同，莎士比亚在《哈姆雷特》中就说，文艺应该"向自然举起一面镜子，让美德展现其华美，让丑恶暴露自己的嘴脸，让这已成熟的时代表露其形形色色的世态人情"。莎士比亚的镜子绝非机械复制一切外表面相，而是一面具有魔力的镜子，可以显现事物的真相和本质。莎士比亚悲剧《麦克白》中，麦克白谋杀了国王邓肯，因自己犯下弑君之罪而心中受到煎熬，对未来也充满疑虑，于是去找三位女巫启示未来。女巫们作法，让他预见到未来八位国王的幻象。麦克白见状不免惊恐地说："那第八位出现了，带着一面镜子，给我展示了许多。"在这出悲剧中，这是剧情转折重要的一刻，也是悲剧主角认识到真相的一刻，在这关键的一刻，魔镜显示出苏格兰王室的未来世系，使麦克白认识到在这世系当中，他自己的血脉完全无分。在这之后，余下的剧情无非都在表现麦克白如何竭尽全力，抗拒魔镜已经为他预示的定命，但无论他怎样努力挣扎，都只是把自己拖入绝境，推向那不可避免的悲惨结局。那面魔镜在麦克白悲剧中，起了预示的作用，而悲剧就在于麦克白不愿接受这预示的真实。

在文学作品中，镜或鉴都往往具有象征意义，而这样的用法早已出现在最古老的文学中。《诗·邶风·柏舟》"我心匪鉴，不可以茹"①，就把烦乱的心比为镜子。照镜可以看清人的面目，于是可以引申出辨认、考察等意义。白居易《百炼镜》诗云"太宗常以人为镜，鉴古鉴今不鉴容"②，就是用鉴的引申义。《诗·大雅·荡》更直接地把镜子比成可以借鉴的历史："殷鉴不远，在夏后之世。"郑玄笺："此言殷之明镜不远也，近在夏后之世。谓汤诛桀也，后武

---

① 《毛诗注疏》，阮元《十三经注疏》第 1 卷，第 296 页，中华书局 1980 年版。
② 《白居易集》第 1 卷，第 74 页，中华书局 1979 年版。

王诛纣。今之王者，何以不用为戒。"①殷人灭夏，建立了商，而数十代之后，殷纣王无道，武王伐纣，又灭商而建立了周。此诗以"殷鉴"警示周人，应当以殷灭夏、周灭商为鉴，也就是说，历史好比一面镜子，可以审人度己，从中吸取教训。白居易《隋堤柳》以隋炀帝耗竭民力修建运河，导致隋之衰亡为例说："后王何以鉴前王？请看隋堤亡国树！"②后来在中国传统中，鉴这种象征意义就变得十分常见。司马光编纂鸿篇巨制的史书，题为《资治通鉴》，意即历史可为吏治提供一面镜子。如果说在博尔赫斯描述巴别的图书馆里，有一面镜子对着无数的书籍，在这里则是一部史书变成了镜子，其中包含了许多可贵的历史先例和教训。《资治通鉴》的书名和内容，与数百年后英国 16 世纪初版、后来不断补充再版的一部同类性质的书，颇为契合。此书题为 Mirrour for Magistrates，正可译为"治者之鉴"，书中收集了许多过往君主衰落败亡的悲剧故事，多为韵文。此书又有许多中世纪欧洲书籍为先导，如 13 世纪波维之文森特（Vincent of Beauvais）所著《自然、历史、教义之镜》（Speculum naturale, historiale, doctrinale），库尔述斯曾说这是"中世纪最为卷帙浩繁的百科全书"。镜子于是成为知识的象征，尤其象征可以揭示隐匿秘密的、非一般人所能有的知识，就像《麦克白》剧中那一面魔镜，可以产生神秘的幻象，具有预示未来的魔力。

这样的魔镜价值连城，自然成为君王收集的宝物。东晋王嘉《拾遗记》记载苌弘给周灵王"献异方珍宝"，其中"有如镜之石，如石之镜"，"此石色白如月，照面如雪，谓之'月镜'"。③可见古时人们把镜子视为珍奇。不过这段记载太简略，除了说"月镜"色

① 《毛诗注疏》，阮元《十三经注疏》第 1 卷，第 554 页，中华书局 1980 年版。
② 《白居易集》第 1 卷，第 87 页，中华书局 1979 年版
③ 王嘉《拾遗记》，第 75 页注 7、第 74 页，中华书局 1981 年版。

白可以照人，并未讲明此镜有何功用。西方的魔镜似乎多与巫术魔法相关，而中国传说里的魔镜，往往能使妖魔现形，即所谓照妖镜。另一位东晋人葛洪在《西京杂记》中记载，汉宣帝总是"系身毒国宝镜一枚，大如八铢钱。旧传此镜见妖魅，得佩之者为天神所福，故宣帝从危获济"，但这面宝镜后来不知去向，更增加了此镜的神秘性："帝崩，不知所在。"①李商隐《李肱所遗画松诗书两纸得四十一韵》的"我闻照妖镜，及与神剑锋。寓身会有地，不为凡物蒙"②，就反其意而用之，说真正的宝物是不会永远埋没无闻的。汉宣帝所佩之镜能"见妖魅"，来自"身毒国"即今印度，显然和佛教传入中国有关。《西游记》第六回写猴王大闹天宫后，天兵天将去捉拿，猴王善变，靠托塔天王李靖用"照妖镜"观望，才最终擒住孙大圣，把他变成保护唐三藏去西天取经的孙行者。③这样具有魔力的镜子绝非如柏拉图所贬低的那样，只被动地让人照见自己虚幻的影子，而几乎成为灯那样的光源，能映照一切，并能显示事物的本质和真相。

英国诗人乔叟《坎特伯雷故事集》里描述一位风度翩翩的骑士，来朝拜鞑靼君主 Cambyuskan，很可能就是因为《马可波罗游记》而驰名欧洲的元世祖忽必烈，而且要把一面镜子作为礼物，献给大汗的女儿。这面镜子具有非凡魔力，可以预先警告主人即将降临的灾难，分辨敌友。如果镜子的主人是女性，此镜则可以监视她的情人是否到处拈花惹草，对她有不忠之举，于是任何事情都逃不出她的眼睛：

① 葛洪《西京杂记》，第 4 页，中华书局 1985 年版。
② 叶葱奇《李商隐诗集疏注》下，第 632 页，人民文学出版社 1985 年版。
③ 参见吴承恩《西游记》，第 74 页，人民文学出版社 1980 年版。

我手中这面镜子有如此魔力，
人们可以在这镜中看见
何时会有即将降临的灾难，
威胁你的王位或你的身体，
并告诉你谁是友，谁是敌。
除此之外，如有美丽的女士
心仪某个男人，如果他
有不忠之举，她可立即洞察，
知道他的相好，他的巧语花言，
没有任何事情逃得过她的双眼。

据传美第奇的凯瑟琳（Catherine de Medici）就有一柄预见未来的魔镜，巴尔扎克小说中曾加以描绘。文学中这样的魔镜绝不只是反映事物，而有透过外表甚至伪装洞察真相的识力。然而看镜之人是否愿意或者是否能够面对镜子揭示的真相，就成为一个颇有挑战性的问题。文学中最著名的例子大概就是《白雪公主》，在格林童话这个故事里，妖冶的女王有一面魔镜，她每天都会对着镜子问道："墙上的镜子，小镜子，这世上谁最美丽？"这面镜子给她讲了真话："女王陛下，您在这儿的确最美，但白雪公主要美过您一千倍。"这真话在邪恶而心怀嫉妒的女王那里，听来不仅刺耳，而且痛心。她三度想毒死白雪公主，都没得逞，最后自己落得个惨死的下场。镜子无论显出真相还是说出实情，都真实可靠，但如果不能接受真理的人无视镜子所示，就只能使自己处于岌岌可危的险境。

麦克白和《白雪公主》中那个邪恶的女王可以作为西方文学里描写魔镜的著名例子，在中国文学中，《红楼梦》里也有一个可以相比的故事。《红楼梦》第十一回写贾瑞毫无自知之明，对王熙凤起了淫念，引来凤姐厌恨，被平儿讥讽为"癞蛤蟆想天鹅肉吃"①。他害单相思病倒，无药可治。后有一跛足道人带来一面镜子，"两面皆可照人，镜把上面錾着'风月宝鉴'四字"。他说："这物出自太虚幻境空灵殿上，警幻仙子所制，专治邪思妄动之症，有济世保生之功。"又一再告诫贾瑞："千万不可照正面，只照他的背面，要紧，要紧！"②这里"太虚""空灵""警幻"等字无不具有讽寓象征之意，说明这面宝镜有揭示真理、破除幻象与妄念之功用。不过这宝镜的功用，还须看镜之人去实现完成。贾瑞看镜子反面，只见里面立着一个骷髅，吓得半死，再看镜子正面，却见凤姐在里面招手。他喜不自禁，觉得自己进到镜子里，与凤姐翻云弄雨，终于咽了最后一口气。这一正一反，一面是吓人的骷髅，另一面是诱人的美女，似乎表现出传统意识一个根深蒂固的偏见，即以漂亮女人为红颜祸水，并指出红粉的实质即为骷髅。表面看来，这层意思好像很明显，但《红楼梦》并非宣扬伦常纲纪传统道德之书，关注的是梦与幻、真与假，所以风月宝鉴强调的是真实与虚假、现实与自我欺骗的问题。书中所写贾瑞分明是自生邪念，自作自受。《红楼梦》开篇早已明言，全书虽是满纸荒唐，却有深意存焉，故意"将真事隐去……故曰'甄士隐'云云。……用假语村言，敷演出一段故事来……故曰'贾雨村'云云。此回中凡用'梦'用'幻'等字，是提醒阅者眼目，亦是此书立意本旨"③。稍后更有"太虚幻境"那副著名对联："假作真时真亦假；无为有处有还无。"④如此看来，镜中之像正是梦，是幻。王熙凤对贾瑞并无情意，他在镜中见凤姐点头召唤，云

---

① 曹雪芹《红楼梦》，第 165 页，人民文学出版社 1982 年版。
② 曹雪芹《红楼梦》，第 171 页，人民文学出版社 1982 年版。
③ 曹雪芹《红楼梦》，第 1 页，人民文学出版社 1982 年版。
④ 曹雪芹《红楼梦》，第 75 页，人民文学出版社 1982 年版。

拿着镜子的女人（雅典陶罐） 公元前 450 年　大英博物馆藏

雨交欢，不过是心中淫念幻化的虚象。镜里镜外的世界，亦真亦幻，亦实亦虚，那风月鉴，甚至那个跛足道士，都无非贾瑞“以假为真”的幻想、心猿意马的虚构。他病入膏肓，最后一命呜呼，也主要是他自我欺骗形成的后果。要人认得真实而破除虚念幻相，正是《红楼梦》或曰“风月宝鉴”的一个寓意。

四、从法国象征派到王尔德的镜像

保罗·策兰（Paul Celan）有一首诗，令人想到镜子、梦幻和真实等观念：“镜中是周日，我们在梦中睡去，嘴里说的是真实。”这几句诗的确切含义很难说明白，但诗中“镜子”“梦”和“真实”这几个字组合在一起形成某种诗意的含混，似乎和我们上面所谈论的内容相关联。如果我们说这与《红楼梦》那面“风月宝鉴”的意思有一点联系，也许并非毫无道理。当然，镜子出现在不同的诗里，含义也各不相同。镜子可以是照人的工具，例如波德莱尔在《人与海》（L'Homme et la Mer）这首诗里，就把大海比为一面镜子：“大海就是你的镜子：在无穷的浪涛之中 / 你沉思你灵魂的波动。”波德莱尔诗中常以镜子为喻，含义也多变化。他称音乐为“我的绝望 / 之镜”，诗人变成“不祥之镜 / 那悍妇拿来端详自己”。 在波德莱尔另一首诗里，我们可以看到镜子和真实又连在一起：

> 促膝对谈，严肃而明朗，
> 心灵变成了明镜！
> 真实之泉，清朗而深沉，
> 颤动着一颗苍白的星星。

这里镜子的象征意义，很接近我们前面谈论过的魔镜。波德莱尔还有另一首诗，说诗人用整天整天的时间，在美丽的女神前面仔细观察她"丰美的姿态"，因为美神有"纯洁的明镜把一切变得更美：我的眼睛，永远明亮的大眼睛"。这里美神的眼睛是"纯洁的明镜"，不只映照事物，而且会"把一切变得更美"，而那正是艺术的使命。诗人用那么多时间观察美神的丰姿，正是要把世界也变得更美；镜子由反映事物而产生影像，就使诗人思考如何由诗的语言产生美的意象。正如评论家米萧（Guy Michaud）所说，在法国诗人中，波德莱尔是"第一位语言的魔术师，他有意识地去思考诗的语言，而且是在我们周围世界的语言中去思考"。因此，"镜子成为打开《恶之花》的钥匙"也就毫不足怪了。法国象征派诗人注重人与世界之关联，把人视为小宇宙，与自然世界的大宇宙相联系；镜子作为象征可以产生世界甚至改进世界的影像，并具有预示未来的魔力，所以也就成为象征派诗人特别喜欢的意象。就像波德莱尔在他著名的《感应》（Correspondances）一诗里所说，大自然是一片"象征的森林"，人在这片森林中行走，通过辨识事物之间的联系，来理解自然和世界的意义。米萧不仅引用波德莱尔的作品，而且引用他同时代及后来许多诗人和批评家的文本例证，如雷尼耶（Henri de Régnier）、凡尔哈伦（Émile Verhaeren）、罗登巴赫（Georges Rodenbach），当然还有马拉美（Stéphane Mallarmé），有力地论证了镜子这个意象，乃处在"象征派诗学理论的核心"。

法国象征派的确可能特别注重镜子这一意象及其丰富的内涵，但从比较的角度来看，我们可以清楚看到镜或鉴具有跨语言和文化界限的普遍性。让我们再看一个把镜子作为有关键意义的象征的文本，用镜子的意象来探讨外在表象与内在真实、人的相貌与内在道德核心之间对立而辩证的关系。奥斯卡·王尔德（Oscar Wilde）只写过一部小说,即《道林·格雷的画像》(*Picture of Dorian Gray*),这部小说在文学的承传上,可以说颇受史蒂文森红极一时的小说《杰科博士和海德先生异闻录》(*The Strange Case of Dr. Jekyll and Mr. Hyde*)的刺激,不过王尔德的小说不是把善与恶写成性格完全相反的两个人,而是一个年轻人和他的肖像画即他的镜像。小说开始时,主人公道林和他的肖像都很完美。但随着他走入歧途,犯下越来越可怕的罪恶,他的脸看起来仍然那么纯洁俊美,他的肖像画却逐渐衰老,越来越显出狰狞的面目。一开始,道林对此还只是略加注意。"颤动的强烈的阳光照出嘴边一圈残忍的线条,清楚得就像他做了什么邪恶的事情之后,在镜子里看见的那样。"在这里,肖像画被说成像是一面镜子。到后来,道林又"拿着镜子站在巴塞尔·霍华德为他画的肖像前面,看看画布上那邪恶而愈加衰老的脸,又看看光滑的镜子里向他微笑的那张年轻漂亮的脸"。在那时,道林还没有对自己所做的坏事感到畏惧,反而"把自己白净的手放在画上那双粗糙而肿胀的手旁边,发出微笑。他还嘲笑那已经脱形的身体和衰弱无力的双臂"。道林后来做的坏事越来越多,也越来越严重,终于犯了杀人罪,心里受到负罪感的折磨。他在肖像画中看到那个真实的自我,但他百感交集又矛盾,仍然想否认自己的罪过,拒绝承认真理。于是在他看来,那肖像是"一面不公平的镜子,他在看那面现出自己灵魂的镜子"。这时候读者才意识到,那变得越来越凶恶丑陋的肖像画,正是揭示他真实面目的魔镜,"就像是他的良心。是的,就是他的良心。他却要毁掉它",然而道林最终毁掉的是他自己,那面魔镜却完好如初。在小说戏剧性的结尾,仆人们跑到他房间里,"发现墙上挂着他们主人一幅完美的肖像画,就像他们最后一次见到他那样,年轻俊美,俨然风度翩翩一位美少年。地板上却躺着一个死者,身穿睡袍,手里拿着一把刀。他好像身体萎缩了,满脸皱纹,看起来令人厌恶"。这里又是真与假的交错，丑陋其实是真实的反映，俊美的脸却是虚假的欺骗，这不觉使我们又想起《红楼梦》中的魔镜，认识到对魔镜揭示的真理视而不见者，到头来都以惨剧告终。

本文首先介绍了钱锺书以文本实例来做具体论证的研究典范，然后以阿根廷作家博尔赫斯开始，追溯到柏拉图、中国古人和《圣经》里采用镜子这一意象，随后谈到中世纪关于镜子和"自然之书"的象征，再论及莎士比亚和近代的许多实例，讨论《红楼梦》里的"风月宝鉴"、法国象征派诗人波德莱尔和英国作家王尔德的小说作品。像这样在跨文化的广阔范围里，讨论镜子作为具有象征价值的比喻和意象，超出中国文学和法国文学传统而及于其他文学，再返回到历史中的古代和中世纪文学，就可以使我们认识到，许多重要的概念性比喻和意象，远比我们在单一文学传统里能够认识到的要普遍得多。也许我们可以借用波德莱尔的话来说，那"象征的森林"远比很多作家和诗人认识到的还广阔得多。镜或鉴可以代表人的头脑和心灵，一方面像镜子反映事物那样认识世界，另一方面又像魔镜那样具有洞察世间的能力。镜子映照事物，又非实在的事物本身，这当中就存在虚与实、外表与本质的关系这类带哲理的问题，但柏拉图以此否定文艺为虚构，则对镜子的功用理解得过于直接简单。我们从文学的大量例子可以看出，镜子不仅仅被动地反映事物，而且在作家和诗人的想象中，具有透过表象揭示事物内在本质的魔力，甚至有预示未来、宣告真理的魔力。正是通过文学的想象和艺术的表现，镜与鉴才可能使人深入思考虚实、真假、过往与未来的问题，而且意识到在不同的语言文学和文化传统中，对这类问题都有丰富多彩的体现。

比较和跨文化的视野可以让我们看到的，正是超越语言、文化和文学表现手法之差异，人的想象所呈现出的那种令人惊讶的契合。

在认识到契合的同时，在我们深刻的理解和鉴赏之中，又总是保留着世界上每一种语言和文学的独特性质。每一部文学创作都是独特的，但在无穷无尽的文学创作之上，能够探查而且欣赏人类心智和人之想象力那种内在的联系，又岂非享受一场想象的盛宴，得到智性的满足？通过具体文本的例证认识到东海西海、心理攸同，也岂非一种心智的快乐？

图书在版编目（CIP）数据

国学要义精讲读．2 / 钱婉约主编．—上海 ：上海
三联书店，2021.10
ISBN 978-7-5426-7457-9

Ⅰ．①国… Ⅱ．①钱… Ⅲ．①中华文化—文集 Ⅳ.
① K203-53

中国版本图书馆 CIP 数据核字（2021）第 114987 号

国学要义精讲读 2

主　　编／钱婉约
责任编辑／程　力
特约编辑／蔡时真
装帧设计／鹏飞艺术　周　丹
监　　制／姚　军
出版发行／上海三联书店
　　　　　（200030）中国上海市漕溪北路 331 号 A 座 6 楼
邮购电话／021-22895540
印　　刷／三河市中晟雅豪印务有限公司
版　　次／2021 年 10 月第 1 版
印　　次／2021 年 10 月第 1 次印刷
开　　本／640×960　1/16
字　　数／167 千字
印　　张／17.5

ISBN 978-7-5426-7457-9/K·648

定　价：49.80元